越境する
家族社会学

渡辺 秀樹
竹ノ下弘久 編著

学文社

まえがき

　現代産業社会において，多くの人びとは，家族と何らかの関わりをもって暮らしている。私たちは，自分たちの意思に関わらず親から生を享ける。その後，多くの人びとは，いずれかの家族のもとで育つ。生まれ育った家族のもとを離れ，自立してからは，人によっては単身のまま生活し，生涯を終える人もいれば，新しくパートナーを見つけ，新たに家族を形成する人もいるだろう。また成人期以降も，生まれ育った家族のもとで生活を続ける人もいるだろう。

　家族とは，多くの人びとが経験する社会的事象である。だれもが，多様なその人なりの家族に関する経験をもち，家族についての考えをもっている。だれもが，自分自身の経験や見解に基づいて，家族についての考察を展開することができる。極端な言い方をすれば，だれもが，家族の「研究者」になれるのかもしれない。

　さらに，家族とはしばしば，その時代のありようを映し出す鏡としても捉えられてきた。家族が過去から現在，そして未来へと移り変わっていくなかで，家族をとりまく社会はどのように変化していくのか，これからの社会の行く末を，家族の変化のなかから読み解く作業が，家族研究者だけでなく，家族生活を送る多くの人びとによってもなされてきた。さらに家族の場合，家族のトレンドや変化が，他の社会的領域にも大きく波及しうることから，生活者以外にも多くの関心を集めてきた。国家や自治体が提供する各種の福祉サービスは，現実の家族の動向や変化をふまえながら行われてきた。自治体だけでなく，社会福祉の専門家も，ケアを必要とする高齢者，障害者，子どもに福祉サービスを提供する上で，かれらをとりまく家族の状況に大きな関心を寄せてきた。家族への関心は，政府や民間福祉セクターにとどまらず，広く多くの企業においても共有されている。なぜなら，家族のあり方は，製品やサービスの需要の動向とも大きな関係を有してきたからである。消費者向けの製品やサービスを提

供する企業にとって，家族の動向の十全な把握は，事業の戦略的な展開に不可欠であろう。

　私たちにとって，家族とは非常に身近な存在である。いやだからこそ，家族について考察することは，思いのほか難しい試みであるのかもしれない。家族のことを考える人自身の経験，思い，考えが，意識するしないにせよ，家族に対する考察に大きく反映されざるを得ないからである。本書に論考を寄せてくださった執筆者の多くは，多かれ少なかれ，社会学の視点・方法論を用いて家族という現象と対峙し，考察を深めてきた。社会学という道具を用いて，自らの経験や価値観から一定程度距離を取り，さまざまな社会的位置を占める人びとの経験や意見を知ることで，社会と「家族」との関わり，家族内部での人びとの相互行為のあり方について，検討を行ってきた。

　社会学は，社会を対象とする多くの領域を包含する分野である。近年では，対象となる社会の領域別に，異なる形で議論が展開されてきた。家族社会学 (Sociology of family) とは，さまざまな領域別の社会学のひとつを構成するものである。とはいえ，家族社会学は，他の社会学分野から大きく独立し，明確な境界線をもつものと言えるだろうか。本文の冒頭でも述べたように，家族は，家族をとりまく社会のなかに大きく埋め込まれた存在である。個人を対象とするさまざまな社会保障政策，福祉政策，雇用政策は，家族のあり方，家族内の男女の役割分担のあり方などをふまえて構想されてきた。そうした政策は，家族のあり方を大きく枠づけてきた。家族のなかでの社会化が，子どもの学校での成績や教育選択に影響するという点では，家族は子どもの教育と大きく結びつく。さらに，家族的背景が教育機会の不平等を形成し，それが職業達成のチャンスを大きく左右することで，世代間での地位の再生産が行われる。こうした点を鑑みると，家族を対象とする社会学的研究は，階層や不平等といった論点と大きなつながりを有する。加えて，家族の社会学では，家族のなかのパートナー間の関係を扱うため，フェミニズム，ジェンダー，セクシュアリティといった視点も積極的に組み込んできた。

以上の議論に依拠すれば，家族と他の社会的領域との境界線とは，非常にあいまいで不明確なものであることが浮かび上がる。そのため，家族についての社会学的研究とは，必然的に越境的たらざるをえない側面をもっている。本書のタイトルである『越境する家族社会学』には，そのような意味が込められている。家族と隣接領域との絶えざる往還，家族をより周辺的な視点からまなざすなど，隣接領域を自身の研究視点に貪欲に取り込んできた家族社会学のありようを形容するために，『越境する』という言葉をタイトルに用いた。今回の企画に寄せられた論考の多くは，家族社会学の分野で蓄積されてきた知見に加え，家族に関わる隣接領域の視点や知見を大きく取り込んでいる。たとえば，理論社会学，教育社会学，社会階層論，構築主義，ジェンダー，セクシュアリティ，エイジング，国民国家とエスニシティ，グローバリゼーションである。さらに心理学の専門家も，本書の執筆に加わってもらった。そのことで，家族という共通のテーマを軸に，異なる分野との対話を可能にしている点も，本書の特徴のひとつである。本書は，家族社会学が本来もっている，「越境」的な特徴をさらに前面に押し出すことを企図し，家族社会学以外の分野の専門家に多く加わってもらうこととした。

　本書は，家族に関心をもつ多くの読者に読んでもらえるよう，編集にいくつかの工夫を凝らしている。各章は，家族をめぐる諸問題に関心をもつ大学で学ぶ学部学生や社会人が読み進められるよう，平易な文体で記述するよう心がけた。加えて，各章の最後には，さらに読み進めたい人のための文献紹介のコーナーを設けた。本書が，家族に関心をもつ人びとにとって，さらに学びを深めるための橋渡しとなれば，編者として非常に喜ばしいことである。

　本書は，全体で4つの部分から構成される。第1部は，性別役割分業とワーク・ライフ・バランスに関して論じている。第1章から第3章の3つの論考は，家族のなかの性別役割分業，出産，育児，夫婦の就労と雇用など，それぞれが相互に重なり合う論点を有している。第1章の「日本の少子化・家族・政策」では，日本を含む5カ国の比較分析を通じて，日本の少子化，家族，少子化対

策の特徴と課題について論じている。なかでも，日本の少子化対策が，近年の家族の特徴や変化に十分に対応したものかどうかが検討されている。第２章の「性別役割分業意識の多元性と男性の育児参加」では，男性の育児参加を左右する要因として，男性自身の性別役割分業への意識に着目する。本章では，なかでも男性自身の稼ぎ手役割に対する意識に着目し，多元的な性別役割分業意識の様相を描く。多元的な性役割への意識が，男性の育児参加にどのように結びつくのかを明らかにしようとしている。第３章の「女性の就業と子育て」では，女性の就業行動を説明するための理論枠組みについて，現代日本社会を事例に，家族と労働市場という２つの要因に着目して考察を展開する。なかでも女性の就業行動が，家族のライフステージによっていかなる変化をたどっていくか，育児期とポスト育児期の２つに区分して，その相違について注意深く検討している。

　第２部では，教育と親子関係と題し，４つの論考が寄せられている。第４章の「教育機会の不平等と教育選択の責任の所在」では，社会階層論の立場から，家族的背景による教育機会の不平等とその形成メカニズムについて検討する。その結果，本章では，人びとの教育選択には，個人的要因と家族的背景をはじめとする社会的要因の双方が複雑に絡み合って影響を及ぼしていることを明らかにする。近年の個人の責任のみを問う声が肥大化している現状は，実証研究の知見とは矛盾するものであり，そうした状況に警鐘を鳴らしている。第５章の「家族研究から社会学の一般理論へ」では，「家族」研究の視点から，ブルデューの社会学理論の再解釈が試みられている。ブルデューの社会学理論のなかでも「再生産」論は，多くの社会学者に広く知られているが，筆者によればそれは彼の研究成果の一面にすぎない。本章では，本書の主題である「越境」をキーワードに，ブルデューの実証的な家族研究が，いかにして一般理論の構想を可能にしたのか，その研究方法の特徴を詳細に論じている。第６章の「一次的社会化から二次的社会化へ」では，社会化概念が，家族を「越境」する可能性について考察する。社会化とは，社会における他者との相互作用のなかで，

価値・規範・行動様式を獲得する過程を指す。これまでの研究は，乳幼児期の家族における社会化（一次的社会化）に注目し，家族社会学と強い結びつきを有していた。他方で，社会化は生涯にわたる過程でもあり（二次的社会化），家族を「越えた」広がりをもつ。しかし，ライフコースや生活史に関するこれまでの研究は，青年期以降の価値・規範の学習や変化を，必ずしも「社会化」論の文脈で検討してきたわけではない。本章は，家族社会学において中心的な概念とされてきた「社会化」を，家族という文脈を越えて，他の社会的領域や青年期以降の人生段階の考察にも応用可能な概念として再構築することを試みている。

　第4章と第6章では，社会学の立場から教育と親子関係について論じてきたが，第7章の「非行のリスク要因としての家族」は，これまでとは異なり，心理学の立場から，子どもの逸脱行動としての「非行」に，家族がどのように関係しているのかを検討する。本章では，家族の社会経済的地位や貧困，親による児童虐待や監視，監督の欠如などが，子どもの「非行」傾向を高めると論じている。このような心理学の立場からの考察は，社会学者からみると優れて「社会学的」なものに映る。第7章の考察は，家族研究において心理学と社会学との「越境的」な交流が，いかに重要なものであるかを明らかにしている。

　第3部では，家族，ジェンダー，セクシュアリティに関する5つの論考が収録されている。第8章の「構築主義的家族研究の可能性」は，2000年前後に社会学の多くの領域で知的流行となった「構築主義」が，家族研究に対していかなる意義を有するか考察する。本章では，「相互行為」，「エスノグラフィー」，「言説の歴史社会学」という3つの観点から，家族研究に対する構築主義的視点の有効性と可能性にアプローチする。第9章の「対話的自己と臨床のナラティブ」は，臨床心理学の立場から，著者がこれまでに従事してきたカウンセリングの実践を，クライエントとカウンセラーが，対話を通じて構築するナラティブの視点から読み解くことを試みている。本章では，家族をめぐる語りが取り上げられ，カウンセラーとの対話によって，家族をめぐる新たな意味づけが

どのような過程を経て創出されるのか，鮮やかに描き出されている。心理学からのこうしたアプローチは，第8章の構築主義的家族論と大きく接合するものであり，家族研究に大きな示唆をもたらす。第10章の「刑事裁判のジェンダー論的考察」は，第8章で展開された構築主義的家族研究にも依拠しつつ，刑事司法において展開される論理構造を，ジェンダー論的に考察することを目指している。とりわけ，「家族役割と性別役割」の日常知を構成する「家族のプロトタイプ」が，ドメスティック・バイオレンスをはじめとする家族の刑事事件を審議する際の解釈資源として用いられてきたことを，3つの刑事事件にもとづき，明瞭に描き出している。

第11章と第12章は，ともにセクシュアリティと家族とのかかわりについて考察している。第11章の「家族と性的少数者」は，かれらの家族生活や身体性と国家との関わりについて考察する。とりわけ本章では，以下の2点が検討されている。国家がどのような形で，個人のジェンダーとセクシュアリティを承認してきたのか，近年の性的少数者の可視性の高まりのなかで，国家はどのような形で現行制度のもとにかれらを包摂しようとしているのか。こうした検討を経て，著者は，国家は性的少数者とその家族との間にどのような関係を取り結ぶべきかについて，議論を展開する。第12章の「家族のそのさき，絆のそのさき」は，ゲイのエイジングという視点から，セクシュアル・マイノリティをめぐる議論を，エイジングというライフコース論と接合する，著者独自の試みを展開する。本章では，ゲイ（男性同性愛者）を事例に，かれらが，婚姻・家族制度という支えがない中で，いかなる関係性を構築してきたのか考察する。そして，エイジングという年齢を重ねていく中で，ゲイたちは性愛と恋愛を越え出る関係をいかに構想していくのか。ゲイのカップルが年齢とともに積み重ねてきた関係性を丹念に考察することで，著者はそのなかに，親密圏から生成される公共圏の萌芽を読み解こうとしている。

第4部では，グローバル化と家族に関わる2つの論考が収録され，越境的な移動経験と家族生活との関わりについて検討する。第13章の「グローバルな

越境移動と子どもの教育」は，越境的な移動を経た家族における子どもたちの教育機会とその不平等について考察を行う。とりわけ，親子間の文化変容の相違が親子関係にどのような複雑な問題を生み出すのか，親たちのトランスナショナルな実践は，子どもたちの教育にいかなる影響を及ぼすのかについて，欧米の理論枠組みをふまえ，日本における日系ブラジル人の子どもたちの教育を事例に検討する。第14章の「トランスナショナルな空間に生きる」は，日本出身の海外移住者を事例に，そうした移住者を親にもつ「新2世」の若者が，どのようにアイデンティティを構築しているのか，家族との関わりに注目しながら論じる。筆者はそのなかでも，新2世の若者の多元的，多層的，トランスナショナルなアイデンティティの生成に着目し，そうしたアイデンティティの形成を促す要因を明らかにしている。グローバル化が進展する現代社会においては，こうした2つの章が提示する事例はますます増加していくだろう。国民国家の境界を超える移動経験は，家族生活を従来とは異なったものとする。家族社会学も，こうした視点を自身の枠組みのなかに一層取り込んでいく必要があるだろう。

　本書の執筆者たちは，編者の1人である渡辺秀樹先生の指導のもと，研究を進めてきた経験をもっている。本書は，渡辺秀樹先生の慶應義塾大学での長年のご教育とご研究に対するささやかな感謝のしるしでもある。執筆者を代表して，渡辺秀樹先生に心から感謝申し上げたい。そして，貴重な原稿を寄せていただいた執筆者のみなさまに，編者として心からお礼申し上げたい。本書は，家族という対象と家族社会学という学問が有する，隣接領域との積極的な対話という「越境的」な特徴を前面に押し出すことを目指して企画された。こうした本を出版することが可能になったのも，渡辺秀樹先生の学生に対する教育の賜物であると感じている。渡辺秀樹先生が，学生の問題関心を常に尊重され，積極的に後押ししてくださったことが，本書の内容の多様性と統一性に大きく結実している。

　本書の出版にあたっては，学文社の田中千津子さんに多くのご尽力をいただ

いた。直接お会いした際には，本書の性格づけや編集方針など，多くの点で貴重なアドバイスをいただいた。心からお礼申し上げたい。

竹ノ下　弘久

目　次

まえがき　i

第1部　性別役割分業とワーク・ライフ・バランス

第1章　国際比較からみた日本の少子化・家族・政策 ……………………………… 2
　1．少子化の国際比較　2
　2．結　婚　4
　3．子ども数　9
　4．夫　婦　11
　5．日本の少子化対策　15
　6．日本の家族の実態に合った対策の必要性　17

第2章　性別役割分業意識の多元性と男性の育児参加 ……………………… 20
　1．男性における性別役割分業意識の多元性　20
　2．先行研究からの知見　21
　3．方　法　25
　4．結　果　27
　5．男性の育児参加を促進するために必要なこと　32

第3章　女性の就業と子育て――就業キャリア研究の展開―― ……………… 37
　1．M字型カーブが示すもの　37
　2．女性の就業行動のコーホート間変化　39
　3．女性の就業行動を説明する理論的枠組み　40
　4．女性の就業行動に影響する社会的要因とその変化　44
　5．女性の就業キャリア研究の今後の課題　50

第2部　教育と親子関係

第4章　教育機会の不平等と教育選択の責任の所在 ……………………………… 56
　1．教育社会の浸透と地位配分原理の変容　56
　2．なぜ不平等は維持されてきたのか　58
　3．教育選択の自己決定と社会的責任　66

第5章　家族研究から社会学の一般理論へ──家族研究者としての
　　　　ブルデュー── …………………………………………………71
　1．ブルデューの家族研究者としての一面　71
　2．教育・文化・階級の社会学と家族研究──対立領域の越境　72
　3．婚姻調査と「戦略」概念──研究の前提からの越境　78
　4．「ハビトゥス」概念の変遷──越境する手法としての家族研究　82

第6章　一次的社会化から二次的社会化へ──家族を越えて── ……………87
　1．2つの社会化　87
　2．二次的社会化の重要性：作田啓一の問題提起　89
　3．一次的社会化と二次的社会化の対比　93
　4．社会化研究と現代社会学　98

第7章　非行のリスク要因としての家族──心理学の立場から── ……… 105
　1．青年期の子どもの不適応行動　105
　2．非行のリスク要因と防御要因　107
　3．中学生の非行傾向行為のリスク要因　114
　4．なぜ非行と家族の関連が検討されるのか　115

第3部　構築される家族, ジェンダー, セクシュアリティ

第8章　構築主義的家族研究の可能性──アプローチの空疎化に抗して──… 124
　1．構築主義的家族研究の動向を振り返る　124
　2．構築主義の現状：受容と拡散　124
　3．構築主義的家族研究の現状　126
　4．構築主義的家族研究の可能性　129
　5．構築主義的アプローチの空疎化に抗するために　133

第9章　対話的自己と臨床のナラティブ──家族の葛藤を乗り越えたある
　　　　女性の事例から── ………………………………………………… 139
　1．変化を促す対話　139
　2．心理療法のなかのコミュニケーション　140
　3．非言語レベルのコミュニケーションの特質と限界　142
　4．非言語と言語の生産的なつながり　143
　5．ナラティブ（物語）の治療的意義　144
　6．クライエントはいかに問題や症状を物語るか──家族の葛藤を乗り越えたあ
　　　る女性の事例から　145

第10章　刑事裁判のジェンダー論的考察――女性被告人はどのように裁かれているのか？　155

1. 「ジェンダー」という視点　155
2. 規範としての「家族のプロトタイプ」　156
3. 家族規範と事実認定　159
4. 刑事司法における「社会」の不在　163
5. 刑事司法の「論理」　166

第11章　家族と性的少数者　172

1. 家族法制と性的少数者の新たな関係から生まれる問い　172
2. 家族形成の界と国家が生み出す正当性／異端性　173
3. 性的身体を作るハビトゥスと構成的外部　177
4. クイアな身体性の解放　180
5. 国家はいかに変わるべきか――多様な身体性の生成を促すネットワークの形成とともに　183

第12章　家族のそのさき，絆のそのさき――「ゲイのエイジング」というフィールドがもつ意味――　190

1. 「ゲイのエイジング」というフィールド　190
2. "みんな"の問題　192
3. 地道で壮大な生き方の実験　196
4. 出会うこと――着地していくために　198
5. 家族と絆のそのさき――〈生き方を実験しあう公共性〉へ　201

第4部　グローバル化と家族

第13章　グローバルな越境移動と子どもの教育――日本に居住する国際移民の事例から――　214

1. グローバル化のなかの教育機会の不平等　214
2. 分節化された同化理論と移民の子どもの教育達成　215
3. 制度編成と移民の子どもの教育達成　218
4. トランスナショナリズムと世代間の相違　220
5. 日本に居住する移民の編入様式と子どもたちの教育達成　221
6. グローバル化のなかの家族と教育　225

第14章　トランスナショナルな空間に生きる「新2世」のアイデンティティ
　　　　──家族との関わりに注目して── ……………………………… 229
　1．グローバル化のなかのアイデンティティ　229
　2．日本出身の移住者のケース　230
　3．「新2世」のアイデンティティ　231
　4．アイデンティティ構築に関わる要因　235
　5．ネイションを超えて　241

終章　家族の越え方………………………………………………………… 245
　1．家族と家族社会学がもつ越境的な特徴　245
　2．家族社会学からの越境と家族社会学への越境　249
　3．家族を越えるために　250

あとがき　254
索　　引　256

第1部 性別役割分業とワーク・ライフ・バランス

第1章　国際比較からみた日本の少子化・家族・政策

松田　茂樹

1．少子化の国際比較

本章では，日本を含む5カ国の比較分析をして，そこから見えてくる日本の少子化，家族，少子化対策の特徴と課題を論じる。

少子化とは，合計特殊出生率[1]（以下「出生率」）がその国の人口を長期間にわたって維持できる水準（これを人口置換水準といい，日本の場合は2.07）を長期間下回り，低迷することである[2]。人口動態統計によると，わが国の出生率は，戦後間もない頃は毎年4を超えていたが，その後下落した。1970年代後半以降は人口置換水準を下回るようになり，その後はほぼ直線的に下がり続け，2005年に最低の1.26を記録した。近年，若干回復したものの，それでも2012年時点の出生率は1.41にとどまる。深刻な少子化である。

出生率が現在の程度で推移した場合，2011年に105万人であった1年間に生まれる子ども数は，10年後には約82万人，30年後には約74万人まで減少する[3]。総人口は，同約1億2,800万人から，それぞれ約1億2,400万人，約1億500万人へと急減してしまう。

少子化は，社会に対して総じて悪い影響をもたらすものである。たとえば，高齢者が増える一方で，税金や社会保険料を納める現役世代が減れば，社会保障制度（年金・医療・介護）の維持に黄信号がともる。総人口が減れば，当然，GDPも減る。人口が減っても1人あたりの経済的豊かさが維持できればよいという意見があるが，高齢者は増えて，若い世代が減れば，労働力は不足し，消費は低迷するため，1人あたりの経済的豊かさを維持することも容易ではない。人間関係面については，人口減少により，過疎地が増え，地域における人と人とのつながりが希薄化することや，同年齢・異年齢の子ども同士の交流が

減り,子どもの社会性が育まれにくくなることも懸念されている。わが国はできるだけ早期に少子化状態を止めることが求められている。

諸外国をみると,少子化に陥ったことのない国や1度は出生率が低迷しても,その後回復した国がある。日本,韓国,アメリカ,フランス,スウェーデンの出生率の推移が図1-1である。アメリカは,先進国で唯一,少子化を経験しておらず,出生率は近年も2前後の水準で安定的に推移している。フランスとスウェーデンの両国は,過去に出生率が低迷した時期があった。しかし,強力な政策によって,現在は出生率が人口置換水準近くまで回復した。一方,日本と同じ東アジアに位置する韓国は,2011年の出生率は1.24で,わが国以上の少子化である。これらの国々を比較することによって,わが国の出生率が回復しない理由を知ることができる。

以下では,内閣府政策統括官が2010年に実施した「少子化社会に関する国

図1-1　5カ国の合計特殊出生率

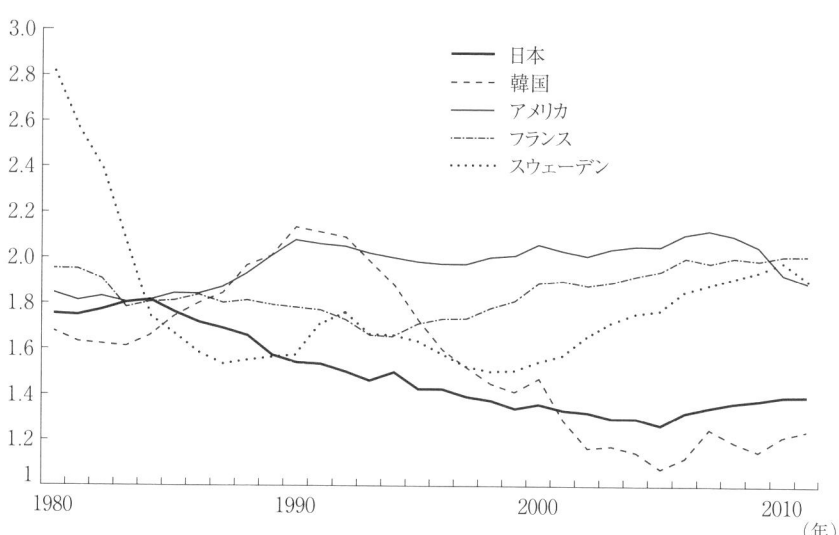

資料）内閣府『平成25年版　少子化社会対策白書』より作成

際意識調査」(内閣府政策統括官　2011) のデータを再分析して，結婚，出産・子育て，家族の国際比較を行う[4]。この調査は，日本，韓国，アメリカ，フランス，スウェーデンの5カ国において，20〜49歳の男女個人に対して実施されたものである。各国の有効回収数は，およそ千人である。

2. 結　婚

2—1. 結婚と同棲

　出生率は，直接には，「結婚する人の割合」と「夫婦の子ども数」によって決まるものである。結婚する人の割合が少なくなれば，子どもを産む夫婦の数が減るため，出生率は低下する。夫婦の子ども数が減ることも，出生率の低下につながる。本節では，結婚の現状をみよう。

　婚姻状態をみると，既婚者（現在，有配偶）の割合は，日本63.9％，韓国61.8％，アメリカ46.0％，フランス38.2％，スウェーデン40.7％である。意外かもしれないが，少子化であるはずの日本および韓国の既婚者の割合は，出生率の高い欧米3カ国よりも高い。欧米諸国は，離婚率が高いため，このような既婚者割合の差が生じている面はある。しかし，離死別をした人の割合を加えても，同様の傾向がある。なぜだろうか。

　それは，欧米3カ国では，結婚をしないで，同棲でいるカップルが少なくないからである。同棲でいる者の割合は，日本と韓国が1.3％と非常に少ないのに対して，アメリカ12.4％，フランス29.2％，スウェーデン25.6％と欧米3カ国は高い。中でも，フランスとスウェーデンにおける同棲の多さは際立っている。

2—2. 法制度の違い

　なぜ，欧米3カ国では，同棲をする人が多いのだろうか。それは，次にあげる2つの理由からである。

　第1は，フランスとスウェーデンは，結婚（法律婚）とは別に，同棲を法的

に保護しているからである（表1-1，1-2）[5]。

フランスには，PACS（連帯市民協約）という制度がある。結婚とPACSの主な差異は，関係の成立と解消の部分にある。結婚には教会での挙式を伴うが，PACSの方は裁判所に書類を提出するのみで関係が成立する。結婚している夫婦が離婚する場合，双方の合意があったとしても裁判を行うことが必要になるが，PACSのカップルが関係を解消する際には書類を提出するのみでよい。

表1-1　フランスの同棲・PACS・結婚の主な差異

	PACS	同　棲	結　婚
関係の成立	裁判所に書類を提出	—	市役所で手続き 教会で挙式を行う
財産制	共有	なし	後得財産に限定された共有財産制
子の呼称	自然子（＝非嫡出子）	自然子（＝非嫡出子）	嫡出子
子ども	PACSを結んでいる異性カップルに子どもが産まれた場合には，法律婚夫婦の場合には不要な父親による認知の手続きをとる必要がある		
社会保障：受給権	あり（限定）	あり（限定）	あり
労働：家族の事情による休暇	あり	あり	あり
課税	3年後から共同課税	分離課税 （内縁が周知の場合の連帯富裕税を除く）	共同課税
債務	日常生活の債務は連帯債務	連帯なし	連帯債務
離別	死亡・一方または双方の結婚・一方の意思 一方が望めば，書類を提出するのみで離別	自由	死亡・離婚・別居 離婚の場合，双方の合意があっても裁判を行う

資料）内閣府経済社会総合研究所・財団法人家計経済研究所『フランス・ドイツの家族生活—子育てと仕事の両立』（2006），『平成17年版　国民生活白書』，大島梨沙「フランスにおける非婚カップルの法的保護（1）：パックスとコンキュビナージュの研究」『北大法学論集』57（6）をもとに作成
出所）松田茂樹，2011，「結婚」内閣府政策統括官『少子化社会に関する国際意識調査報告書』

表1-2 スウェーデンのサムボと結婚の主な差異

	サムボ	結婚
関係の成立		挙式執行の権限を与えられている者（教会等宗教団体，行政府役人）が執行する挙式を通じてのみ有効
財産制・相続	財産分割の対象は共同住宅と家財のみ。相続できるのは，死亡時に共同住宅・家財の他は政府が取り決めた一律金額以下の資産のみ（ただし死亡前に個人財産を共有財産とする法的手続きをとっていれば，法律婚夫婦と同等の権利）	後得財産に限定された共有財産制
子ども	父親を確定する手続き（書類提出）をする必要（そうすることが当然とされている）子どもの相続権については，婚外子は婚内子で同等	産まれた子どもは自動的に夫婦の子と認定
離別		地方裁判所に離婚判決を請求
子どもの親権	共同親権の手続きをしない限り，子どもの養育権は母親が自動的に単独で獲得。通常，共同親権の手続きがなされている。	共同養育権

資料）内閣府経済社会総合研究所・財団法人家計経済研究所『スウェーデンの家族生活―子育てと仕事の両立』(2005),『平成17年版 国民生活白書』, 井樋三枝子「スウェーデン 同性婚及び挙式に関する改正法」『外国の立法（2009.5)』をもとに作成
出所）松田茂樹, 2011,「結婚」, 内閣府政策統括官『少子化社会に関する国際意識調査報告書』

PACSを結んだカップルは，結婚に準じる法的保護を受けることができる。PACSのカップルの財産は共有である。ただし，PACSは，結婚に比べて法的保護が弱いところもある。PACSのカップルの間に子どもが生まれた場合，子どもは自然子（非嫡出子）と呼ばれ，父親による認知の手続きが必要になる。課税も，届出後3年してからでないと，結婚と同様の共同課税の恩恵を受けることはできない。ちなみに，PACSの届出をしていない同棲であるコンキュビナージュの場合，法的な保護はほとんど受けることはできない。

スウェーデンでは，同棲はサムボと呼ばれ，結婚に準じる法的保護を受けることができる。結婚は，挙式執行の権限を与えられている教会などにおいて，

式をあげてはじめて成立するのに対して，サムボは同棲していれば認められる。関係を解消する場合，結婚している夫婦は裁判所で離婚判決を受けなければならないが，サンボにはそうした縛りはない。サムボは，結婚と同等の法的保護を受けることができるが，財産や相続などにおいて結婚よりもやや制限がある。

ちなみに，わが国では，夫婦が結婚する際，必ずしも宗教施設で挙式する必要はない。結婚式をせずに，婚姻届を役所に提出するだけでもよい。離婚する際は，協議離婚であれば，書類を自治体に提出するのみで離婚することができる。わが国の結婚は，PACSやサムボ並みの手続きでありながら，法的保護を与えるものになっている。意外かもしれないが，先進的な制度なのである。

第2は，欧米諸国において，若い世代における結婚に対する価値観が変化したことである。個人や社会の解放を重視し，反体制への志向を強めるという「物質主義」から「脱物質主義」（Inglehart 1977）へというポストモダンの価値観の変化が起こった。ポストモダンの価値観をもつ者が多い国ほど，同棲する者の割合は高くなっている（ヴァ・デ・カー 2002）。若者たちは，宗教の影響下にある伝統的な結婚から解放された同棲を志向するようになった。

2－3．結婚・同棲経験率

各国における結婚・同棲の制度の違いをふまえると，結婚した者の割合を比較しては，国による制度の違いを比較したものになってしまう。制度の違いを超えて比較するには，結婚または同棲をした人の割合を比べる必要がある。[6]

結婚・同棲経験率をみると，日本は70.3％である。この割合は，アメリカ70.9％，フランス74.3％，スウェーデン72.4％と比べても遜色はない。わが国でカップルを形成した経験のある人の割合は，同棲を加味しても，出生率の高い欧米3カ国と同程度なのである。「結婚（同棲）する人の割合」は低くないのに，日本は少子化であるのはなぜだろうか。

その理由は，年代別にみた結婚・同棲経験率をみるとわかる。日本は，40代の結婚・同棲経験率は高いが，20～30代，中でも20代のその率が低いの

である。各国の20代男性の結婚・同棲経験率をみると，アメリカ36.5％，フランス45.8％，スウェーデン35.0％であるのに対して，日本は19.3％と韓国に次いで低い。同じく20代女性においては，アメリカ53.4％，フランス63.7％，スウェーデン60.8％に対して，日本は35.5％である。

若いうちのカップルをつくっていないということは，次の2つの点で少子化をもたらす。ひとつは，日本はそれだけ子どもを産み始める年齢が遅いということである。そうなれば，結婚した夫婦が，生涯に産むことができる子ども数は少なくなる。もうひとつは，いまの40代は結婚できたが，いまの20代は諸般の事情により結婚しにくいということである。若い世代が結婚できなければ，新しく生まれてくる子どもの数は減る。

それでは，日本はどのような人が結婚・同棲をしにくいのだろうか。学歴別にみると，日本では，高学歴の者ほど結婚・同棲経験率が高い。これはわが国だけの特徴でなく，各国共通にみられる現象である。ただし，女性についてみると，日本では，高学歴の者ほど結婚・同棲経験率が低い。この傾向はフランスでもみられる。

次に，男性の職業と年収別に，結婚・同棲経験率をみよう[7]。男性の職業別にみると，各国とも正規雇用者や自営よりも，非正規雇用者の結婚・同棲経験率が低くなっている。たとえば，日本は，正規雇用者の結婚・同棲経験率は69.8％であるのに対して，非正規雇用者は同27.3％に過ぎない。スウェーデンにおいても，正規雇用者は同75.2％，非正規雇用者は同47.6％である。欧米3カ国よりも，日本の男性は非正規雇用者が結婚・同棲しにくい。

男性の年収別にみても，同様の傾向がある。各国とも年収が低い者ほど，結婚・同棲経験率は低い。日本の場合，結婚・同棲経験率は，本人年収高89.4％，本人年収低30.0％と年収による差が大きい。日本と並び差が大きいのが韓国である。フランスは，日韓よりも年収による差は小さいものの，それでも結婚・同棲経験率は，本人年収高が90.0％であるのに対して，本人年収低では63.0％である。

第1章 国際比較からみた日本の少子化・家族・政策　9

表1-3　属性別にみた結婚・同棲経験率

(単位:%)

		日本	韓国	アメリカ	フランス	スウェーデン
全体		70.3	64.2	70.9	74.3	72.4
男性	20代	19.3	10.4	36.5	45.8	35.0
	30代	68.0	59.0	76.5	77.9	81.7
	40代	80.5	90.1	87.4	81.1	83.7
女性	20代	35.5	27.1	53.4	63.7	60.8
	30代	80.8	88.6	75.3	83.9	87.2
	40代	93.0	96.1	90.3	87.0	83.3
男性	初等教育・中等教育	57.2	51.1	63.9	67.7	57.6
	短大・専門学校	57.9	52.9	69.6	71.6	74.0
	大学以上	69.4	61.4	77.4	72.0	75.4
女性	初等教育・中等教育	80.7	74.5	70.8	81.1	72.1
	短大・専門学校	78.4	71.3	72.9	79.4	76.7
	大学以上	67.5	72.0	74.4	69.5	82.3
男性	自営	73.1	73.1	82.1	71.1	90.0
	正規雇用者	69.8	57.5	72.7	79.2	75.2
	非正規雇用者	27.3	42.1	52.8	62.7	47.6
男性	本人年収低	30.0	25.3	55.6	63.0	37.7
	本人年収中	72.5	56.3	68.8	83.3	75.3
	本人年収高	89.4	84.6	87.1	90.0	80.0

注）本人年収は，回答者数をおおよそ3等分するように高・中・低に3区分した。日本の場合，年収300万円未満を「本人年収低」，300〜500万円未満を「本人年収中」，500万円以上を「本人年収高」とした。

出所）松田茂樹，2011，「結婚」内閣府政策統括官『少子化社会に関する国際意識調査報告書』

以上の結果をみると，各国とも男性で非正規雇用者や年収低の者＝稼ぐ力が弱い男性は，結婚・同棲をしにくいことがわかる。結婚・同棲をする際，男性に稼得役割が求められるのは，各国共通のことである。ただし，日本は，韓国に次いで，その傾向が強く，これが日本の少子化の要因になっているといえる。

3．子ども数

続いて，各国の子ども数等を分析した結果が表1-4である。欲しい子ども数をみると，日本は2.27人であり，フランス2.44人，スウェーデン2.36人，

表1-4 子ども数と希望する数まで子どもを増やせない・増やさない理由

	子ども数			希望する数まで子どもを増やせない・今よりも増やさない理由 (%)							
	欲しい子ども数（人）	現在子ども数（人）	希望する数まで子どもを増やせない・今よりも増やさない割合(%)	子育てや教育にお金がかかりすぎるから	高年齢で、産むのがいやだから	自分または配偶者が職場環境がないから	働きながら子育てができる環境がないから	健康上の理由から	雇用が安定しないから	自分または配偶者が育児の負担に耐えられないから	家が狭いから
日本	2.27	1.18	53.5	41.2	32.4	22.4	15.9	13.5	12.4	11.8	
韓国	2.20	1.10	60.3	76.0	33.3	25.6	4.7	9.3	9.3	5.4	
アメリカ	2.33	1.34	30.3	32.1	12.5	1.8	19.6	7.1	5.4	12.5	
フランス	2.44	1.40	35.9	18.1	22.9	9.6	22.9	15.7	4.8	16.9	
スウェーデン	2.36	1.32	17.6	3.2	29.0	0.0	19.4	3.2	3.2	9.7	

注）希望する数まで子どもを増やせない・増やさない理由は，回答割合の高いものを表示
資料）内閣府政策統括官『少子化社会に関する国際意識調査報告書』のデータを筆者が集計した結果

アメリカ 2.33 人よりも若干低い。

現在子ども数をみると，日本は 1.18 人と 1.2 人を割っているが，フランスは 1.40 人，スウェーデン 1.32 人，アメリカ 1.34 人である。ここでも，日本の子ども数は欧米 3 カ国よりも，若干少ない。

これだけではけっして大きな差とはいえないが，それでも欲しい子ども数と現在子ども数が若干少ないことは，日本の出生率を低くすることにつながっている。

これ以上に問題であるのは，日本では，欲しい数だけ子どもを増やせない・増やさないという者が多いことである。そのように回答した者の割合は，欧米 3 カ国では最も高いフランスが 35.6%，最も低いスウェーデンが 17.6% であるが，日本では 53.5% にのぼる。欲しい子ども数が出生力のポテンシャルをあらわしているとすれば，日本はそのポテンシャルを発揮できていない。

日本で欲しい数だけ子どもを増やせない・増やさない者が多いのはなぜだろうか。その理由をみると，最も多いのは，「子育てや教育にお金がかかりすぎ

るから」41.6％である。わが国は，子育てや教育の費用が高い。出産から大学卒業までにかかる総費用は，子ども1人あたり数千万円にのぼるともいわれる。そのほとんどを親が負担している。現在，子どもの2人に1人が大学・短大まで進学する時代である。親の立場に立てば，子どもを産めば大学進学までの多額の費用を捻出する必要が生じるため，欲しい子ども数が3人の人も諦めて，実際に産む子どもは2人までということになるのである。

　第2番目の理由は，「自分または配偶者が高年齢で，産むのがいやだから」32.4％である。わが国は若いうちに結婚する・できる者の割合が低いが，そのことが結婚した後に欲しい子どもの数だけ出産できない理由につながっている。

　第3番目の理由は，「働きながら子育てができる職場環境がないから」22.4％である。女性にとって，仕事と子育ての両立が難しい職場環境であることが，出産を抑制している部分がある。

　他の国におけるこの理由をみると，韓国では「子育てや教育にお金がかかりすぎるから」が76.0％とわが国よりもはるかに多い。韓国では，子どもたちが小さいうちから塾に通い，受験競争が激しい。大学・短大の進学率はわが国以上に高い。そのことが，親にとっては欲しい数の子どもを持つことができない理由につながり，わが国以上の少子化を招いている。大学等に私学が多いアメリカでも，「子育てや教育にお金がかかりすぎるから」という理由は32.1％である。フランスとスウェーデンでは，「自分または配偶者が高年齢で，産むのがいやだから」と「健康上の理由から」が比較的多い。ただし，そもそも欧米3ヵ国では欲しい数だけ子どもを増やせない・増やさないという者が少ないため，ここにあげた阻害要因がこれら3ヵ国の出生率を抑制する程度は低いものとみられる。

4．夫　　婦

4−1．分業型夫婦と共働型夫婦

　少子化は家族にかかわる現象であるため，国によって出生率が異なる背景に

12 第1部 性別役割分業とワーク・ライフ・バランス

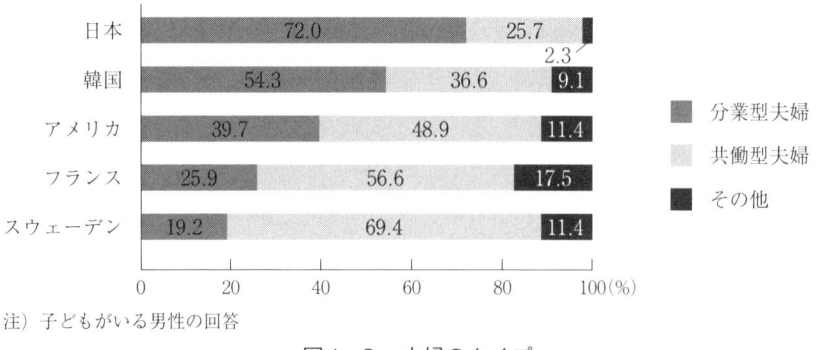

注) 子どもがいる男性の回答

図1-2　夫婦のタイプ

出所) 内閣府政策統括官『少子化社会に関する国際意識調査報告書』のデータを筆者が集計した結果

は，各国の家族の特徴の違いもある。

　日本の家族は，長らく「夫は仕事，妻は家庭」という性別役割分業であった。わが国におけるこのような夫婦の役割分担は，明治時代以降に広まり，戦後の高度経済成長期に広く普及したものである（落合　1994）。

　現状はどうだろうか。本調査では，本人と配偶者（同棲相手の場合はパートナー）の職業を調べている。これを組み合わせた各国の夫婦のタイプが図2である。分業型夫婦とは，夫が正規雇用者または自営業，妻は専業主婦や非正規雇用者等の組み合わせである[8]。これは，夫一人が稼ぐ，「夫は仕事，妻は家庭」という夫婦をイメージしたものである。共働型夫婦は，夫婦とも正規雇用者または自営業である。夫が非正規雇用者，学生，無職であるなど，上記の分類に入らない夫婦は「その他夫婦」とした。

　日本は，分業型夫婦が72.0％と圧倒的な多数である。共働型夫婦はおよそ4組に1組である。なお，自営業を除く，夫婦とも正規雇用者の割合は16.7％である。日本の分業型夫婦の割合は，欧米3カ国よりも高い。欧米3カ国の中にも違いはあり，アメリカは分業型夫婦が約4割，共働型夫婦は約5割であるため，ほぼ拮抗しているといえよう。共働型夫婦が最も多いのは，スウェーデンの約7割である。なお，韓国は日本よりも共働型夫婦の割合が高いが，こ

れは韓国において自営業が多いためである。韓国における正規雇用者同士の夫婦の割合は9.8％で，わが国よりも低い。この点を考慮すれば，日本よりも韓国の方が，実態としては分業型夫婦が多いとみられる。

わが国における分業型夫婦の多さは，若い年代において結婚する夫婦が少ないことや，子育てや教育にかかる費用負担から夫婦が欲しい数だけ子どもをもつことを断念する理由につながっている可能性がある。その理由は次のとおりである。分業型夫婦においては，妻が非正規雇用者等であったとしても，一家の収入源は基本的に夫の収入である。このため，正規雇用者や自営業など収入がある程度ある男性は結婚することが容易であるが，非正規雇用者など収入の低い男性は結婚しにくい。また，夫のみの収入では，高騰する子育てや教育費をまかなうことは楽ではないため，欲しい数だけの子どもを諦めることにつながる。

4－2．日本の家族の推移

家族関係の本を読んだことのある人には，現代日本において，分業型夫婦が圧倒的多数であるという事実を，不思議に思う人もいることだろう。わが国は，性別役割分業の夫婦が多かったが，女性の社会進出に伴って，共働型夫婦が増えてきているというのが通説であるからだ。だが，実態は違う。

家族社会学の研究者の間では，日本の家族の推移に関して，（家族）「構造変動仮説」と（家族）「構造安定仮説」という2つの仮説がある（稲葉　2011）。「夫は仕事，妻は家庭という性別役割分業を行う夫婦と子どもからなる世帯」のことを，「典型的家族」と称する。先の用語を使えば，「分業型夫婦」である。構造変動仮説では，夫婦が仕事と家事・育児を同じように行う家族が増えて，典型的家族は近年減少しているとみる。一方，構造安定仮説は，典型的家族には，概して変化がほとんど起こっておらず，現在もマスを占めているとする立場である。

日本家族社会学会の全国家族調査（NFRJ）では，構造安定仮説の方が支持

されている。夫婦において，半数以上は妻が専業主婦であることは変わっていない。共働き夫婦が増加したといっても，非正規雇用の妻が増えたものであるため，「夫は仕事，妻は家庭」という基本的な役割分担はほとんど変わっていない。依然として家事・育児は，もっぱら妻が担っている。

　出生動向基本調査で，第１子出産前後の妻の就業形態をみても，継続就業している妻の割合は，過去20年間，２割程度である状態が続いている（国立社会保障・人口問題研究所　2011）。出産後は，約７～８割の妻が，専業主婦になっている。同様の傾向は他の調査でも浮かび上がるものである。

　先に国際比較をしたとおり，わが国では分業型夫婦が多数を占める。この状態は，従来からほとんど変わっていない。とくに出生にかかわる時期は，分業型夫婦が多い。

　なぜ，わが国は，とくに育児期において，分業型夫婦が多いのだろうか。その理由は３つある。第１は，育児休業や保育所など仕事と育児の両立を支える制度が十分ではないことである。ただし，後述するように，わが国は1990年代以降，育児休業や保育所の整備をしてきたため，過去よりもはるかに女性が両立しやすい環境になっている。それにもかかわらず，女性の継続就業が増えず，分業型夫婦が多数ということは，他の理由の方が強いとみられる。

　第２は，女性自身のライフコースの希望である。結婚・子育て期である30～40代の女性に希望する働き方を尋ねた調査によると，結婚する前は「残業もあるフルタイム」をあげた割合が７割強，「フルタイムだが残業のない仕事」が約２割であった（内閣府男女共同参画局　2006）。だが，出産後，子どもが３歳以下のときには，「残業もあるフルタイム」を望む者はわずかほとんどおらず，「フルタイムだが残業のない仕事」も僅か6.2％，「短時間勤務」も12.8％と少数であった。「働きたくない」者は57.6％であった。子どもが小学校入学前でも，フルタイムを希望する者は約１割である。分業型夫婦が多い背景には，このような女性の就労および育児に対する意識がある。この調査では，男性に対して調査をしていないが，男性も妻に対して同様の働き方を求めている可能性

はある。

　第3は，非正規雇用の拡大である。バブル経済の崩壊後，わが国の企業は人件費削減のために，正規雇用者の採用を抑制し，非正規雇用者を増やした。サービス産業が経済に占めるウエイトが高まったことも，雇用の非正規化を加速させた。このため，就労する場合，正規雇用者ではなく，非正規雇用者として就労する者が増えたのである。とくに出産後の女性で，就労を希望する者は，非正規雇用者として就労することが多い。

5．日本の少子化対策

　わが国は，それまで最も低かった1966年丙午の年の出生率をはじめて下回った，1990年の1.57ショックの後，少子化を問題視するようになり，継続的な少子化対策を行ってきた。これまでの対策のポイントを簡略化すると，次のようになる。

　はじまりは，1994年のエンゼルプランである。緊急保育対策等5か年事業が策定されて，待機児童を解消するために（認可）保育所の増設がすすめられた。1999年の少子化対策をすすめるための基本方針（少子化対策推進基本方針）と新エンゼルプランは，その前のプランの保育対策を充実させるものであり，その後，保育所の待機児童ゼロ作戦が行われた。これらによって，実際の待機児童はなくなることはなかったものの，待機児童が多い低年齢児を中心に定員数と利用児数は大幅に増えた。

　2002年の少子化対策プラスワンでは，保育対策に加えて，働き方の見直しや地域における子育て支援などの取組みが加わった。これは後にワーク・ライフ・バランス関係の施策につながっていく。2003年の次世代育成支援対策推進法は，企業と自治体が従業員の仕事と子育ての両立支援のための行動計画を策定することを定めた。「子どもと家族を応援する日本」重点戦略（2007年）では，働き方の改革によるワーク・ライフ・バランスの推進と包括的な次世代育成支援の両方をすすめる方向性が示された。保育対策とワーク・ライフ・バ

ランスが2つの対策の柱となった。1992年に施行された育児休業法も，拡充された。

　2010年以降は，子ども・子育てビジョンをつくり，社会全体で子育てを支えるとともに，生活と仕事と子育ての調和を目指している。

　わが国の少子化対策の流れを簡単に振り返ったが，ここからわが国の対策の柱は，仕事と出産・育児の両立を支えるための施策にあったといえよう。保育対策とワーク・ライフ・バランスがそれにあたる。少子化対策のターゲットとなってきた中心的な家族像は，未就学児をもつ，正規雇用者として共働きする夫婦であった。就業時間が長い父母の子どもが保育所に入ることを優先されるため，非正規雇用者よりも正規雇用者同士の共働き夫婦の子どもが保育所に入りやすい。専業主婦世帯では，保育所はまず利用できない。育児休業や育児のための短時間勤務などのワーク・ライフ・バランス関係の制度も，利用できるのは，もっぱら正規雇用者である。これまでの少子化対策によって，正規雇用者同士の共働き夫婦は，それ以前よりもはるかに出産・育児をしやすい環境になった。

　一方，わが国に多い分業型夫婦，すなわち妻が専業主婦である家族は，これまでの少子化対策の中心的なターゲットにはなってこなかった。保育所もワーク・ライフ・バランスも，無縁であった。しかし，分業型夫婦も出産・育児において困っていなかったわけではない。また，若年層の非正規雇用者など結婚したくてもできない者が増えている。これまでの少子化対策は，主に妊娠・出産以後の問題への対処であった。雇用問題は第一義的には労働政策の範疇であるが，少子化対策も労働政策と密接に連携して非正規雇用の問題に対処し，非正規雇用者の正規雇用者への移行をすすめ，待遇を改善するなどして，若年層が結婚・出産できるだけの経済力を持つことができるようにする必要があった。わが国の家族の実態と少子化対策のターゲットの間にミスマッチがあったといえる。

6．日本の家族の実態に合った対策の必要性

　わが国のこれまでの少子化対策の中心は，出産・育児期において共働型夫婦である者を対象に行ってきた。その背景には，家族が「夫は仕事，妻は家庭という性別役割分業を行う夫婦と子どもからなる世帯」が減り，夫婦が仕事と家事・育児を同じように行う家族が増えるという，（家族）「構造変動仮説」の想定があった。共働型夫婦が出産・育児をするための環境整備は，それはそれで必要な対策であった。しかし，そこにウエイトを置きすぎてきた。

　実態をみると，とくに育児期において，わが国は今も分業型夫婦が多数を占める国である。国際比較をみても，わが国の20～40代では，分業型夫婦が約7割を占めており，欧米3カ国とは異なる。出産後に妻が，少なくとも一時的に，専業主婦である夫婦は8割にのぼる。出産前後の妻の継続就業率は，従来から約2割で変わらない。わが国の家族の特徴は，当事者の意識や雇用環境等が複雑に絡み合ってできあがっている。家族は変わりにくいものなのだ。

　育児期に約2割しかいない共働型夫婦のみを対象にしていては，出生率は回復しない。たとえ共働型夫婦が1～2割増えたとしても，それは同じである。わが国が少子化を克服するためには，マスを占める分業型夫婦に対する子育ての支援も厚くすることが必要である。国際比較からわかるように，日本の出生率を下げている強い背景要因として，他国以上に非正規雇用や収入の低い若者が結婚しにくいことや，子育てや教育にかかる家族の費用負担の重さがある。若年層の雇用環境の改善，子育てや教育にかかる家族の費用負担の軽減等はとくに求められる。出生率の行方は，少子化対策を上記のように拡充することができるか否かに，かかっている。

注
1）その年の15～49歳の女性の年齢別出生率を足し合わせたもの。1人の女性がその年の出産パターンで仮に子どもを産んだ場合，生涯に出産するとみられる子ども数をあらわす。

2）ここでは，佐藤（2008）をふまえて説明。
3）国立社会保障・人口問題研究所：日本の将来推計人口（平成24年1月推計）。
4）このデータは，所定の手続きを経て内閣府の許可を得た上で使用している。筆者は，2010年調査企画委員会の委員長として，この調査にかかわった。
5）ここでの内容は，内閣府政策統括官（2011）の報告書において，筆者が執筆した「結婚」の章からである。なお，ここにあげた以外に，PACSやサンボは同性カップルにも認められているという特徴がある。本章は，少子化を分析することが目的であるため，同性カップルのことは扱わない。
6）過去の結婚・同棲経験も，出生に影響を与えるものである。
7）女性の場合，結婚後に専業主婦や非正規雇用者になる者がいるため，男性と同様の分析はできない。
8）妻の職業は，この他に学生，失業中を含む。妻が非正規雇用の場合，収入は限定的であることを考慮して，共働型夫婦ではなく分業型夫婦とした。

【参考文献】

稲葉昭英，2011，「NFRJ98/03/08 から見た日本の家族の現状と変化」『家族社会学研究』23(1)：43-52.
落合恵美子，1994，『21世紀家族へ』有斐閣選書.
国立社会保障・人口問題研究所，2011，『第14回出生動向基本調査（結婚と出産に関する全国調査）夫婦調査の結果概要の取りまとめ』.
佐藤龍三郎，2008，「日本の「超少子化」――その原因と政策対応をめぐって」『人口問題研究』64(2)：10-24.
ヴァ・デー・カー，ディルク J.，2002，「先進諸国における『第二の人口転換』」『人口問題研究』58(1)：22-56.
内閣府政策統括官，2011，『少子化社会に関する国際意識調査報告書』.
内閣府男女共同参画局，2006，『女性のライフプランニングに関する調査報告書』.
Inglehart, Ronald, 1977, *The silent revolution*, Princeton University Press.（＝三宅一郎・金丸禅男・富沢克訳，1978，『静かなる革命』東洋経済新報社.）

【さらに学びたい人のための文献紹介】

松田茂樹，2013，『少子化論――なぜまだ結婚・出産しやすい国にならないのか』勁草書房.
　　家族や若年雇用の変容，父親の育児参加，都市と地方の差異，少子化の国際比較など多角的な視点で日本の少子化の全体像を分析した書.
阿藤誠・西岡八郎・津谷典子・福田亘孝編，2011，『少子化時代の家族変容――パートナーシップと出生行動』東京大学出版会.
　　社会全体の少子化は個々の家族の変化が生みだしたものであり，ミクロな家族

の変容を分析することで日本の少子化の特徴と問題点を浮かび上がらせた著作.
山田昌弘, 2010, 『「婚活」現象の社会学 日本の配偶者選択のいま』東洋経済新報社.
　　未婚化がすすむ日本. 格差時代における若者の意識と結婚行動の実態を家族社会学の立場から分析.
渡辺秀樹・金鉉哲・松田茂樹・竹ノ下弘久編, 2013, 『勉強と居場所——学校と家族の日韓比較』勁草書房.
　　日本では, 家庭の階層によって生徒の学習意欲・進学意欲に大きな格差が生じている. 一方, 韓国の生徒の学習意欲は総じて高く, 階層による意欲の差は小さい. 両国の少子化の要因である教育と家庭の現状を分析した書.

第2章　性別役割分業意識の多元性と男性の育児参加

裵　智恵

1．男性における性別役割分業意識の多元性

　近年「イクメン」ブームが熱い。仕事だけでなく育児にも積極的にかかわる，既存の性別役割分業にこだわらない男性が求められているのである（大野 2008）。しかしながら，実際の男性の家族役割参加の程度を見ると，それほど劇的な変化は見られない。日本男性の家事・育児参加は，他の国と比べ，低調な水準に止まっている。昨今の社会の風向きやニーズとは対照的に，「イクメン」が実際に増加しているとは統計上言いがたい。

　その原因として多くの研究で指摘されているのは，長時間労働に代表される職場の構造的問題である。たとえば，日本と韓国における男性の育児参加を比較・分析した裵（2009）は，両国ともに男性の育児参加が，本人の性別役割分業についての考え方とは関係なく，勤務時間によって制限されていることを報告している。だがはたして，男性の家族役割参加を阻害する要因は，職場の拘束だけであろうか。労働時間さえ短くなれば，男性は一層家族役割に参加でき，性別役割分業をめぐる意識と実態のギャップは解消できるのか。

　西村（2001）は，性別役割分業をめぐる意識と実態のズレを説明する別の観点として，性別役割分業意識の多元性に着目している。「男は仕事，女は家庭」という狭義の性別役割分業意識は流動化したが，女性と家事・育児を結びつけるような意味の体系は，かたちを変えて維持されており，依然として女性に家事・子育てを割り当て続けているという説明である。西村の研究は，女性の問題として性別役割分業をめぐる意識と実態のズレを検討するものとして，有益な視点を提供している。しかし，男性の問題として同様の意識と実態のズレ――すなわち，家族役割へ積極的に参加しようとする男性が増えているにもか

かわらず，依然として男性と仕事を結びつけ，男性に稼ぎ手役割を担わせるような意味の体系——を検討した研究は多くない。

そこで本章では，男性を分析の対象として取り上げ，性別役割分業意識の多元性という観点から，男性の育児参加をめぐる意識と実態の関係について検討する。具体的には，男性の性別役割分業意識がもつ多元性を明らかにした後，意識の多元性が男性の育児参加度に及ぼす影響について分析する。

2．先行研究からの知見
2−1．男性の育児参加と性別役割分業意識

男性の育児参加に対する関心が高まるにつれて，家族社会学の分野においても，これをテーマとする研究が蓄積されてきた。これらの先行研究によると，男性の育児参加を説明する主要な仮説としては，①時間制約説（時間に余裕があるほど［＝時間の制約がないほど］男性は育児に参加する），②ニーズ説（子どもの数や幼い子どもの存在など，育児に対するニーズが増える場合，男性は育児に参加する），③代替資源説（親など育児を代替する者がいると，男性は育児に参加しない），④相対的資源説（学歴や収入など妻の資源が高いほど，男性は育児に参加する），⑤イデオロギー説（革新的な性別役割分業意識をもつほど，男性は育児に参加する），⑥情緒関係説（夫婦の情緒関係が強いほど，夫婦の共同行動として男性は育児に参加する）の6つを挙げることができる（永井 2004；裵 2009）。これらの仮説を検証した先行研究を総括すると，日本においては，ニーズ説と時間制約説が支持され，イデオロギー説は棄却されるという比較的一貫した結果が見られる（永井 2004：192）。

以上の結果は，本章冒頭でも言及したように，日本において男性の育児をめぐる意識と実態の間に乖離が存在することを意味している。すなわち，性別役割分業に関して革新的な意識をもつ男性であれ，保守的な意識をもつ男性であれ，育児参加の程度には実はあまり差がない。むしろ，かりに本人に育児に参加する意向があったとしても，長い労働時間など職場の構造的問題がその実践

を阻害しているのである。それゆえ，男性の家族役割参加を促すためには，男性の保守的な意識を啓発する教育よりも，まずは労働時間に代表される職場の構造を改善しなければならないという主張（松田　2004）が説得力を得てきた。

　しかし，性別役割分業意識の多元性に着目すると，男性の育児参加をめぐる意識と実態のズレは，職場の構造的な拘束以外の要因によっても引き起こされる可能性がある。たとえば，（男性ではなく女性を対象としているが）性別役割分業意識の多元性について検討した西村（2001）によると，女性と家事・子育てを結びつける性別役割分業意識は，狭義の性別分業意識，愛情規範，「よい子育て」意識の3次元に捉えられることができる。そして，これらの3次元の規定要因を分析した結果，狭義の性別分業意識や愛情規範は，女性の高学歴化・労働力化によって相対化される可能性があるが，「よい子育て」への規範は，女性の高学歴化・労働力化によっても揺らぐどころか，むしろ強化される可能性がある。以上の知見は，性別役割分業意識の流動化にもかかわらず，家庭内の家事・育児が相変わらず女性によって担われている現実が，単に労働市場の硬直性だけのものではないことを示唆している。

　とはいえ，西村の先行研究は，男性の観点からみた時の性別役割分業をめぐる意識と実態の乖離を説明したものではない。西村自身が言及しているように，性別役割分業は，あくまでも男女の関係性の間で実践されるものであるため，その意識と実態を把握するためには，男女一方の意識構造を検討するだけでは不十分である。そこで本章では，男性の家族役割参加への考え方が変化しているにもかかわらず，男性の家族役割参加を阻害している意味の体系について，意識の多元性という観点からあらためて検討してみたい。

2—2．男性の稼ぎ手役割意識

　家庭内の性別役割分業において男性が主に担っているのは，稼ぎ手としての役割である。稼ぎ手（breadwinner）とは，本人の家族を扶養するため，家庭の外で市場経済における利益，あるいは賃金を得る生産活動を行う人として定義

される（Dhara & Bennett 1995）。ところで，この稼ぎ手という観念は，必ずしも経済的な側面だけでは説明しきれない。たとえば Hood（1986）は，誰がその家庭の稼ぎ手になるかは，本人の収入だけではなく，その役割に対する本人の投資に加え，本人に対する配偶者の期待などによっても影響を受けると主張している。Potuchek（1992）もまた，稼ぎ手役割，すなわち家族を経済的に養う（breadwinnig）ことは，単なる行動の問題ではなく，家族内においてその行動と関連する意味の問題であると指摘している。要するに，稼ぎ手役割の割り当ては，家族内で構成員間の交渉を必要とする問題であるということだ。これらの先行研究の知見を踏まえ，イ（2001）［이나련（2001）］は，稼ぎ手役割とは，家族内で実際の経済的な貢献もしくは役割遂行によって決定されるというよりは，家族構成員たちの行動，信念，態度などによって決定され，変化していくものであると結論づけている。

　稼ぎ手役割が男性の専有物であり，男性こそ家族唯一の生計扶養者であると見なされるようになった時期は，それほど長くはない。たとえばアメリカにおいて，夫／父が稼ぎに出かけ，妻／母が家事・育児を担う，いわゆる「伝統的」とされる家族の一般的な構造が形成されたのは，1830 年代である。さらに言えば，その構造が維持されたのは，アメリカのセンサスが，これ以上自動的に男性を世帯主（head of the household）と仮定することはないと宣言した 1980 年までの，約 150 年間に過ぎない（Bernard 1986: 101）。西欧の社会よりも遅れて産業化を開始した日本や韓国では，「男性＝一家の稼ぎ手」とする家族構造は，1960 年代以降に成立している（落合　2004；シン　2011［신경아　2011］）。

　このように，稼ぎ手役割が男性の役割として特化された歴史は，比較的短い。にもかかわらず，そのインパクトは強烈なものであった。Bernard（1986）が言うように，社会的・心理的現象としての「良き稼ぎ手役割」は，家族についての男女の考え方に大きな影響を及ぼしたのである。とりわけ Bernard は，女性が労働市場から排除されることで経済的支えを失い，競争力と権力のない脆弱な立場に置かれるようになった点，その一方で男性が家族の扶養者として

の特権をますます強くした点に注目している。

　とはいえ，稼ぎ手役割が男性の性役割として固定化されたことが，男性にとって必ずしも良い結果だけをもたらしたわけではない。仕事に没頭する男性の人生において，家族に対する関心は周辺的なものにならざるをえなかった。そのため，経済的扶養者以外の他の家族内役割と責任における男性の寄与はきわめて限定的なものとなった（シン 2011：241［신경아 2011：241］）。「家族のための働く」ことが，結果的に家族との時間を制限するという矛盾する状況を招いたのである。

　前述した Bernard（1986）は，男性にとってのさらなる深刻な問題として，男性らしさの証明が，職場で働くことのみならず，その役割として成功することに左右されるようになった点を指摘する。要するに，男性はただの稼ぎ手ではなく，良き稼ぎ手となることを期待されるようになったのである。もし男性がその役割に失敗した場合には，大きな挫折感を経験することになる。韓国の産業化時代（1960～1980年）を生きてきた男性労働者をインタビューしたシン（2011）［신경아 2011］が，失業の経験談をもとに，韓国男性にとっての稼ぎ手役割意識は，その実践が難しくなる時にこそより明確に表れると指摘したのも同じ脈絡から解釈できる。彼女は，韓国男性の稼ぎ手役割意識は非常に強固なものであって，それはもはや，単に家長としての義務・負担であるという認識を超え，一種の強迫観念にさえなっていると評価している。日本においても，経済危機以後の雇用不安定性が深刻化する状況下で，「男性＝稼ぎ手」とする意識がその現実適合性を失っているにもかかわらず，未だに支配的な規範として根強く残っていることが指摘されている。（大槻　2012）。

　こうした根強い稼ぎ手役割意識の残存こそ，前述した男性における性別役割分業意識の多元性を表すものとしてみることができる。すなわち，一方で狭義の性別役割分業意識は革新化の方向に向かっているが，他方で根強く残っている稼ぎ手役割意識は，「男性は家族のために働くものだ」という論理で分業の論理を正当化する。すると，狭義の性別役割分業には反対しながらも，男性の

稼ぎ手役割にはこだわり続けるような，相矛盾する2つの性別役割分業意識を同時にもっている個人がいるとしても不思議ではない。

まとめると，男性における性別役割分業の多元性を考慮に入れるなら，男性の稼ぎ手役割意識は，狭義の性別役割分業意識に加え，もうひとつの核心的要素になりうる。したがって以下では，性別役割分業に対するこれら2つの意識を軸と設定し，性別役割分業意識の多元性について検討する。具体的には，まず2つの意識の関連がどのようになっているかを把握し，次にその関連が男性の基本的な社会人口学的属性に応じてどのように異なるかを計量的な手法を用いて分析する。最後に，2つの意識の関連によって浮かび上がった性別役割分業の多元性が男性の育児参加に及ぼす影響を検討する。

3．方　法
3−1．データ

分析に使用したデータは，2008年日本家族社会学会が実施した第3回全国家族調査（「NFRJ08」）の個票データである。本章では，男性の育児参加程度と性別役割意識との関連を検討するため，そのうち若年層データにおける，有配偶であり，子どもをもっている男性605人を分析対象にする。

3−2．変数
(1)従属変数

従属変数としては男性の育児参加程度を使用する。NFRJ08では，回答者本人と配偶者について「子どもと遊ぶこと」と「子どもの身の回りの世話」の週あたりの頻度を尋ねている。ここでは，男性本人が各項目を1週間あたりに行う程度について，「ほぼ毎日」に7点，「週に4〜5回」に4.5点，「週に2〜3回」に2.5点，「週に1回」に1点，「ほとんど行わない」に0点を与えて，2つの項目の得点を合計し，男性の育児参加度の合成変数を作成した。この合成変数の点数が高いほど，男性は育児に参加していることを意味する。

(2) 独立変数

狭義の性別役割意識としては「男性は外で働き,女性は家庭を守るべきである」,男性の稼ぎ手役割としては「家庭を(経済的に)養うのは男性の役割である」の質問項目を取り上げ,これら2つの組み合わせを,性別役割分業意識の多元性を表す変数として用いる。はじめに,それぞれの質問項目について,「そう思う」と「どちらかといえばそう思う」を賛成,「どちらかといえばそう思わない」と「そう思わない」を反対とし,2つのカテゴリーを作成した。その後,これら2つの変数の組み合わせにより,図2-1のような4つのカテゴリーを作成した。

	男性の稼ぎ手役割意識	
	賛 成	反 対
狭義の性別役割分業意識 賛 成	①	②
狭義の性別役割分業意識 反 対	③	④

図2-1 性別役割分業の多元性

(3) コントロール変数

年齢,教育年数,6歳未満の子どもの数,本人および配偶者の就労形態,本人の労働時間など,先行研究において男性の育児参加に影響を及ぼすと指摘されてきた変数を用いる。年齢は,調査時点での実年齢を連続変数として使用した。教育年数については,最終学歴を卒業と見なし,それに対応する教育年数を算出した。本人の就労形態としては,公務員ダミーを用い,配偶者の就労形態は,無職,常時雇用,臨時雇用,自営・自由他の4つのカテゴリーを作成した。最後に,本人の労働時間は,往復の通勤時間を含む1日平均労働時間と1カ月の平均労働日数をもとに,月あたりの労働時間を算出した。

3-3. 分析方法

はじめにクロス集計とカイ二乗検定を行い,性別役割分業に対する男性の意

識の全般的な傾向を把握する。次に、性別役割分業意識の多元性と男性の育児参加度との関連については、一般線形モデルを用いて検証する。まず、性別役割分業意識の多元性を表す変数を単独投入した一元配置の一般線形モデルを行い（モデル1），その後，それに男性の年齢，教育年数，6歳未満子どもの数，男性本人および配偶者の就労形態，男性の労働時間などのコントロール変数を加えた多元配置の一般線形モデル（モデル2）によって，男性の育児参加度に対する性別役割分業意識の多元性の効果を検証する。

4．結　果
4－1．性別役割分業をめぐる意識の全般的な傾向

　狭義の性別役割分業意識と男性の稼ぎ手役割意識の分布は，表2-1のとおりである。「男性は外で働き，女性は家庭を守るべきである」という狭義の性別役割分業意識の場合には，「そう思わない」と答えた割合が23.6%，「どちらかといえばそう思わない」と答えた割合が24.4%で，両者を合わせると，反対の割合は全体の48%を占めている。すなわち，狭義の性別役割分業意識については，賛成派が反対派より若干多くなっているが，両者の間に大きな差はない。

　それに対して，「家庭を（経済的に）養うのは男性の役割である」という稼ぎ手役割意識の場合には，圧倒的に多くの男性が賛成の意見を示している。具体的に，「そう思う」が38.9%，「どちらかといえばそう思う」が40.9%で，賛成の割合が約80%にまで至っている。反対の割合は「そう思わない」と「どちらかといえばそう思わない」を合わせても全体の20.1%に過ぎない。これ

表2-1　性別役割分業をめぐる意識の全般的な傾向

(%)

	そう思う	どちらかといえばそう思う	どちらかといえばそう思わない	そう思わない
狭義の性別役割分業意識	64 (10.6)	249 (41.4)	147 (24.4)	142 (23.6)
男性の稼ぎ手役割意識	234 (38.9)	246 (40.9)	56 (9.3)	65 (10.8)

は，男性の稼ぎ手役割意識がいまだに根強く残存していることを確認できる結果である。一方では狭義の性別役割分業意識に対して否定的な考え方をもちながらも，他方では一家の稼ぎ手役割を男性が担うべきだと依然として考えている層が多く存在することがうかがえる。

表2-2は，この2つの変数を組み合わせ，性別役割分業意識の多元性について調べた結果である。最も高い割合を占めているのは，狭義の性別役割分業に賛成し，なおかつ男性の稼ぎ手役割にも賛成する場合（①）であり，全体の51.1％で半数を超えている。これらの男性は，性別役割分業について一貫して保守的な考え方を堅持している「保守派」である。それに対して，狭義の性別役割分業に反対し，かつ男性の稼ぎ手役割にも反対している「革新派」（④）は，全体の11.9％を占めている。

本章でとくに注目したいのは，上記の保守派・革新派のどちらにも当てはまらない層で，狭義の性別役割分業には反対するが，男性の稼ぎ手役割には賛成する場合（③）である。全体の実に28.8％の男性がこのカテゴリーに属している。彼らは，女性の就業や男性の家庭役割参加を基本的には肯定しながらも，女性の就業による収入はあくまでも副次的なものとして見なし，家族の大黒柱は男性であるべきと思っている可能性が高い。彼らこそ，大野（2008）が言うところの，性別分業と共同参画という相反する価値観の間で揺れ動きながら，長期的には共同参画に向かうことを期待できる，「過渡期」的な段階にいる層であり，まさに性別役割分業意識における多元性を体現している層である。

表2-2 性別役割分業意識における多元性

		男性の稼ぎ手役割意識			
		賛成	反対	賛成	反対
狭義の 性別役割分業意識	賛成	307	51.1 ①	6	1.0 ②
	反対	173	28.8 ③	115	19.1 ④

ちなみに，保守派と革新派のどちらにも属さないもうひとつの場合として，狭義の性別役割分業には賛成しながらも，男性の稼ぎ手役割には反対をしている場合（②）もあるが，その割合は全体のわずか1.0％で6人しかいなかった。そこで以下の分析では，このカテゴリーは除外して分析を進めることにする。

4-2. 社会属性との関係

性別役割分業意識の多元性と社会属性との関係をみるために，カイ二乗検定を行った。まず，狭義の性別役割分業意識と男性の稼ぎ手役割意識との関係を調べてみた結果（表2-3），両方とも，年齢と学歴に対しては共通して有意な関連が見られず，配偶者の就労形態，配偶者の収入に対しては有意な関連が確認できた。詳しくみると，配偶者が正規職として働いている場合，配偶者の収

表2-3 基本的な社会人口学的変数と性別役割分業をめぐる意識との関連

		狭義の性別役割分業意識					男性の稼ぎ手役割意識				
		賛成		反対		有意差	賛成		反対		有意差
年齢	35歳以下	86	54.1%	73	45.9%	n.s	126	79.2%	33	20.8%	n.s
	36～49歳	227	51.2%	216	48.8%		354	80.1%	88	19.9%	
学歴	中卒以下	7	43.8%	9	56.3%	n.s	14	87.5%	2	12.5%	n.s
	高卒	142	54.4%	119	45.6%		214	82.0%	47	18.0%	
	短大・高専	44	43.6%	57	56.4%		72	72.0%	28	28.0%	
	大卒以上	116	54.5%	97	45.5%		171	80.3%	42	19.7%	
配偶者の就労形態	正規	33	31.4%	72	68.6%	***	68	64.8%	37	35.2%	***
	非正規	97	49.5%	99	50.5%		162	83.1%	33	16.9%	
	自営・自由	19	47.5%	21	52.5%		34	85.0%	6	15.0%	
	無職	161	62.4%	97	37.6%		213	82.6%	45	17.4%	
本人の収入※	0～399万円台	69	43.4%	90	56.6%	*	121	76.1%	38	23.9%	n.s
	400～599万円以下	112	53.3%	98	46.7%		164	78.5%	45	21.5%	
	600万円台以上	126	57.3%	94	42.7%		182	82.7%	38	17.3%	
配偶者の収入※	収入はなかった	138	64.8%	75	35.2%	***	180	84.5%	33	15.5%	**
	1～129万円台以下	104	49.1%	108	50.9%		172	81.1%	40	18.9%	
	130万円以上	58	38.2%	94	61.8%		105	69.5%	46	30.5%	

注) * p<.05 ** p<.01 *** p<.001
※本人と配偶者の収入は，去年1年間のものである。

入は高い場合（去年1年の収入が130万円台以上）には，男性本人は狭義の性別役割分業と男性の稼ぎ手役割にともに反対する傾向が強い。また，本人の収入は，狭義の性別役割分業意識に対してのみ有意な関連が見られ，稼ぎ手役割意識に対しては関連が観察できなかった。このような結果から，男性の性別役割分業に対する意識，とくに，稼ぎ手役割意識は，男性本人の属性というよりは，配偶者の就労状態や収入と関連していることがわかった。

続いて，性別役割分業意識の多元性と社会属性との関連を調べた。表4はその結果をまとめたものである。ここでも，男性本人の年齢と学歴に対しては有意な関連が認められなかった。配偶者の就労状態，本人および配偶者の収入に対しては統計的に有意な関連がある。具体的には，配偶者が正規職として働いている場合には革新派の割合が高くなり，無職である場合には保守派の割合が圧倒的に高くなっている。また，配偶者が自営・自由業である場合には，他の

表2-4 基本的な社会人口学的変数と性別役割分業の多元性

		保守派		過渡期		革新派		有意差
年齢	35歳以下	85	53.8%	41	25.9%	32	20.3%	n.s
	36〜49歳	222	56.8%	132	30.2%	83	19.0%	
学歴	中卒以下	7	43.8%	7	43.8%	2	12.5%	n.s
	高卒	140	54.1%	74	28.6%	45	17.4%	
	短大・高専	44	44.0%	28	28.0%	28	28.0%	
	大卒以上	112	53.6%	59	28.2%	38	18.2%	
配偶者の就労形態	正規	33	31.4%	35	33.3%	37	35.2%	***
	非正規	96	49.5%	66	34.0%	32	16.5%	
	自営・自由	18	46.2%	16	41.0%	5	12.8%	
	無職	157	61.8%	56	22.0%	41	16.1%	
本人の収入※	0〜399万円台	67	42.7%	54	34.4%	36	22.9%	†
	400〜599万円以下	111	53.4%	53	25.5%	44	21.2%	
	600万円台以上	123	56.7%	59	27.2%	35	16.1%	
配偶者の収入※	収入はなかった	134	64.1%	46	22.0%	29	13.9%	***
	1〜129万円台以下	103	48.8%	69	32.7%	39	18.5%	
	130万円以上	57	38.0%	48	32.0%	45	30.0%	

注）†p<.10　**p<.01　***p<.001
　　※本人と配偶者の収入は，去年1年間のものである。

カテゴリーと比べ，革新派になる割合が低く，過渡期的な考え方の割合が高くなっているのが特徴的である。本人の収入が高い場合には，保守派の割合が高くなり，逆に低い場合には，過渡期的な考え方の割合が高くなる傾向がある。その反面で，配偶者の収入が高いほど，保守派の割合は少なくなり，革新派の割合は高くなる。

　全般的に，年齢・学歴のような男性本人の属性よりも，配偶者の就労と関連する要因の方が効果が明確であることがわかる。とくに，教育が性別役割分業意識と有意な関連をもたないという結果に関しては，先行研究においても指摘されている。山口（1999：247）が述べるように，戦後日本の教育は確かに男女平等を掲げてきたが，それは日常生活の中で意識として内面化されるものではなかったのかもしれない。また，日本の男性について，性別役割分業意識に対する配偶者の就労地位と収入の影響も，すでにいくつかの先行研究で報告されている。その結果から，日本人男性の性別役割分業意識は，配偶者の就労地位に合わせて変化する「状況適応的」な性質をもっていると同時に，配偶者の就労によるアウトプットにも影響される「実績評価主義的」な性質ももっていると解釈されてきた（吉川　1998；嶋﨑　2006；裵　2008）。本章での分析結果は以上の解釈を支持するものである。

4－3．男性の性別役割分業意識の多元性と育児参加

　ここまで男性の性別役割分業意識を多元性という側面から調べてきたが，以下ではこうした意識が男性の育児参加の実態にどのような影響を及ぼしているかを，一般線形モデルを用いて検討する（表2-5）。まず，モデル1においては，男性の性別役割分業意識の多元性は，育児参加度に有意な効果を及ぼしている。その効果は，コントロール変数を加えたモデル2においても有意である。男性の性別役割分業意識の多元性についての3つのカテゴリー（「保守派」「過渡期」「革新派」）ごとに育児参加度の平均値を比較してみると，「保守派」が4.129，「過渡期」が5.552，「革新派」が5.5817となっており，意識が革新化

するほど，育児参加度は高くなることがわかる。

表2-5　男性の育児参加度を従属変数とした一般線形モデル

	model 1			model 2		
	df	F		df	F	
性別役割分業意識の多元性	2	7.687	**	2	8.504	***
年齢				1	36.187	***
教育水準				1	0.056	
6歳以下子どもの数				1	14.073	***
配偶者　正規職ダミー				1	2.91	†
配偶者　非正規職ダミー				1	1.885	
配偶者　自由・自営業ダミー				1	0.201	
本人労働時間				1	16.758	***
本人公務員ダミー				1	0.521	
N		568			536	
Adj R^2		0.023			0.246	

注）†$p<.10$　**$p<.01$　***$p<.001$

5．男性の育児参加を促進するために必要なこと

　1990年代後半以降，性別役割分業意識をテーマとする研究は，意識の多元性という側面に焦点を当てるようになっている（西村　2001）。ただし，先行研究の多くは，女性を対象として，女性における性別役割分業意識の多元性について議論している。そこで本章では，男性を対象として，性別役割分業意識の多元性について調べ，それが彼らの育児参加度に及ぼす影響を，計量的手法を用いながら検討した。分析の結果とそこから得られた知見は以下のとおりである。

　第1に，男性の性別役割分業についての意識は多元的である。本章では，「男性は外で働き，女性は家庭を守るべきである」といった，先行研究で最も頻繁に使用されてきた狭義の性別分業についての質問項目に加え，「家庭を

(経済的に)養うのは男性の役割である」といった男性の稼ぎ手についての質問項目を取り上げ,これら2つを軸として性別役割分業に関する男性の意識を検討した。その結果,狭義の性別役割分業と男性の稼ぎ手役割の双方に,一貫して賛成,反対の意見をもつ男性がいる一方,前者には反対しながらも,後者には賛成するという,矛盾する考え方をもっている男性も少なくないことが明らかになった。性別役割分業についての考え方が「常に揺れ動いており,流動的なもの」(舩橋 2004)であるとするならば,これらの男性は,保守から革新へと,性別役割分業体制の変化を経験している今日の日本社会における過渡期的状況を象徴する存在であるかもしれない。

また,こうした結果は,「男性は仕事,女性は家庭」という考え方への賛否を問う質問項目だけでは,性別役割分業について男性がもっている意識の全貌を,正確には把握しきれないことを示唆するものでもある。したがって,性別役割分業意識を扱う今後の研究においては,狭義の性別役割分業意識以外の次元についても考慮する必要がある。

第2に,男性の性別役割分業に対する意識と社会属性との関連を分析した結果,男性本人の属性よりも,配偶者の就労にかかわる要因の方の影響が明確であった。逆に言えば,男性本人の年齢と学歴は,性別役割分業意識に対して有意な関連を示さなかったということである。年齢とも教育水準とも関係なく,稼ぎ手役割へのこだわりが男性に未だに根強く残っていることが確認できた結果ともいえる。

とはいえ,変化の兆しがまったく見えなかったわけではない。男性の配偶者の就労状態と収入は,狭義の性別役割分業意識,男性の稼ぎ手役割意識,そしてこれら2つの組み合わせによる性別役割分業の多元性を表す変数のすべてに対して強い関連があった。本章は,一時点の横断データを用い,単純クロス集計に基づいた分析であるものの,有配偶女性の経済参加率が高くなりつつある状況に鑑みれば,以上の結果から,将来的には男性における性別役割分業意識が革新的な方向に変化するであろうという期待ももてそうである。

第3に，男性の性別役割分業についての意識は，彼らの育児参加度に影響を及ぼしている。男性の家族役割，とりわけ育児参加を扱う従来の先行研究においては，平等な性別役割分業意識をもつ男性ほど育児に参加すると仮説するイデオロギー説は棄却されたという結果が多かった。しかしながら，本章の結果によると，保守的な性別役割分業意識をもつ男性よりも，稼ぎ手役割にこだわりながらも女性の社会進出や男性の家族役割参加を肯定する男性の方が，加えて，このように性別分業と男女共同参画の間で揺れ動く男性よりも，一貫して革新的性別役割分業意識をもっている男性の方が，明らかに育児に参加している。これらの結果はイデオロギー説を支持するものである。

もちろん，男性の育児参加を促進するために，職場の環境を整備することは，依然として重要である。本章の分析においても，男性の長い労働時間は，男性の育児参加に影響を及ぼしていることが確認できる。しかしおそらく，労働時間といった構造的問題の改善とともに，性別役割分業についての意識の啓発もまた必要であることを，本章の結果は示唆している。さらに，こうした意識啓発において重要となるポイントは，単純に男性の家族役割参加への必要性を訴えるようなものではなく，一家を経済的に養うのは男性であるべきだという，稼ぎ手役割に対する意識そのものを問い直すことではないであろう。

謝辞
二次分析に当たり，東京大学社会科学研究所附属社会調査データアーカイブ研究センター SSJ データアーカイブから第3回全国家族調査（「NFRJ08」）（日本家族社会学会全国家族調査委員会）の個票データの提供を受けました。

注
1）常時雇用：経営者・役員，常時雇用されている一般従業者（公務員を含む）
    臨時雇用：臨時雇い・パート・アルバイト，派遣社員・契約社員・委託社員
    自営・自由他：自営業主・自由業主，自営業の家族従業者，内職
2）1日の労働時間を24時間と答えたものは除外した。

【参考文献】

裵智恵，2008，「日本と韓国における男性の性別役割分業意識」轟亮編『階層意識の現在』2005年社会階層と社会移動調査報告書，191-206．

裵智恵，2009，「日本と韓国における男性の育児参加」『慶應義塾大学大学院社会学研究科紀要 人間と社会の探求』68：59-73．

Bernard, J., 1986, "The Good Provider Role: Its Rise and Fall," A. Skolnick & J. H. Skolnick ed., *Family in Transition.* Boston: Little Brown.

Dhara, S.G. and M. Bennett, 1995, "Changes in the Breadwinner Role: Punjabi Families in Transition," *Journal of Comparative Family Studies* 26 (2): 255-263.

Hood, J.C., 1986, "The Provider Role: Its Meaning and Measurement," *Journal of Marriage and the Family* 48: 349-359.

舩橋惠子，2004，「平等な子育てに向かって：夫婦で育児の四類型」『国立女性教育会館紀要』8：13-23．

吉川徹，1998，「性別役割分業意識の形成要因──男女比較を中心に」尾島史章編『ジェンダーと階層意識』1995年社会階層と社会移動全国調査研究会，49-70．

松田茂樹，2004，「男性の家事参加──家事参加を規定する要因」渡辺秀樹・稲葉昭英・嶋﨑尚子編『現代家族の構造と変容──全国家族調査［NFRJ98］による計量分析』東京大学出版会，175-189．

落合恵美子，2004，『21世紀家族へ［第3版］』有斐閣選書．

大野祥子，2008，「育児期男性の生活スタイルの多様化──稼ぎ手役割にこだわらない新しい男性の出現」『家族心理学研究』22(2)：107-118．

大槻奈巳，2012，「雇用不安低化のなかの男性の稼ぎ手役割意識」目黒依子・矢澤澄子・岡本英雄編『揺らぐ男性のジェンダー意識』新曜社，134-153．

尾嶋史章，1998，「女性の性別役割意識の変動とその要因」尾嶋史章編『ジェンダーと階層意識』1995年社会階層と社会移動全国調査報告書，1-22．

Potuchek, J. L., 1992, "Employed Wives' Orientations to Breadwinning: A Gender Theory Analysis," *Journal of Marriage and the Family* 54: 548-558.

永井暁子，2004，「男性の育児参加」渡辺秀樹・稲葉昭英・嶋﨑尚子編『現代家族の構造と変容──全国家族調査［NFRJ98］による計量分析』東京大学出版会，190-200．

西村純子，2001，「性別役割の多元性とその規定要因」『年報社会学論集』14：139-150．

嶋﨑尚子，2006，「男性の性別役割分業意識──家族関係・家族経験による形成過程」西野理子・稲葉昭英・嶋﨑尚子編『夫婦，世帯，ライフコース』第2回家族についての全国調査（NFRJ03）第2次報告書 No.1，125-138．

末盛慶，2004，「父親と子どもの接触頻度の規定要因」渡辺秀樹・稲葉昭英・嶋﨑尚子編『現代家族の構造と変容──全国家族調査［NFRJ98］による計量分析』

東京大学出版会, 231-243.
山口一男, 1999, 「既婚女性の性別役割意識と社会階層――日本と米国の共通性と異質性について」『社会学評論』50：231-252.

【韓国語文献】
신경아, 2011, 「산업화 세대의 일 중심적 삶――남성 노동자의 구술생애사연구」『산업노동연구』17(2)：239-76. ［シンキョンア, 2011, 「産業化世代の仕事中心的人生――男性労働者の口述生涯史研究」『産業労働研究』17(2)：239-276.］
이나련, 2001, 「연령대에 따른 기혼 남성의 생계 부양자 역할 의식」『한국가족관계학회지』6 (1)：21-41. ［イナリョン, 2001, 「年齢代による既婚男性の稼ぎ手役割意識」『韓国家族関係学会誌』6 (1)：21-41.］

【さらに学びたい人のための文献紹介】
石井クンツ昌子, 2013, 『育メン現象の社会学』ミネルヴァ書房.
　　昨今の「育メン」ブームについて，その歴史・社会・文化的背景を踏まえ，現象の実態，家族への影響などが検討されている．特に第六章では，アメリカにおける父親研究の多様性を紹介しながら，日本における父親研究の課題も提示されている．
Hood, Jane ed., 1993, *Men, Work and Family*, CA: Sage.
　　仕事と家族の関係に焦点を当てながら，家族形態，人種，国，階層など多様な側面から，男性の役割について検討されている．多少古い本ではあるが，アメリカにおける父親研究の多様性が確認できる．
大和礼子・木脇奈智子・斧出節子編, 2008, 『男の育児・女の育児――家族社会学からのアプローチ』昭和堂.
　　「育児」をめぐるさまざまな問題，たとえば，母親の育児ストレス，父親の育児休業などが，質問紙調査とインタビュー調査を用いながら綿密に分析されている．
石原邦雄編, 2002, 『家族と職業』ミネルヴァ書房.
　　「家族と職業」の研究分野における主要な理論的アプローチから，就業形態による仕事と家族生活との関連，さらには教育，国・企業の政策など家族と職業のあり方を規定する介在要因まで，理論と実証の両方の側面において家族と仕事の関連のあり方が考察されている．

第3章　女性の就業と子育て
―――就業キャリア研究の展開―――

西村　純子

1．M字型カーブが示すもの

　日本の女性の就業率を年齢別にプロットすると，「M」のかたちを描くことが知られてきた。いわゆる「M字型カーブ」である。このM字型カーブの動向をもって，日本の女性の就業行動の傾向や，その変化が語られることが多い。

　図3-1は，1991年，2001年，2011年の女性の年齢階級別の就業率を示している。各年ともに折れ線はMのかたちを描いている。しかし20年間の変化に注目すると，最近になるほどM字の谷間が浅くなり，20歳代から30歳代前半にかけての就業率が上がっている。いちばん新しい2011年では，折れ線はM字から，より台形に近づいている。

　こうしたM字の形状の変化から何を読みとることができるだろうか。M字の谷間にあたる20歳代後半から30歳代前半は，多くの女性が結婚・出産・育児を経験する年齢層である。M字の谷間が新しいデータほど浅くなっているということは，「若いコーホートほど結婚や出産・育児にかかわらず就業を継続するようになった」ことを示しているようにも思える。しかし，そのように結論づけることには，いくつかの点で問題がある。

　第1に，図3-1からコーホートごとの就業行動の変化を読み取ることは，即座には不可能である。1本の折れ線が示すのは，あくまで「その年の」女性の年齢別就業率であって，1991年に30〜34歳のカテゴリーに含まれる女性が40〜44歳になったときの就業率は，同じ折れ線ではなく，10年後の2001年の40〜44歳の値を見なければならない。女性の就業行動のコーホート間の変化を明らかにするためには，コーホートごとに各年齢時の就業率をプロットしなおす必要がある。

第2に，たとえコーホートごとに各年齢時の就業率を描いたとしても，そしてそのグラフの形状が，若いコーホートほどM字から台形に近づいたとしても，「若いコーホートほど結婚や出産・育児にかかわらず就業を継続するようになった」と結論づけることはできない。なぜならM字の谷間のくぼみは，女性の晩婚化や非婚化によっても浅くなりうるし，多くの女性が出産・育児による短い中断期間ののち，より早い段階で再就職することによっても，浅くなりうるからである。

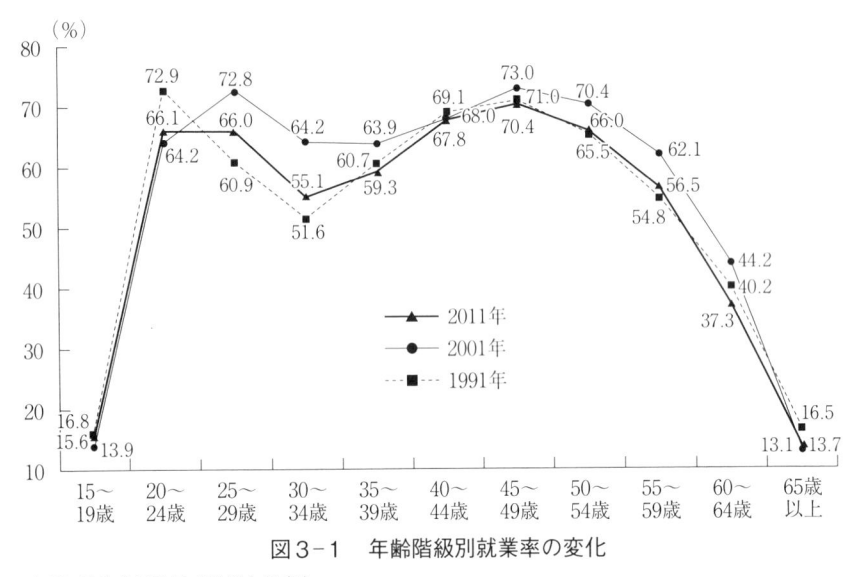

図3-1　年齢階級別就業率の変化

出所）総務省統計局「労働力調査」

このように，年ごとの年齢別就業率のM字の形状の変化のみから，女性の就業行動の変化を読み取ることには限界がある。女性の就業キャリア研究は，M字の形状の変化のみからは明らかにすることのできない，女性の就業行動の傾向と，それに関連する社会的要因について考察してきた。それらの研究が取り組んできた問いは大きく2つある。すなわち，①女性の就業行動はコー

ホート間で変化しているのか，とりわけ結婚や出産・育児による就業中断は，若いコーホートほど減少しているのか，②女性の就業行動に影響する社会的要因は何か，また影響する社会的要因には変化がみられるのか，である。本稿では上記2つの問いに対して，これまで得られている知見を整理し，今後の課題について論じる。

2．女性の就業行動のコーホート間変化

　結婚や出産を経た女性の就業行動は，コーホート間で変化しているのだろうか。個々の研究で使用しているデータは，それぞれ異なるコーホートを対象としているため，ここでは，それらの研究の知見をつなぎあわせるかたちで，おおむね1920年代から1970年代生まれにかけての，結婚・出産を経た女性の就業継続の傾向を確認する。

　結婚をはさんだ女性の就業行動は，コーホート間で大きく変化している。1920年代出生コーホートでは，結婚時の正規雇用就業継続率は10％台である（今田　1996；吉田　2004）。それが，1947—49年出生コーホートで35％程度（仙田　2002），さらに1960年代前半出生コーホートでは30〜40％台（今田　1996；吉田　2004），1960年代後半出生コーホートでは50％弱（仙田　2002）と増加傾向にある。また菅（2011）は1963—80年代出生コーホートを分析し，おおむね1970年代半ば以降生まれのコーホートでは離職のタイミングが結婚前後から第1子妊娠以後に移行していると指摘している。

　出産をはさんだ女性の就業行動について，1920〜60年代出生コーホートを分析した研究では，出産を経た就業継続率は，おおむね20％程度と報告されている（今田　1996；田中　1998；吉田　2004）。これらの研究より全体的に少し若い，おおむね1950〜70年代出生コーホートを含んだ研究（小島　1995；大沢・鈴木　2000；仙田　2002；今田・池田　2006）においても，出産後の就業継続率に大きな変化はなく，約20％である。

　すなわち，結婚を経た女性の就業継続率は，1920年代出生コーホートでは

約10％であったのが，若いコーホートになるにしがたって徐々に増加し，1970年代出生コーホートでは約50％となっている。しかし出産を経た就業継続率は，コーホート間で大きな変化がみられず，1920年代〜1970年代出生コーホートを通して20％程度である。

3．女性の就業行動を説明する理論的枠組み

女性の就業行動を説明する理論的枠組みは，マクロ・メゾ・ミクロのレベルにわけることができる。それらを整理したのが，図3-2である。

マクロレベルの理論としては，福祉国家類型論がある。Esping-Andersen（1990=2001）によると，福祉国家においてサービスや給付を供給する国家の活動は，市場や家族と多様に組み合わさって独自のしくみを形成している。Esping-Andersenは，福祉国家における脱商品化（1人の人間が市場に依存することなくその生活を維持できること）効果に注目し，その程度によって自由主義的福祉国家，保守主義的福祉国家，社会民主主義的福祉国家の3つの福祉国家レジームを見出す。こうした福祉国家レジームは，女性の就業行動に対しても

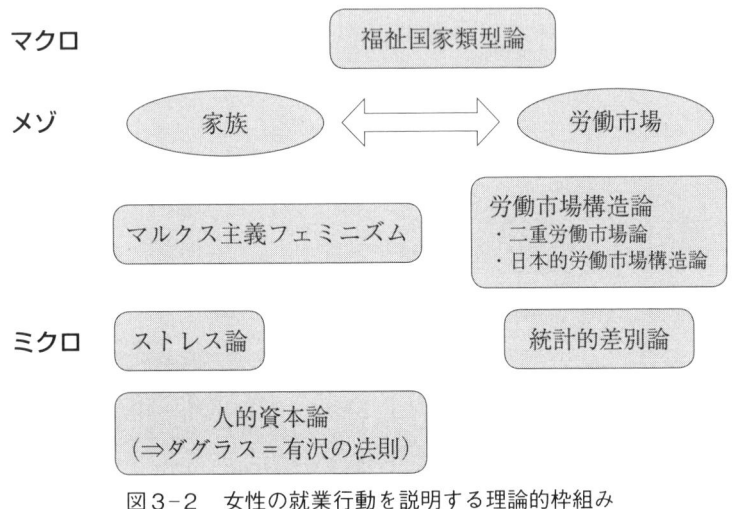

マクロ		福祉国家類型論
メゾ	家族 ⇔ 労働市場	
	マルクス主義フェミニズム	労働市場構造論 ・二重労働市場論 ・日本的労働市場構造論
ミクロ	ストレス論	統計的差別論
	人的資本論 （⇒ダグラス＝有沢の法則）	

図3-2　女性の就業行動を説明する理論的枠組み

異なる影響をもたらすと想定され，女性の就業行動の国際比較の枠組みとして，しばしば用いられる（Blossfeld and Drobnic 2001 など）。

それぞれの国や地域内では，女性の就業行動に大きくかかわる制度（institution）がある。その代表的なものは家族と労働市場である。これらメゾレベルに照準した理論的枠組みとして，労働市場構造論やマルクス主義フェミニズムの理論がある。

労働市場構造論の中身は一枚岩ではないが，ここでは二重労働市場論，日本的労働市場構造論をとりあげる。

二重労働市場論によると，労働市場には第1次労働市場，第2次労働市場と呼ばれる別々の労働市場が存在する（Piore 1975）。第1次労働市場で提供される仕事は，安定的で，相対的な高賃金，良好な労働条件，明確な昇進の機会などの特徴がある。他方，第2次労働市場で提供される仕事は，低賃金で労働条件が悪く，昇進の機会に乏しい。職の安定性も欠いており，転職率も高い。そして女性は構造的に不利な第2次労働市場に動員される傾向が強い。二重労働市場論が強調するのは，女性は基本的に男性とは異なる労働市場に組み込まれている（そもそも異なる土俵に立たされている）という労働市場のメカニズムである。

また，日本の労働市場の歴史的な形成過程に注目し，その特徴が女性の就業行動に，ある特定のインパクトを与えるとする議論もある。日本の大企業では，1920年代ごろから内部労働市場が発生した（尾高　1984）。その背景には，工業化による技術革新のため，新規労働者に積極的な訓練を施す必要性が生じたことがある。さらに，新しい技術を習得した労働者が企業内に定着するような労務管理制度の必要性から，年功序列的な賃金システムがとられた。そうしたシステムは，第2次世界大戦期にかけて定着し，戦後の高度経済成長とベビーブームによる豊富な若年労働力が，その安定に寄与した。しかし1973年のオイルショックの頃には，1950年代末以降の出生率の低下によって，日本の労働市場は，若年中心から中高年中心の構造に変化し，年功的賃金に基づいた長期

雇用システムを維持することが企業にとっては重荷となった。そこで，1970年代後半以降の経済の緩やかな回復傾向の中，企業は新規採用を抑制し，低賃金のパートタイム労働者を採用するようになる。

こうした日本の労働市場の形成過程は，女性の就業行動にも影響する。Brinton（1993）によると，そのひとつは内部労働市場からの女性の締めだしである。もし女性が一定期間子育てに専念するとしたら，大企業における年功序列賃金システムとそこでの企業内訓練システムは，女性の生き方と相容れない。もうひとつは，企業のパートタイム労働者の積極的な採用が，子どもが学齢期に達した女性の労働市場再参入の受け皿になったことである。こうした議論は，女性の就業行動を，その社会の歴史的な文脈の中で理解することの必要性を提起している。

また，家族と労働市場との相互関係から，女性の就業行動を説明しようとする理論として，マルクス主義フェミニズムの理論がある。労働市場と家族の構造は，ともに女性にとってきわめて不利であるが，それはそれぞれ相互作用する家父長制と資本主義の力によってつくりだされている（Sokoloff 1980=1987）。つまり家族と労働市場のあいだには，相互に強化しあい，かつ矛盾するような動的な関係があるとされる。

こうした議論は抽象度が高く，すぐさま女性の就業行動を分析する作業仮説を導くものではない。しかし家族と労働市場との相互（依存）関係に対する指摘は，女性の就業行動研究の重要な理論的背景となっている。

さらに，よりミクロな個人間の相互作用レベルでの理論的枠組みがある。家族と労働市場の関係を視野に入れた枠組みとして，ストレス論や人的資本論，労働市場で生起するメカニズムに照準した枠組みとして，統計的差別論がある。

ストレス論は，その基本モデルとして社会的・心理的なストレス源（ストレッサー）が健康状態に影響すると考える（Avison and Gotlib 1994）。ストレッサーの健康状態への悪影響は，ひいては何らかの就業行動（退職など）をひきおこすと考えられる。そのため，家族／職業生活上の負荷が大きい状態におかれ

る人は，就業を選択しない／退職しやすい，という理論的な仮説が立てられ，家族生活や職業生活上のストレッサーが女性の就業行動の分析モデルに組み込まれてきた。

またストレス論には，家族や職場で提供される人間関係上の援助的資源を指すソーシャル・サポートという概念がある。女性の就業行動研究の多くは，ソーシャル・サポートの存在は女性の就業を促進するという理論仮説のもと，とりわけ家族における（理論的には職場も含む）ソーシャル・サポートの提供と，就業行動との関連を問うてきた。

人的資本理論は，新古典派経済学理論の一分野で，Becker（1975）によって，その理論的基礎が築かれた。人的資本投資（人びとがもつ資源を増大させることによって，将来の所得と消費に影響を与えるような諸活動）は，労働者から見れば就学や訓練への時間の投入である。つまり人的資本投資とは，訓練と労働への時間の配分の問題である。Mincer（1962）は，労働と訓練その他支払われない活動との間の時間配分の関係を，労働供給関数として定式化し，家計を分析単位としたとき，有配偶女性の労働供給は，その人の相対的な「価格」により決定されるとした。つまり，ある個人の賃金率が上昇したとき，家族にとっては，その人の家事や余暇時間のコストが上昇するので，その個人は労働を選択しやすくなる。また，賃金率の上昇が労働選択に与える影響は，家庭での活動の代替可能性の程度に依存する。そのため，代替可能性が低いと想定される，幼い子どもがいる時期と，他の時期とでは，賃金率の上昇の労働供給へのインパクトは異なると想定され，ライフサイクルを考慮した分析が開かれる。こうした分析モデルは，現在においても女性の就業行動を分析する，基本的なモデルとなっている。

また家計を単位としたとき，女性の就業行動の決定に関して，しばしば参照される命題として「ダグラス＝有沢の法則」がある。その第1法則：「家計には核構成員すなわち家計の中核的稼得者（家計調査の世帯主に相当）があり，非核構成員（核以外の家計構成員）の入手可能な就業機会（賃金率と指定労働時間）

を所与とするとき，核収入のより低い家計グループの非核構成員の有業率はより高い」（小尾 1980）に照らして，女性の就業行動と夫の収入との関連が，しばしば分析されてきた。

　最後に，労働市場におけるミクロな関係から，女性の就業行動を説明しようとする枠組みとして，統計的差別論がある。Phelps（1972）によると，雇い主は，ある仕事に適した労働者を雇いたいものの，個々の志願者についての十分な情報を欠いた状態にある。しかも個々の志願者についての十分な情報を得るにはコストがかかる。その際，雇い主は性別などの入手しやすい情報を代理指標とし，それまでのグループ間の統計上の経験（女性のほうが平均的に勤続年数が短いなど）に基づいて採用を決定するという。この理論では女性が労働市場で，あるポジションを得るかどうかについて，雇用者側の，効用を最大化するための最も合理的（と思われる）意思決定が関係していることを指摘している。

4．女性の就業行動に影響する社会的要因とその変化

4―1．出産・育児期の女性の就業行動の規定要因

　女性の就業行動研究は，前節で論じた，いくつかの視点を併用しながら展開されてきた。ただ，日本における研究の多くは，マクロおよびメゾレベルのある条件のもとで（つまり日本社会の特定の時代的背景のなかで），ミクロレベルの要因と女性の就業行動との関連を問うというスタイルで展開してきた。

　そこで本節では，これまでしばしば注目されてきた，ミクロレベルの要因をとりあげ，女性の就業行動との関連がどのように論じられてきたかを明らかにする。また，女性の就業行動は，結婚・出産・育児との関連が注目されてきたため，4―1項で（結婚・）出産・育児期，4―2項でポスト育児期について検討する。

(1) 学歴の効果

　ミクロレベルの要因として，女性の就業行動との関連を考える際の争点のひとつとなってきたのは，女性自身の学歴の効果である。人的資本論の立場から

は，女性が高学歴を取得することは，労働市場でのその人の価値を高め，就業しないことの機会費用を高めるため，就業を促進すると想定される。しかし日本の育児期の女性において，高学歴取得が就業を促進する効果は，明確には確認されてこなかった。

おおむね1920年代から1960年代生まれごろまでの女性については，高学歴の取得が出産・育児期の就業を促進する効果は確認されていない（小島 1995；田中 1998）。大学卒の学歴がプラスの効果をもつことを示した研究（大沢 1993；今田 1996）もあるが，それらの研究では，自営業従事者や家族従業者の位置づけが不明であったり，子どもをもたない女性も対象者に含むという点で「育児期において高学歴女性が，無職よりも就業を選択しやすい」という効果を読みとることには留保が必要である。

一方，1960年代から1980年代生まれごろまでの女性を対象にした研究では，高学歴取得が育児期の就業を促進する効果を指摘する研究が多い（永瀬 1999；大沢・鈴木 2000；仙田 2002）。ただし，このコーホートを対象にした研究においても，学歴は効果を持たないと指摘するものもある（今田・池田 2006；菅 2011）。これらの研究はいずれも，2000年代半ば以降の調査データを用いている。そこには時代効果が介在する可能性もあるが，その検証は今後の課題である。

以上のように，これまでの先行研究を検討すると，育児期の女性の就業に対する学歴の効果は，変化があったとすれば，1960年代生まれ以降ではないかと考えられる。

ただし，1960年代生まれ以降に変化があったとしても，なぜ変化したのかは，未だ十分に説明されていない。また「育児期の就業」として，先行研究が照準しているライフコース上の局面も，実に多様である（「結婚時から末子出産時まで」か「第1子出産前後1年」か「第1子乳児期」か「末子乳児期」かなど）。さらに，同じコーホートであっても，経済状況等が異なる時期に育児期をむかえた場合には，就業に対する学歴の効果は異なるかもしれない。つまり，今後の

研究においては，女性の就業に対する学歴の効果が，①育児期のどのような局面において，②いつの時代の，③どのコーホートにみられるのか，また④コーホートや時代によって異なるとすれば，それはなぜか，という問いに答えるなかで，その効果をよりよく説明する必要がある。

(2) 夫の収入の効果

1920年代から1980年代生まれを含むほとんどのデータで，夫の収入が高いときには，就業形態を問わず，育児期の女性の就業を抑制する効果が確認されている（永瀬 1994；小島 1995；新谷 1998；永瀬 1999）。ただし，夫の収入と夫が公務員であるかどうかを同時に検討すると，夫の収入の効果は有意でなくなり，夫が公務員であると女性の出産後の就業継続率が高まるとする研究もある（大沢・鈴木 2000）。このことは，世帯単位の暮らしを考える場合に，経済面での安定性と同時に，夫の仕事の家族生活との折り合いのつけやすさという側面も，女性の就業選択に影響するという論点を提起している。確かに，夫の収入という経済的側面のみに注目する分析モデルは，暗黙に「夫＝稼ぐ人」という役割を前提としていると見ることもできる。世帯単位で家事や育児をやりくりしていくという観点から考えるなら，夫の仕事の経済的な側面だけでなく，夫の仕事の「両立のしやすさ」という側面も，今後積極的に分析モデルに組み込むべきだろう。

また近年，育児期に限定しない分析においては，夫婦ともに高収入のカップルが増加したことで，夫の高収入が女性の就業を抑制する効果が見られなくなったと指摘する研究もある（小原 2001；尾嶋 2011）。しかし育児期の女性の就業には，こうした傾向は確認されていない。

(3) 親族（＝親）サポートの効果

女性の就業選択に対して，考えうるサポート源は親だけではない。夫や（少し成長した）子ども，きょうだいや近隣ネットワーク，有償の家事・育児サービス業者によるサポートなども，女性の就業のサポート源である。しかし多くの先行研究では，育児期の女性の就業に対するソーシャル・サポートとして，

ほぼ例外なく親からのサポートの効果を，しかも親との居住関係によって検討してきた。これは，ある程度，研究対象となったコーホート（おおよそ1940年代生まれ以降）の育児の実態を反映していると考えられる。つまり戦後の核家族世帯の増加の中でも，三世代同居が一定程度の割合で生起してきた日本社会では，同居世帯と非同居世帯での世代間サポート関係の差異が，育児期の女性の就業にもインパクトをもつのかどうかが注目されたのである。

　先行研究によると，多くの研究が親との同居または親からの援助が育児期の女性の就業を促進する効果を確認している（小島　1995；新谷　1998；永瀬　1999）。ただ，「どの」親との同居が効果的であるかは，コーホート（あるいは時代）によって差異があることが示唆されている。仙田（2002）では，1958年以前出生コーホートでは女性自身および夫の母との同居が，就業継続確率を高めていたが，1959年以降出生コーホートでは，夫の母との同居しか効果がみられていない。一方1998，2003，2008年のデータを分析したNishimura（2013）では，1998年（1949～70年生まれ対象）および2003年（1954～75年生まれ対象）データでは，女性自身および夫の母親とも，居住距離と女性の就業との間に明確な関連はみられなかったが，2008年データ（1961～80年生まれ対象）では，女性自身の母親についてのみ，同居および近居（15分以内）の場合に就業確率が高まることを指摘している。

　また，1960年代生まれ以降を分析対象としたデータでは，親との同居あるいは親族からのサポートは，育児期の女性の就業を促進しないと報告するものもある（大沢・鈴木　2000；今田・池田　2006）。

　親からの援助が，育児期の女性の就業を促進する効果が弱まっているかどうかは，今後さらに検討すべき課題のひとつであろう。その際，いくつかの注目すべき論点がある。第1は，コーホート間で変化がみられるのか，とりわけ1960年代生まれごろから変化がみられるかどうかである。第2に，親からの援助を受けられるかどうかを，親との居住距離でもって検証することの妥当性は，いま一度検討すべきだろう。第3に，どの親との居住距離や援助関係が，

女性の就業に効果をもつのかという点である。第4に、親との同居のみではなく、近居の効果にも注目すべきである。最後に第5として、親からの育児援助として、どんな援助が提供されており、女性の就業に重要な意味をもつのは、どのような援助であるのかという質的な研究も必要だろう。育児休業制度は徐々に充実される方向にあり、保育園の量的充実が政策的に打ち出され、育児と仕事の両立をサポートする制度は、長期的にみると整備されてきた。それでも、親（とりわけ母親）からのサポートが女性の就業を左右するならば、それはなぜなのか。それは、育児の社会的支援が現状において行き届いていない側面を明らかにすることであり、今後の支援の枠組みを考える際の貴重な情報になるだろう。

4−2．ポスト育児期の女性の就業行動の規定要因

(1)「ポスト育児期」と女性の就業

ポスト育児期とは、子どもに最も手のかかる時期はすぎたけれども、まだ子どもに対する世話や教育面での配慮を必要とする時期を意味する。具体的には、末子就学から高校卒業までくらいのライフステージをさす。育児期の女性の就業に関する研究の蓄積の分厚さに比べ、ポスト育児期の女性の就業に対しては、それほど多くの関心が寄せられてきたとはいえない。しかし、多くの女性が結婚や出産を機に退職するなかで、ポスト育児期は多くの女性が再就職する時期にあたる。西村（2009）が指摘するように、多くの女性にとって仕事と家族生活とのあいだで、いかにバランスをとるかという問題が本格化するのは、実はこのポスト育児期なのである。

以下では、ポスト育児期の女性の就業とその規定要因について、これまでの研究の知見をまとめ、今後の課題について論じる。

(2) 再就職率

平尾（2005）（1946〜65年生まれ対象）や坂本（2009）（1959〜73年生まれ対象）によると、結婚や出産で無職になった女性のうち、再就職した女性は約60%

である。

コーホート間での再就職の傾向をみると、平尾（2005）・大和（2011）（1935〜75年生まれ対象）は、若いコーホートほど再就職しやすい傾向を指摘している。しかし坂本（2009）では、コーホート間に差異は確認されていない。ここから、女性の再就職傾向は、1930年代から1950年代出生コーホートにかけては強まったが、以降1960年から1970年代出生コーホートにかけては大きく変化していないと推測されるが、この点については、今後さらなる研究が必要である。

(3) 再就職の規定要因

育児期の研究と同様に、学歴、夫の収入、親からのサポートの効果を検討した研究の結果を確認する。

女性自身の学歴については、平尾（2005）、樋口（2007）（1959〜79年生まれ対象）、坂本（2009）は、大学卒以上の学歴をもつ女性は再就職しにくいと報告している。ただし、夫の収入を同時に考慮すると、学歴の効果は見られない（平尾 2005；樋口 2007）、夫の収入をコントロールすると、学歴の係数が小さくなる（坂本 2009）とも指摘されている。一方、大和（2011）は、女性の正規・非正規雇用での再就職に対して学歴は効果をもたず、自営での再就職に対してのみ、短大以上の学歴がプラスの効果をもつと報告している。

以上のように、女性の再就職に対する学歴の効果について、一貫した傾向は確認されていない。先行研究の分析結果の差異が、対象となったコーホートによる違いなのか、時代の影響によるものか、あるいは他の要因によるものであるかは、今後検討が必要である。

夫の収入については、その効果を考慮した研究のすべてが、夫の収入の高さは女性の再就職を抑制すると報告している（平尾 2005；樋口 2007；坂本 2009）。

親からのサポートの効果は、再就職の局面についても、親との居住距離で検討されている場合が多い。平尾（2005）では、夫もしくは自分の親との同居は、女性の再就職に効果をもたないと報告している。一方、坂本（2009）は、親と

の居住距離が離れているほど，再就職する確率が低いと報告しており，知見は一致していない。この知見のずれは，両研究が対象としているコーホートによる可能性（平尾の研究は1946-65年出生コーホート，坂本の研究は1959-73年出生コーホートを対象としており10年の開きがある）がある。しかし親との居住距離の効果が，コーホート間で変化しているかについての結論をみるためには，さらなる研究の蓄積が必要である。

　これまでの研究を概観したところ，女性の再就職に最も大きな影響を与えているのは，夫の収入であると推測される。しかし夫の収入が，すべてのコーホートに同じような影響をもつのか，ポスト育児期における，どの時点での再就職に対しても同様の効果をもつのか等は，今後に残された課題である。

5．女性の就業キャリア研究の今後の課題

　最後に，女性の就業キャリア研究の今後に残された課題について論じたい。ミクロな社会的要因各々に内在する課題については，前節のなかで論じているので，ここでは研究のパースペクティブにかかわる課題について論じる。

　第1に，女性の就業行動のトレンドが，どのような要因で変化するのかを，理論的枠組みとデータを照らし合わせながら検証していくことである。4節で検討したように，出産・育児期の女性の就業行動に関する実証的な研究は，女性の学歴や夫の収入の効果などについて知見を蓄積してきたが，そうした要因の効果を理論にフィードバックさせる試みは，相対的に少なかったと思われる。しかし，女性の就業行動が「なぜ」変化するのかを説明するためには，データにそくした理論的考察が不可欠だろう。

　3節で確認したように，女性の就業行動を説明する理論的枠組みは，マクロ・メゾ・ミクロレベルそれぞれにおいて複数ある。今後の研究においては，マクロ・メゾ・ミクロの重層的な視点から，女性の就業行動に影響を与えるメカニズムを検証していく必要がある。

　第2に，子育てと女性の就業キャリアの関連を研究するにあたり，有配偶女

性の出産・育児期の就業継続に限定せず，より多様なライフコースを視野に入れることである。これまでの多くの研究は，出産・育児期の女性の就業（継続）とその規定要因に注目してきた。むろんそれは，出産・育児期がワーク・ライフ・バランスの困難なライフステージであり，さらにその時期の就業選択が，その後のライフコースにも大きく影響しうるという問題関心からであったと思われる。しかし4節で確認したように，出産・育児期の先にあるポスト育児期においても，ワーク・ライフ・バランスにはその時期特有の難しさがある。

また，これまでの研究は，事実上有配偶女性に対象を限定してきた。離別・死別を経験した女性は，有配偶女性とは異なる条件下で就業選択をせまられると想定されるが，その実態は必ずしも明らかではない。また，彼女たちの就業「キャリア」については，ほとんど明らかになっていない。出産・子育て歴と婚姻歴とを関連づけた，女性の就業キャリア研究を展開することも必要である。

第3に，日本の女性の就業キャリア研究をマクロな文脈において検討する試みを，さらに蓄積する必要がある。日本の女性の就業行動を，異なる社会との比較によって説明しようとする試みには，大沢（1993）や岩井（1998），白波瀬（2009）があるが，考察の対象となっている時代やコーホート，また就業行動の切り取り方という点でも，展開の余地が残されている。日本の女性の就業キャリアと社会的要因との関連を，異なる家族システムや労働市場構造をもつ社会と比較することによって，変化の要因とその方向性について，より精緻な知見が得られるだろう。

女性の就業キャリアの行く末は，社会的にも今後も注目され続けるだろう。しかし，このテーマは，そうであるがゆえに，印象やイメージが先行したり，メディアで注目されがちな少数の事例から全体の傾向が語られがちでもある。女性の就業キャリア研究において，何が，どこまで，一定程度の確からしさをもって検証されたかを発信する作業は，今後ますます重要性をもってくるだろう。

【参考文献】

Avison, William R. and Ian H. Gotlib, 1994, "Introduction and Overview," William R. Avison and Ian H. Gotilib eds., *Stress and Mental Health : Contemporary Issues and Prospects for the Future*. New York: Plenum Press, 3-12.

Becker, Gary S., 1975, *Human Capital : The Theoretical and Empirical Analysis, with Special Reference to Education*. National Bureau of Economic Research: distributed by Columbia University Press. (＝1976, 佐野陽子訳『人的資本——教育を中心とした理論的・経験的分析』東洋経済新報社.)

Blossfeld, Hans-Peter and Sonja Drobnic eds., 2001, *Careers of Couples in Contemporary Society*. Oxford: Oxford University Press.

Brinton, Mary C., 1993, *Women and the Economic Miracle : Gender and Work in Postwar Japan*. Berkley: University of California Press.

Esping-Andersen, Gøsta, 1990, *The Three Worlds of Welfare Capitalism*. Cambridge: Polity Press. (＝2001, 岡沢憲芙・宮本太郎監訳『福祉資本主義の三つの世界』ミネルヴァ書房.)

樋口美雄, 2007, 「女性の就業継続支援策——法律の効果・経済環境の効果」『三田商学研究』50(5): 45-66.

平尾桂子, 2005, 「女性の学歴と再就職——結婚・出産退職後の労働市場再参入過程のハザード分析」『家族社会学研究』17(1): 34-43.

今田幸子, 1996, 「女子労働と就業継続」『日本労働研究雑誌』433: 37-48.

今田幸子・池田心豪, 2006, 「出産女性の雇用継続における育児休業制度の効果と両立支援の課題」『日本労働研究雑誌』553: 34-44.

岩井八郎, 1998, 「女性のライフコースの動態——日米比較研究」岩井八郎編『1995年SSM調査シリーズ13: ジェンダーとライフコース』1995 SSM調査研究会, 1-29.

小原美紀, 2001, 「専業主婦は裕福な家庭の象徴か？——妻の就業と所得不平等に税制が与える影響」『日本労働研究雑誌』493: 15-29.

小島宏, 1995, 「結婚, 出産, 育児および就業」人口・世帯研究会監修, 大渕寛編『女性のライフサイクルと就業行動』大蔵省印刷局, 61-87.

小尾恵一郎, 1980, 「労働需給」熊谷尚夫・篠原三代平編『経済学大辞典（第2版）Ⅱ』東洋経済新報社, 13-28.

Mincer, Jacob, 1962, "Labor Force Participation of Married Women: A Study of Labor Supply," National Bureau of Economic Research ed., *Aspects of Labor Economics*. Princeton: Princeton University Press, 63-105.

永瀬伸子, 1994, 「既婚女子の雇用就業形態の選択に関する実証分析——パートと正社員」『日本労働研究雑誌』日本労働研究機構, 418: 31-42.

永瀬伸子, 1999, 「少子化の要因：就業環境か価値観の変化か——既婚者の就業形

態選択と出産時期の選択」『人口問題研究』国立社会保障・人口問題研究所，55 (2)：1-18.
西村純子，2009，『ポスト育児期の女性と働き方——ワーク・ファミリー・バランスとストレス』慶應義塾大学出版会．
Nishimura, Junko, 2013, "What Determines Employment of Japanese Women with Infants? Comparison among National Family Research of Japan (NFRJ) 1998, 2003, and 2008," paper presented at International Sociological Association Research Committee 06, 2013 Spring Conference, held in Taipei.
尾高煌之助，1984，『労働市場分析』岩波書店．
尾嶋史章，2011，「妻の就業と所得格差」佐藤嘉倫・尾嶋史章編『現代の階層社会 1——格差と多様性』東京大学出版会，113-127．
大沢真知子，1993，『経済変化と女子労働——日米の比較研究』日本経済評論社．
大沢真知子・鈴木春子，2000，「女性の結婚・出産および人的資本形成に関するパネルデータ分析——出産退職は若い世代で本当に増えているのか」『季刊家計経済研究』財団法人家計経済研究所，48：45-53．
Phelps, Edmund S., 1972, "The Statistical Theory of Racism and Sexism," *The American Economic Review* 62 (4): 659-661.
Piore, Michael J., 1975, "Notes for a Theory of Labor Market Stratification," Richard C. Edwards, Michael Reich, and David M. Gordon eds., *Labor Market Segmentation*. Lexington: D.C Heath and Company, 125-150.
坂本有芳，2009，「人的資本の蓄積と第一子出産後の再就職過程」『国立女性教育会館研究ジャーナル』13：59-71．
仙田幸子，2002，「既婚女性の就業継続と育児資源の関係——職種と出生コーホートを手がかりにして」『人口問題研究』国立社会保障・人口問題研究所，58(2)：2-21．
新谷由里子，1998，「結婚・出産期の女性の就業とその規定要因——1980年代以降の出生行動の変化との関連より」『人口問題研究』国立社会保障・人口問題研究所，54(4)：46-62．
白波瀬佐和子，2009，『日本の不平等を考える——少子高齢社会の国際比較』東京大学出版会．
Sokoloff, Natalie J., 1980, *Between Money and Love : The Dialectices of Women's Home and Market Work*. New York: Preager.（＝1987，江原由美子他訳『お金と愛情の間——マルクス主義フェミニズムの展開』勁草書房．）
菅桂太，2011，「有配偶女子のワーク・ライフ・バランスとライフコース」『人口問題研究』67(1)：1-23．
田中重人，1998，「高学歴化と性別分業」盛山和夫・今田幸子編『1995年SSM調査シリーズ12：女性のキャリア構造とその変化』1995　SSM調査研究会，1-16．

吉田崇，2004，「M字曲線が底上げした本当の意味——女性の『社会進出』再考」『家族社会学研究』16(1)：61-70.
大和礼子，2011，「女性のM字型ライフコースの日韓比較——出産後の再就職に注目して」佐藤嘉倫・尾嶋史章編『現代の階層社会1——格差と多様性』東京大学出版会：161-175.

【さらに学びたい人のための文献紹介】
大沢真知子，1993，『経済変化と女子労働——日米の比較研究』日本経済評論社．
　　第2章以降の計量分析もさることながら，第1章の，日米で時間的なラグがありながらも，技術革新と事務職の女性化，サービス経済化が共通して女性の職場進出を促進したという指摘は興味深い．
佐藤嘉倫・尾嶋史章編，2011，『現代の階層社会1　格差と多様性』東京大学出版会．
石田浩・近藤博之・中尾啓子編，2011，『現代の階層社会2　階層と移動の構造』東京大学出版会．
　　個人の職業経歴に関するデータを豊富に含む「社会階層と社会移動全国調査」（略称：SSM調査）の2005年調査の研究成果として編まれたものである．女性の就業キャリアについても複合的な観点から分析されている．
Brinton, Mary C., 1993, *Women and the Economic Miracle : Gender and Work in Postwar Japan. Berkeley* : University of California Press.
　　女性の就業キャリアを，戦後から1980年代にかけての日本の労働市場の構造変動，家族・教育システムなどの歴史的な文脈に照らして考察している．
Arlie Hochschild with Anne Machung, 1989, *The Second Shift : Working Parents and the Revolution at Home.* Viking Penguin.（＝田中和子訳，1990，『セカンド・シフト——アメリカ　共働き革命のいま』朝日新聞社．）
Arlie Russell Hochschild, 1997, *The Time Bind : When Work Becomes Home and Home Becomes Work.* Henry Holt & Co.（＝坂口緑・中野聡子・両角道代訳，2012，『タイム・バインド　働く母親のワークライフバランス——仕事・家庭・子どもをめぐる真実』明石書店．）
　　米国の共働きカップルに対する詳細なインタビュー調査をもとに，仕事と家族生活のあいだの葛藤を鮮明に記述している．女性の就業選択に対して社会のどのような「力」が働いているのかについて，大いに想像力を喚起させてくれる著作である．

第2部 教育と親子関係

第4章 教育機会の不平等と教育選択の責任の所在

中澤　渉

1. 教育社会の浸透と地位配分原理の変容

　多くの人びとは，教育が普及することによって，出身階層によらず自由に職業を選択できるようになると考えてきた。社会学的には，近代になって出自や性などの属性によって個人の人生が決まっていた帰属主義原理が，本人の業績や能力によって地位の配分がなされる業績主義原理の社会に転換した，と解釈される。近代社会とは，デュルケム（Durkheim, Émile）が述べたように，異なる役割（機能）をもつ人びとが有機的に絡み合い，それぞれが自らの役割をまっとうすることによって全体が動くという，有機的連帯を重視する社会である（Durkheim 1902=1989）。それゆえ社会にはさまざまな職業が存在するのが前提だから，ある特定の職業に就けるチャンスは有限にしかない。人気ある職業には多くの希望者が殺到するので，適切に選抜する必要がある。だから選抜が適正か否かの判断を行うための基準がなければならない。また選抜基準を明瞭にし，いかにも客観的なものにしておけば，その選抜の結果は正しい，と多くの人が信じるようになる。そうしてつくられた選抜基準をパスした人は，真にその能力にふさわしいと社会的に認められるようになるのである。

　イギリスのブラウン（Brown, Phillip）は，かつて話題になったトフラー（Toffler, Alvin）の人類社会の変革に関する『第三の波』という概念を援用して，教育の発展とそれに伴う地位配分の仕組みの変化を3段階に区分した（Brown 1990）。第一の波は19世紀のことで，教育が主として社会統制と差異化の機能を担っていた時代にやってきた。教育により，共有しうる知識基盤や価値観を広く浸透させることで，人びとは同じ社会に共同生活しているという意識をもつようになる。一方で，そうした知識や技能の習熟度に個人差が必然的に生じ

第4章　教育機会の不平等と教育選択の責任の所在　57

るから，個人の序列化（差異化）が行われる。また性役割規範に典型的なように，人にはそれぞれ「ふさわしい」役割が存在するということを示し，教育は個人の違いを強調する機能ももつ。当時は進学率も低く，中等教育以降は一部のものしか進学できない。このことは初等教育で社会的規律に従う訓練や基礎知識のみを受ける労働者階級の子どもと，紳士淑女としての嗜みを中等教育以降で身につけるミドルクラスの子どもという階級差を強調した。つまりこの時期の教育は，社会の共通基盤の構築というより，階級構造の維持に作用していたといえる。

　しかし進学率の上昇で第二の波が訪れる。旧来の身分制社会では，有能でも低い身分に生まれると学校に進学する必要のないような職に就くしかなく，才能を社会的に浪費していたことになる。逆に無能なのに生まれがよいというだけで権力を握って，社会が混乱したこともあったかもしれない。近代化とは，そうした不合理を避けるために才能の有無を見出し，その才能を教育によって磨くことで地位の配分を行うことにより達成される。この才能と，才能を磨くための努力の成果によって地位配分を行うべきという考えがメリトクラシーである（Young 1958）。イギリスでは中等教育の総合制化[1)]が進み，階級構造と学校制度の対応関係が見えにくくなった。こうした改革の背景には，メリトクラシーの浸透がある。総合制化で階級と教育の関係が見えにくくなると，人びとの関心は教育と階級の関係から，教育と人種，ジェンダー（性）の関係に移ってゆく。つまり教育は階級構造だけではなく，性や人種間の差異を固定化してきたのではないか，という告発が相次ぐようになった。それゆえ教育現場では，そうした差別を減らそうとする努力や改革が続けられてきたのである。

　ところが1970年代頃から，栄華を誇ったイギリスの国際的な地位の低下が顕在化し，深刻な不況に陥った。これは当時英国病とよばれたが，財界や特権階級は英国病の原因をこれらの改革に求め，学力を低下させ国力を衰退させたと攻撃した。一方で左派も，改革は十分実を結んでいないと主張した。結局右派も左派も，ともに満足していなかったのだ。利害の異なる2方向からの要求

を満たす教育を推進するのに,「個人の選択の自由」というスローガンは受け入れやすかった。これが第三の波の到来で,市場原理での選択の自由がその特徴である。子どもは判断力が未熟なので,畢竟,学校や教育の選択は親に大きく依存する。選択制が一般化すれば学校間の競争が強まるが,競争は何らかの基準がなければ競争になりえないので,学校を評価するための統一基準が現れる。基準ができれば,学校は序列化される。序列化と競争は,教育サービスの消費者である親(子ども)から選ばれやすい学校であるか否かが基準となる。学校はその基準に従わないと消費者に見向きもされなくなるし,政府も消費者の要求を楯に取って学校を指導できるので,監視コストを減らしたうえで効率よく学校教育を統制できる。学校がこの動きに抵抗するのは,市場からの撤退や敗北を意味し,自らを存亡の危機に晒すことになるから非常に難しい。しかし個人の選択の自由という装いのもとでこうした改革が進むのは,親の富(wealth)と望み(wishes)によって教育の水路付けが行われやすくなることを意味する。そもそも学校や教育への要求や関心に,親の階層による差が歴然と存在しているからである。これこそが,ブラウンがペアレントクラシーとよんだものである(Brown 1990)。

　選択の自由や,競争原理を導入した教育改革は,イギリスだけではなく,日本でも同様に進行している。本章ではこれまで,社会学者がいかにして教育機会の平等・不平等を検討してきたかを振り返り,近年の動向の問題点を指摘する。

2．なぜ不平等は維持されてきたのか
2－1．教育達成の不平等度の見方

　社会階層と教育の関係を検討する社会学者は,通常ランダム・サンプリングによる質問紙調査を行い,本人や親の学歴,職業,収入などのデータを得て,それを集計し統計的分析にかける。格差や不平等の度合を示す指標として研究者がよく用いるのは,オッズ比(odds ratio)というものである。

第4章 教育機会の不平等と教育選択の責任の所在　59

表4-1　出生コーホート別の父学歴と本人（男性）学歴の関係

	1935-44生		1945-54生		1955-64生	
	高卒以上	中卒	高卒以上	中卒	高卒以上	中卒
父高卒以上	114 93.4%	8 6.6%	148 96.1%	6 3.9%	191 99.5%	1 0.5%
父中卒	261 62.9%	154 37.1%	272 76.6%	83 23.4%	201 91.4%	19 8.6%
計 （計%）	375 69.8%	162 30.2%	420 82.5%	89 17.5%	392 95.1%	20 4.9%

注）SSM2005（日本）データに基づく。
父高卒では，新制教育制度で高校以上となった旧制中学・実業学校・師範学校卒を高卒と見なしている。

　表4-1は，2005年に日本で行われた社会階層と社会移動に関する調査（SSM調査とよばれる）から筆者が算出した，男性の，出生年代別の父学歴と本人学歴の関係を示すクロス集計表である。この表をみると，全体の高校卒業者の割合が，1935～44年生まれの出生コーホートから，1955～64年生まれの出生コーホートまで，69.8%→82.5%→95.1%と上昇している。つまりこの間に，日本ではほとんどの人びとが高校教育を受けるようになったことがわかる。ところが1935～44年生まれに着目すると，父が高卒以上の場合，すでに9割以上が高校に進学していた。一方，父中卒以下の場合は6割程度しか高校教育を受けておらず，両者の差は93.4 − 62.9 = 30.5%ある。同様に差を計算すると，数値は19.5%→8.1%と徐々に減少した。これをもって高校教育を受ける機会の平等化が進んだ，と考えるか。社会学者の多くは必ずしもそう考えない。そもそも父高卒以上層は，1935～44年生まれの時点で9割以上進学していたわけだから，この層に進学率の上昇が起こる余地はほとんどない。よって進学率の上昇は，事実上父中卒層によって果たされたのである。だから父学歴間での進学率の数値の差は，全体の進学率が上昇するのであれば，縮小するのが当然である。

　見方を変えて，1935～44年生まれのクロス表に注目しよう。このコーホー

トにおける父高卒以上層における，高卒以上の者と中卒者の比（オッズ）をとると，114：8 = 114 ÷ 8 = 14.25 となる。同様に父中卒層における，高卒以上の者と中卒者の比をとると，261：154 = 261 ÷ 154 ≈ 1.695である[2]。この2つのオッズの比，つまり 14.25 ÷ 1.695 ≈ 8.408 がオッズ比とよばれる。オッズ比が意味しているのは，父高卒以上の者が中卒ではなく高卒以上の学歴を得られるチャンスは，父中卒の者に比較して 8.408 倍ある（それだけ父高卒以上の者が，高卒以上の学歴を得るのに有利である）ということである。このオッズ比の計算は，全体の進学率の上昇の影響を受けることはない。実際残り2つのクロス表のオッズ比を計算してみると，7.527，18.055 となり，高校進学率の上昇がオッズ比の縮小には結び付いていない。

　階層研究者は出身階層と教育達成の関係について，しばしばメーア（Mare, Robert D.）が提唱したトランジション・モデル（transition model）という推定式をもとに，統計的な推定や検定を行ってきた（Mare 1980, 1981）。その内容を詳述する余裕はないが，そこでは基本的にこのオッズ比の特性が考慮されている。そしてこのトランジション・モデルを活用した国際比較研究において，進学率の上昇が，必ずしも機会の平等化に寄与していないことが指摘されてきたのである（Shavit and Blossfeld 1993）[3]。

2－2．教育におく価値の階層間の違い

　そもそも教育を受ける機会が限定されているから，それをめぐって競争や格差が発生する。だから教育機会を拡大すれば格差もなくなるだろうと考えがちだ。しかし実際はそうならなかった，というのが 1990 年代までに社会学者の間で広く浸透した知見となった。そこで今度は，不平等が縮小しなかった理由やメカニズムを説明する必要がある。通常，進学には相応の成績と，進学しようという本人の意欲が必要だ。しかしブルデュー（Bourdieu, Pierre）が言うように，学校外教育を受ける機会や，学校のカリキュラムに親和的なハイブロウ（highbrow）なカルチャーに接する機会には階層差がある（Bourdieu 1979=1990）。

第4章 教育機会の不平等と教育選択の責任の所在

だからいわゆる文化資本を保持していたり，所得の高い階層出身であるほど成績がよい傾向はしばしば見受けられる。では低階層出身者に，文化資本や所得の補償を行えば，教育達成の階層差がなくなるのだろうか。

ところがこうした階層差は，現実には容易にはなくならない。補償を行うことが技術的に困難だ，ということもある。ただし階層研究者の間で注目されたのは，進学意欲や進学に対する価値観といった意識である。アメリカでは，ウィスコンシン大学の研究者による縦断的調査により，教育達成欲求度（アスピレーション）の高さが，家庭や学校などにおける重要な他者（significant others）により形成され，それが進路選択に決定的な影響を及ぼすことが明らかにされてきた（Sewell et al. 2003）。イギリスでは，ブリーン（Breen, Richard）とゴールドソープ（Goldthorpe, John H.）が合理的選択理論の枠組みを用い，相対的リスク回避（relative risk aversion）説を提唱し，ヨーロッパ各国で検証が試みられている（Breen and Goldthorpe 1997）。これらが前提にしているのは，出身階層により教育に置いている価値が異なる，ということだ。換言すれば，上級学校への進学決定の有無は，成績や経済的問題だけで決まるわけではない，ということである。

相対的リスク回避説とは，単純化すると次のように説明される。上級学校に進学して卒業すれば，社会的威信の高い職業（ブリーンらはサービス階級とよんでいる）に就ける。しかし上級学校に進学しても，悪い成績などが原因で落第し卒業できないと，落伍者というレッテルが貼られ，下層の不安定な身分に脱落するリスクがある。そのリスクを避けるために初めから進学を避けて就職する，という道もあるが，その場合は脱落のリスクはないが，サービス階級に就くチャンスも非常に少ない。もし親がサービス階級の場合，サービス階級に就くには高学歴が必要だから，親と同等の身分を維持するには，落第のリスクがあろうと進学するしかない。問題はその下の階級である。もちろん進学して成功すれば，上の階級に上昇できるチャンスは大きい。しかしもし失敗すれば，今より低い階級に落ちるかもしれない。成績がよいなど，進学して成功すると

いう確信がないと，リスクをとって進学という決断をしにくい。だから進学を決断する基準は，サービス階級より厳しくなる。それで結局多くの人は，リスクを避けて無難な非進学（就職）という道を選んで，せいぜい親と同等の階級に留まろうとする。かくして階級の格差は維持されるのである。

2－3．高等教育進学を決定する閾値—日本の場合

　相対的リスク回避説はヨーロッパの状況を前提につくられた理論なので，日本に当てはめようとすると，若干修正が必要になるかもしれない。近年はどの国も政府の財政が厳しいため，ヨーロッパも状況は変わりつつあるが，従来のヨーロッパでは高等教育進学に際し，かかる金銭的コスト（授業料）は日本よりずっと低かった。一方日本の授業料は高いので，進学できるか否かには家庭の経済状況がかなり影響している可能性がある。もっとも，そうした経済的な障壁はあるが，日本の親は子どもに対して教育費を費やすことを，当然の役割と考えている傾向が強いといわれる。だから他の支出を切り詰めてでも，教育費を払おうとする。1970年代以降急速に日本の高等教育の学費が上昇し続けたのは，政府の財政事情が逼迫していたこともあるが，学費を上げても需要がある（値上げをしても受験者が減少しない）ことの反映でもある。また進学したときの失敗のリスクも，日本の大学では中退や留年はごく僅かだから，一般的に多くの人が深く考慮しているとは言い難い。とはいえ，何にお金をかけるかは個人の価値観や生活水準を直接反映するから，高額な授業料は進学決定の階層間の違いを鮮明にするかもしれない。

　実際の調査データによって確認してみよう。2012年11月に，調査会社に依頼し，住民基本台帳から抽出して調査の承諾を得た母親と高校2年生のモニターに対し，「高校生とその母親の教育意識に関する全国調査」を郵送法で実施した。モニターは，地域や高校生の性別に基づいて分布が偏らないように注意して抽出し，母親と高校生本人の回答がセットで得られたものを有効票とした。配布数は1,560親子ペアで，回収数は1,070ペア，回収率は68.6％である。

この調査では，母親と高校生両方に，どの学校段階まで進学したいかを問うている。この意識を「高学歴期待度」とよぶことにしよう。図4-1の棒グラフは，その回答の分布を示している。母子の高学歴期待度の分布にはあまり離齬はない。母子間で意見の相違があるのは10％程度で，9割の母子は高学歴期待度が一致している。先行研究のやや古い調査の結果ほどではないが，依然女子に対して男子への高学歴期待度が高めに出ている。これは統計的に有意な差である。[4]

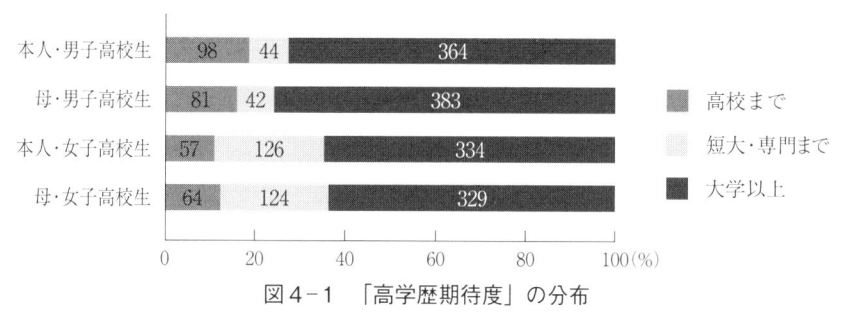

	98	44	364	
本人・男子高校生 98 / 44 / 364
母・男子高校生 81 / 42 / 383
本人・女子高校生 57 / 126 / 334
母・女子高校生 64 / 124 / 329

凡例：高校まで／短大・専門まで／大学以上

図4-1　「高学歴期待度」の分布

注）「高校生とその母親の教育意識に関する全国調査」から筆者が算出

　日本の高校の多くは，高校入試の偏差値や大学進学実績で事実上成績によるランキングが形成されている。つまり大学進学するか否かは，どの高校に在籍しているかが決定的に重要である。18歳人口のほぼ半数が4年制大学に進学するようになった現在，進学校に在学する生徒はほぼ全員が大学に進学すると考えられる。だから大学進学の決定の有無に個人差が出てくるのは，進学校に在籍していない高校生である。表4-2は男女・進学校／非進学校ごとに，父職と本人の高学歴期待度の関係をクロス表にしたものである。質問紙の回答から，同級生のほぼ全員が大学に進学すると回答した人の高校を進学校，それ以外を非進学校と定義する。また父職は，専門技術職と管理職をブリーンやゴールドソープの分類に倣ってサービス階級とし，それ以外を非サービス階級と定義する。高校生本人の学歴期待度については，大学進学率が上昇している昨今

表4-2　男女・高校種別　出身階級と高学歴期待度の関係

	男子高校生学歴期待度				女子高校生学歴期待度			
	進学校		非進学校		進学校		非進学校	
	大学以上	短大専門以下	大学以上	短大専門以下	大学以上	短大専門以下	大学以上	短大専門以下
サービス階級	107	5	37	29	91	6	39	24
非サービス階級	105	5	89	102	117	17	70	119
オッズ比	1.019		1.462		2.204		2.763	

注)「高校生とその母親の教育意識に関する全国調査」から筆者が算出

の情勢に鑑み，短大・専門以下と4年制大学以上の2カテゴリーに分ける。ここで4つの2×2のクロス表ができるので，先の分析と同様にオッズ比が計算できる。ここから次のように解釈できる。まず進学校の男子高校生は，出身階級による高学歴期待度のオッズ比はほぼ1である。つまり階級による高学歴期待度にほとんど差はない。しかし非進学校では，オッズ比が1.462となる。つまり非サービス階級に対して，サービス階級の高校生は1.462倍大学進学を希望する傾向が強いことを意味する。女子高生ではオッズ比がさらに上昇する。進学校でも2.204，非進学校ではさらに2.763倍になる。つまり進学校より非進学校，男子より女子で，高学歴期待度の違いに出身階級が影響してくるということである。

　高校についてはすでに9割以上の中卒者が進学しているので，高校に行くか行かないかではなく，どの高校に進学するかが重要になる。表2から，進学校／非進学校の階級間のオッズ比も計算できるが，男性の場合は2.947，女性は2.172となり，サービス階級の方が非サービス階級に対して進学校に行く傾向が2〜3倍ということがわかる[5]。つまりルーカス（Lucas, Samuel R.）が述べたように，高校自体にはほとんどの階層から進学できるようになったため，高校進学の有無の階層差は見えにくくなったが，代わってどの高校に進学するかの階層差が残る（Lucas 2001）。非進学校に進学すれば，高学歴期待度は出身階層によって大きく左右され，しかもそれは女子の方で影響が強い。ただし相対的

第4章 教育機会の不平等と教育選択の責任の所在

表4-3 大学進学希望の有無を推定するロジスティック回帰分析

N=468

	係数	標準偏差	オッズ比		係数	標準偏差	オッズ比	
男性(女性に対して)	.179	.189	1.196		.213	.194	1.238	
サービス階級(非サービス階級に対して)	.648	.217	1.911	**	.348	.230	1.416	
高校の成績(5段階・上位ほど大)	.219	.080	1.245	**	.172	.083	1.188	*
年収350~600万(350万未満に対して)					.618	.368	1.854	+
年収600万~850万(350万未満に対して)					1.259	.375	3.523	**
年収850万以上(350万未満に対して)					1.497	.402	4.469	**
定数	-1.102	.290	0.332	**	-1.848	.421	0.158	**
対数尤度	-313.624				-302.553			

注) ＋＜.10（10%水準で有意）　＊＜.05（5%水準で有意）　＊＊＜.01（1%水準で有意）
「高校生とその母親の教育意識に関する全国調査」の非進学校所属生徒サンプルから推定

　リスク回避説が仮定するような，リスク回避という意識が原因でこのような結果になっているのかは，このクロス表だけでは結論づけられない。一般的に父職と世帯収入間には相関があるので，リスク回避云々以前に，家庭の経済事情を高校生自身がくみ取って進学を諦めているというケースも十分あり得るからだ。こうしたケースを見極めるためには，世帯収入の条件を一定にしても，高学歴期待度に父職による差が残るかがひとつの重要なポイントとなる。このように，関心のある変数（従属変数といい，ここでは高学歴期待度が該当する）に，差異が生じる複数の要因を同時に考慮して真の効果があるかどうかを見極めるには，通常回帰分析という手法が用いられる。その詳細は表3の通りだが[6]，サンプルを非進学校の高校生に限定し，独立変数に年収を含めると，有意だった父職の効果が消えて世帯収入の効果が残る。つまり日本では相対的リスク回避のような意識が働いているというより，（本人の成績という要因も無視できないが）高い授業料による家庭の経済的事情を高校生がくみ取って，進路選択を行っている可能性が高いと考えられる。

3．教育選択の自己決定と社会的責任

　日本の教育制度は伝統的に，試験，とくに入学試験がその人の人生を決定づける重要なファクターをなしているといわれる。確かに近年，推薦入学のような制度が浸透しているが，一般的に学校の試験では，執拗なまでに公平性が求められ，一律で同じ条件下でペーパーテストを受けさせるという一か八かの(high-stakes) 方法で実施される。このテストの成績が本人の能力を正確に測定しているかどうかは，本当はわからない。しかしこうした試験方法は，試験を受ける形式的条件の公平性に関心を集中させ，そもそも試験を受ける前の家庭環境などの不平等があることを気づきにくくしている（近藤 2001）。そして試験結果は個人の努力のみを反映したあたかも客観的で信頼性のあるものと多くの者は信じ，できなかったのは本人の責任だと見なされる。このような試験を日常的に繰り返し受けることで，生徒たちは「自分の能力はこんなものだろう」と自ら考え，「ほどほどの」「身の丈に合った」進路選択を自らの責任において行うようになるのだ（苅谷 1986）。

　アメリカでも日本でも，進学率が上昇すると，そもそも入学者選抜の方法が学校ランクによって異なってくる。学業成績をめぐる競争を重視した選抜は，一部のエリート校でしか意味をなさないからだ（Alon 2009, 中村 2011）。競争選抜には，周到な準備が必要である。その準備が可能か否かには，実際は家庭の生育環境や経済的要因が大きく左右するだろう。

　ラバレー (Labaree, David F.) がいうように，教育の目指す目標には ① 市民としての平等化の促進，② 納税者からみた社会的効率性，③ 消費者からみた社会移動の促進，という３つの側面がある。しかしこの３つの目標は矛盾する側面をもっており，同時に十分な形で達成できない。結局お互いの機能を十分考慮し，微妙なバランスの上に成立するものだといえる。しかし近年の教育改革は ① が軽視され，② や ③ が強調されている。とくに納税者の多様な要求は，画一的とされる公教育への批判を強める原因となり，富裕層が自らの自由

選択を行使して公教育から脱出し，私学へと流れる動きが都市部では普通になっている。そうした動きに公立学校も影響を受けると，教育熱心な一部の層の要求には応えることになるかもしれないが，そもそも子育てに目を向ける余裕のない世帯の声は届かず，公教育からも排除される可能性が出てくる。しかし表面的に公平に行われている成績評価によって，成績の悪さはすべて個人の責任とみなされる。以上のように，一見個人の自由な教育選択が可能になったかのようにみえて，実際は親（家庭）の経済力や意志が教育達成に大きな影響を及ぼしている。これが冒頭に述べたペアレントクラシーの姿である。

　筆者は，個人の教育選択や教育達成が，家庭背景のような環境要因で「すべて」決まると言いたいわけではない。それは極端な見解である。試験にパスするには当然個人の努力も必要だから，教育選択の結果責任の一端は個人にもあるだろう。問題なのは，教育選択の結果には，個人と社会の多くの要因が絡み合っているにもかかわらず，自己責任のような個人の責任のみを問う声が，近年とみに肥大化していることなのだ。とくに日本では進学に関する経済的障壁が非常に大きいにもかかわらず，それをサポートするシステムが脆弱である。個人的要因と社会的要因の両方を，バランス感覚をもって見つめることが，われわれには試されているのである。

謝辞
SSMデータの使用にあたっては，2005年SSM調査研究会の許可を得た。また本文中の「高校生とその母親の教育意識に関する全国調査」は，平成24年度大阪大学人間科学研究科ヒューマン・サイエンス・プロジェクト（HSP）として採択された研究課題に基づいて実施されたものである。

　注
　1）以前のイギリスでは，11歳時試験（eleven plus exam）により進むべき中等学校が決められていたが，どの学校に進むかによりカリキュラムが異なり，エリート系のコースに進まなければ大学に進学できなかった。こうした制度は階級構造を反映する非民主的制度だとして，労働党政権は公立中等学校のコース

分けを取りやめ，アカデミック系と職業系のコースの統合をはかった。これが総合制化（コンプリヘンシブ化）である。
2）小数点以下第4位で四捨五入している。以下の数値も同じである。
3）ただし最近は，ブリーン（Breen, Richard）らのヨーロッパ諸国の比較研究から，教育機会の拡大は，一定程度機会の平等化に寄与してきたとする見解が打ち出されるようになっている（Breen et al. 2009）。
4）ブリントン（Brinton, Mary C.）とリー（Lee, Sunhwa）によれば，同じ東アジアでも，韓国では日本のように母親の教育期待に子どもの性別は関係ないという。息子か娘かによって教育期待に差が出るのは，日本特有の現象といえ，興味深い（Brinton and Lee 2001）。
5）例として男性の場合，サービス階級かつ進学校は112，サービス階級かつ非進学校は66で，このオッズは112÷66で求められる。非サービス階級かつ進学校は110，非サービス階級かつ非進学校は191で，同様のオッズは110÷191である。この2つのオッズについて前者を後者で割ればオッズ比（2.947）が算出される。
6）従属変数は「大学進学希望／希望しない」の2値をとるので，二項ロジスティック回帰分析が適用され，具体的な解釈はオッズ比によって行われる。オッズ比の自然対数が，ロジスティック回帰分析の係数，という関係になっている。

【参考文献】
Alon, Sigal, 2009, "The Evolution of Class Inequality in Higher Education: Competition, Exclusion, and Adaptation," *American Sociological Review* 74(5): 731-55.
Bourdieu, Pierre, 1979, *La Ditinction : Critique Sociale du Jugement.* Paris: Éditions de Minuit.（= 1990, 石井洋二郎訳『ディスタンクシオン』Ⅰ・Ⅱ，藤原書店）
Breen, Richard, and John H. Goldthorpe, 1997, "Explaining Educational Differentials: Toward a Formal Rational Action Theory," *Rationality and Society* 9(3): 275-305.
Breen, Richard, Ruud Luijkx, Walter Muller, and Reinhard Pollak, 2009, "Nonpersistent Inequality in Educational Attainment: Evidence from Eight European Countries," *American Journal of Sociology* 114(5): 1475-1521.
Brinton, Mary C. and Sunhwa Lee, 2001, "Women's Education and the Labor Market in Japan and South Korea," Mary C. Brinton ed., *Women's Working Lives in East Asia.* Stanford: Stanford University Press, 125-50.
Brown, Phillip, 1990, "The 'Third Wave': Education and Ideology of Parentocracy," *British Journal of Sociology of Education* 11: 65-85.

Durkheim, Émile, 1902, *De la Division du Travail Social : 2é edition*. Paris: Félix Alcan. (= 1989, 井伊玄太郎訳『社会分業論』講談社学術文庫.)
苅谷剛彦, 1986, 「閉ざされた将来像——教育選抜の可視性と中学生の『自己選抜』」『教育社会学研究』41：95-109.
近藤博之, 2001, 「階層社会の変容と教育」『教育學研究』68(4)：351-359.
Labaree, David F., 1997, "Public Goods, Private Goods: The American Struggle over Educational Goals," *American Educational Research Journal* 34(1): 39-81.
Lucas, Samuel R., 2001, "Effectively Maintained Inequality: Education Transitions, Track Mobility, and Social Background Effects," *American Journal of Sociology* 106(6): 1642-90.
Mare, Robert D., 1980, "Social Background and School Continuation Decisions," *Journal of the American Statistical Association* 75(370): 295-305.
Mare, Robert D., 1981, "Change and Stability in Educational Stratification," *American Sociological Review* 46(1): 72-87.
中村高康, 2011, 『大衆化とメリトクラシー——教育選抜をめぐる試験と推薦のパラドクス』東京大学出版会.
Sewell, William H., Robert M. Hauser, Kristen W. Springer, and Taissa S. Hauser, 2003, "As We Age: A Review of the Wisconsin Longitudinal Study, 1957-2001," *Research in Social Stratification and Mobility* 20: 3-111.
Shavit, Yossi, and Hans-Peter Blossfeld, 1993, *Persistent Inequality : Changing Educational Attainment in Thirteen Countries*. Boulder: Westview Press.
Young, Michael, 1958, *The Rise of the Meritocracy, 1870-2033 : An Essay on Education and Equality*. London: Thames and Hudson.

【さらに学びたい人のための文献紹介】
中村高康, 2011, 『大衆化とメリトクラシー——教育選抜をめぐる試験と推薦のパラドクス』東京大学出版会.
　　日本の教育システムを語るうえで欠かせない入試制度の変遷について，イギリスの社会学者ギデンズ（Giddens, Anthony）のモダニティ論を援用して説明したもの．現実の教育社会の現象が，社会学的な理論にどう適用されるのかを知るうえで参考になる．
竹内洋, 1995, 『日本のメリトクラシー——構造と心性』東京大学出版会.
　　やや古いが，教育と選抜，教育と階層に関する伝統的な理論について詳しく解説されているだけではなく，受験から就職，企業内選抜の分析も網羅しており，時代背景とあわせて読み返すとおもしろい．
太郎丸博, 2005, 『人文・社会科学のためのカテゴリカル・データ解析入門』ナカニシヤ出版.

本章では計量的な分析の簡単な事例を示したが，クロス表分析，オッズ比，ロジスティック回帰分析の考え方については，このテキストが詳しい．実際に自分で計算し，確認しながら読み進めることが重要．

Jackson, Michelle ed., 2013, *Determined to Succeed? Performance versus Choice in Educational Attainment*, Stanford: Stanford University Press.
　上級者向け．本章で示した合理的選択理論に基づく教育選択の階層間格差について，複数の国の分析をまとめた論文集である．昨今の教育と階層に関する国際的研究の動向の一部を知る手がかりになる．

第5章　家族研究から社会学の一般理論へ
──家族研究者としてのブルデュー──

三浦　直子

1．ブルデューの家族研究者としての一面

　ブルデューの社会学について研究していると伝えると，「ブルデューって，親が高学歴だと子も高学歴に，親が金持ちだと子も金持ちになるという，あの再生産論の人ですよね？」と尋ねられ，答えに窮することがある。確かにブルデューは，親から子へと世代を経ても維持される階級構造のメカニズムを描出したが，それは彼の豊穣な研究成果の一面に過ぎないからだ。

　フランスの社会学者ピエール・ブルデュー（Pierre Bourdieu: 1930-2002）の社会学理論は，社会学にとどまらず，哲学・人類学・歴史学・文学・芸術論・ジェンダー研究等に広く影響を与えている。ブルデューは，自身の社会学理論の中心に「家族」研究を置いていた。そして，常にフィールド（現場）へと赴き，聞き取り調査（質的調査）や大規模なアンケート調査（量的調査）を用いて「家族」に関する実証研究を積み重ねた。これらの調査結果と向き合うことで，独自の理論は築かれたといえる。彼自身，「もし私が家族社会学をやっていなければ，そうした（※理論的な）問いの体系を構築し得なかったであろう」と回顧している[1]（Bourdieu 1994=2007: 179=217）。

　ブルデューの社会学理論の卓越性は，その「研究方法」に，いわば家族に関する分析手法そのものにある。そこで本章では，1950年代後半から1980年にかけて，家族研究から社会学の一般理論を結実させた彼の「研究方法」に注目し，「越境」をキーワードに，その過程と特徴を描出したい[2]。

2. 教育・文化・階級の社会学と家族研究——対立領域の越境
2−1. データへの立脚と社会学理論の構想

　最初に，学校の成績について考えてみてほしい。そもそも成績優秀者は頭のデキが違うのだろうか，それとも努力次第で誰でも成績が上がるのだろうか。言い換えれば，与えられた才能や運命によって人生が決まるのか，それとも個人の意志や努力によって人生を切り拓けるのか。一体どちらが「本当に正しい」考え方なのだろう。

　ブルデューは，1960年代前半に，フランス社会の教育と文化の実証研究に着手した。その際，研究者の主観（思い込み）をなるべく研究に持ち込まないように，客観的な統計データを重視して，人びとの考えやふるまいといった日常的な「慣習行動（実践, pratique）」を調査した。すると，きわめて個人的と思われるものでさえ，じつは社会的な傾向を有することが明らかとなった。彼が実施した調査では，音楽の趣味や食の好み，試験の成績にさえ，統計的な階級格差が見られたのである。この理由を説明するために，ブルデューは，マルセル・モースの着眼を発展させて，[3]以下のような理論枠組みを構想した。すなわち，人びとは，自らの社会的な位置に応じた性向（性質や傾向）を，幼少期から日々の生活経験を通じて身につける。言い換えれば，自らが属する階級（classe sociale：社会的なクラス）に固有の考えやふるまいの型（知覚図式や行動図式）を体得するのであり，それゆえ無自覚的な「慣習行動」において階級格差が再現される，というものである。ブルデューが提唱したハビトゥスとは，人びとの社会的・集団的な「慣習行動」を生み出す生成原理であり，社会的な位置を反映する性向すなわち知覚図式や行動図式の体系と定義できる。

　さらに統計データを精査すると，経済的な資産（経済資本）が形を変えながら親から子へと受け継がれるのと同様，文化＝教養も，形を変えながら親から子へと継承される階級ごとの傾向があることに気づいた。ブルデューは，これを「文化資本」と命名した。前述の「ハビトゥス」も，親から子へと継承され

る文化資本のひとつである。たとえば，文化資本の「豊かな」上流階級の家庭で，百科事典や文学全集に囲まれて育ち，美術館や音楽会へ家族で出掛け，父親の読む経済新聞を覗き込んで説明を聞いた子どもにとって，学校の勉強に対する抵抗感は小さなものとなるだろう。上流階級の子どもが家庭で自然に身につけたハビトゥスは，学校教育の中で優位な教養，言葉遣い，礼儀作法として働き，社会生活に有利な学歴や資格を新たに呼び込むことで，上流階級の若者は社会的な成功を果たしていく[4]。こうして，文化的な豊かさ（文化資本）もまた，家庭環境（家族的背景）を介して，親から子へと世代を越えて受け継がれ，やがて学校内での優劣づけや社会的な選抜に反映されることで，現行の階級構造や社会秩序が維持されるというメカニズムを，ブルデューは「文化的再生産」として描き出した。

このとき，庶民階級の若者はどのように進学や出世の機会を失っていくのだろうか。ブルデューは，庶民階級の進学率の低さを説明するために，若者が「自ら」機会を閉ざすように考え，ふるまうように促されていると想定し，このようなハビトゥスの働きを「自己排除」と捉えた。「自己排除」とは，被支配的な位置にある人びとが[5]，自らに最も実現可能な（最も確率が高い）選択肢を先取りして察知し，それを「自分らしい選択」「自分の運命」だと肯定して選び取る心的・社会的メカニズムである。たとえば，庶民階級の子どもには，教科内容の勉強だけでなく，家庭環境で身につけた文化とは異なる学校教育に適応するための努力も求められる。加えて，家族や周囲（同じ階級の人びと）に，大学進学者はごく稀である。こうした日々の生活経験が，上流階級の子どもとは対照的に，学校での成功に興味を失わせ，進学以外の進路を選ばせるのではないか——。このように，人びとは自らの社会的な位置に応じて考え選択するため，実際の成績や進学において統計的な階級格差が生じると，ブルデューは考えた[6]。

このようなハビトゥスの働きを，より一般化したものが「運命愛」である。趣味と階級の間に対応関係が見られる理由を，自分の社会的位置に近い文化に

親近感を抱くというハビトゥスの働きに注目して，ブルデューは説明した[7]。人びとの個人的な好みや感性ですら，社会的・集団的な影響を受けていることを描出した「運命愛」という表現は，同時にまた，「好きになるのに理屈はいらない（それが自分という人間だ）」と言われるような，本人がなぜそれを好きなのか理由を問うこと自体を禁じるハビトゥスの働きを強調する。言い換えれば，「自分らしい選択」という慣習行動（実践，pratique）の背後には，それにより現行の社会秩序が維持されていることを「隠す」働きが内包されているのである。ブルデューはこれを「実践自身の真理への盲目という実践の真理」と表し，社会学の一般理論（実践の理論）へと昇華させた（Bourdieu 1980=1988: 153=149-150）。

2−2．矛盾が共存する理由

　もうひとつ注目したいのは，社会における正統化の働きである。「文化的再生産」が成立するためには，上流階級の文化やハビトゥスが，進学や出世に有利な「文化資本」として作用しなくては，つまり「正統な文化（価値ある正しい文化）」として社会に浸透していなくてはならない。この文化の正統性をめぐる問題設定から，何が見えてくるだろうか。

　ブルデューは，最初の教育社会学の著書『遺産相続者たち』の第1章のエピグラフ（冒頭の引用文）で，北米インディアンの宗教研究を引いている。部族の権力者である呪術師を目指して修行を積む若者たちは，洞窟で見た幻視の内容を長老たちに伝え，幻視の正誤を仰ぐ。マーガレット・ミードが論じた「真の（正しい）幻視」は，ブルデューがそこから着想を得た，文化の正統性の一事例として読み解くことができる。以下，エピグラフの後半部分を見てみよう。

　「（※「真の幻視」とは）それを探究する者なら誰でも近づくことのできるような民主的に開かれた神秘体験ではなく，むしろ特定の家族の中で，呪術師集団への所属という形の遺産として相続されるように，注意深く保護された方法であった。(……)権力をもつ集団に入りたいと願う若者は，ひとりで引きこもって断食し，戻ってきて自分が見たものを長老たちに話すのであるが，もし彼

がエリート家族の一員でない場合には，その幻視は本物ではないと宣告されるのがオチだったのだ。」(Bourdieu 1964=1997: 10=10)

　M. ミードの宗教研究をエピグラフに引用したことは，ブルデューの家族研究の特徴を二重によく表しているといえる。

　ひとつは，人びとが信じている選抜基準の「恣意性」への注目である。若者が報告する幻視の内容には，正解が存在しない。しかし，正解の不在ゆえに，家系という実際の選抜基準は，社会的に見逃がされる。人びとは，エリート家系出身の若者が選抜されたのは，彼が「正しい幻視を行う能力」を身につけたからだと誤認する。この能力は，被支配層の人たちには，自分には縁のない特別な才能と映るかもしれない。他方で，呪術師を輩出するエリート家系の人たちは，自分も親族も習得してきた修行の成果だと考えるかもしれない。つまり，「特別な才能」であれ「修行の成果」であれ，部族の誰もが「正しい幻視を行う能力」の存在を信じ，選抜結果を社会的に正しい評価として承認するのである。

　ブルデューは，この着想をフランスの高等教育に適用し，大学の論述試験（小論文）について調査を行ったところ[8]，学生の点数に階級格差があることを確認した。さらに小論文に対する大学教員の「採点基準」を調べると，論述内容の正誤とは別に「優雅で洗練された秀逸な文」「必死で知識を盛り込んだ見苦しい文」といった評価も併せてなされており，学生の文章力や語彙力も採点に大きく影響することが判明した。これらの調査結果から，（統計的に）文化資本を多く有する大学教授は，同様に文化資本を多く有する上流階級出身の学生が示す文化＝教養の「無理のなさ」「自然さ」に親近感を抱いて高得点を与える傾向があり，対して他の学生たちは，家庭環境ではなく学校教育の中ではじめて「正統な文化」に接して学ぶため，相対的に不利な評価を得やすいと，ブルデューは考えた。文化＝教養を重視するフランス社会において，権力を有する者（教授）が，自分と近い家庭環境に身を置き，それゆえ自分と似た感覚を持ち合わせている次世代の若者（学生）に対し，親近感を抱いて自ずと高く評価

する学校教育の選抜メカニズム——これは，M. ミードが分析した北米インディアンの「正しい幻視」による選抜と相同的であることを，ブルデューは看取したのである。

さて，この節の冒頭で問いかけた矛盾する考え（学校の成績は「天賦の才」か「努力次第」か）であるが，「本当に正しい」のはどちらといえるだろうか。この問いに対してブルデューは，「正しさ（正統性）」をめぐる論争に巻き込まれるのではなく，そもそも「矛盾が共存する理由」について問いを立て直したといえる。そこから導き出されるのは，次のような社会の新しい一面である——どちらが「本当に正しい」のかに，正解はない。しかし，このように矛盾するふたつの見方（二項対立）が社会に存在することで，また私たちの知覚図式（としてのハビトゥス）が二項対立に囚われることで，本来明らかにすべき社会のメカニズムの存在そのものを見落とし，結果として現行の階級構造や社会秩序の維持に貢献するという働きがあるのだ，と。[9]

2—3. 範囲画定の恣意性

さらに別の視点から，二項対立について質問を立て直すことができる。たとえば，ある大学入試の合格点を，予定合格者数から逆算して仮に 72 点に設定したとして，合格した 72 点の人は学力が十分に高く，不合格だった 71 点の人は学力不足なのだろうか。

この合否の線引き（範囲画定）もまた，大学の在籍可能な学生数に基づく「恣意的」なものである。しかし私たちは，線引きされた結果だけを見て，あたかも「合格／不合格」という大学運営上の区別が，受験生本人の「十分な学力／学力不足」を証明するものだと信じがちだ。実際には白黒つけられない，灰色の濃淡がグラデーションをなしている状況に対し，線引きされた境界線には「正統な」理由があるはずだと認識する。つまり，相対的な境界線を，絶対的なものだと思い込むのである。私たちの知覚図式（としてのハビトゥス）がもつ「線引き（範囲画定）」の作用は，その恣意性が疑われないことで，現行の社

会秩序を安定させる反面，思い込みや決めつけなど硬直化した考え方をもたらしてしまう。

　そこで再び，前述のM.ミードのエピグラフに戻ってみたい。ここから読み解くことができる，ブルデューの家族研究のもうひとつの特徴は，それが人類学の研究成果から引用されていたことである。ブルデューとM.ミードの研究に共通するのは，当該社会の一員にとっては「当たり前」で疑いもされないことが，まさにその疑われないことによって見過ごされ（誤認され），結果として社会的に受容され存続する（承認される）メカニズムへの着眼といえる。1960年代当時の人類学は，「外国」の未開社会を対象とした異文化研究が中心であった。しかしブルデューは，人類学の研究成果を「自国」フランス社会に適用した。それにより，研究者自身が当該社会の一員であるために「当たり前」だと受容して（教育論争に巻き込まれて）しまい，対象化が難しかった「選抜の恣意性」や「誤認と承認のメカニズム」について，新たな研究の地平を切り拓いたのである。こうしてブルデューの教育・文化・階級の社会学は，やがて誤認と承認による象徴的支配の社会学へと射程を広げていく。

　さらに，「線引き（範囲画定）」の作用は，研究者自身にも影響を及ぼす。ブルデューは，細分化が進む当時のアカデミズムに対して，「それぞれの専門分野が自分の対象の真の説明原理の探求を他の専門分野に丸投げ」していると強く反発した（Bourdieu 2004=2011: 84=103）。今日，その状況はいっそう進行している。たとえば，学問の所属は，社会学／人類学のどちらか。専攻分野は，家族社会学／教育社会学／文化社会学／社会階級論／社会学理論のどれなのか。方法は，理論研究／実証研究のどちらか。前者なら，主観主義／客観主義どちらの立場を採用するのか。後者なら，質的／量的どちらの調査を実施するのか——。学界は多様に細分化され，学界固有の線引き（範囲画定）に基づいて立場表明することを，研究者自身にも迫ってくる。しかしブルデューは，なによりも現実社会への関心を優先することで，学界の押しつける「線引き（範囲画定）」を越境して研究を続けた。こうした研究姿勢が，ひるがえって人びとに

対して境界線を引き序列化を行う象徴的権力（とりわけ学校教育や文化，階級）の社会学的分析へと，ブルデューを向かわせたのかもしれない。

3．婚姻調査と「戦略」概念——研究の前提からの越境
3—1．「規則」から「戦略」へ

　もうひとつの家族研究として，ブルデューは配偶者選択に関するフィールド・ワーク（婚姻調査）にも熱心に取り組んだ。これらの調査結果をもとに，「戦略」概念が構想された。家族社会学における昨今の「戦略」概念への注目にも，ブルデューの影響が指摘されている[10]。

　ブルデューが調査を行った1950年代後半から70年代当時，異国アルジェリアのカビリア社会や，自国フランスのベアルン地方に暮らす農民たちにとって，結婚相手は，男女間の合意だけで決められるものではなかった。村には伝統的な決まりや風習が伝承され，従うべきものとされた。これらの婚姻調査でもまた，当時の人類学（カビリア研究）や農村社会学（ベアルン調査）には珍しく，ブルデューは統計データを重視した。

　カビリアの婚姻調査を通じて明らかとなったのは，「規則」概念の問題点である。カビリアの人類学では，現地で古くから伝承されている平行いとこ婚を，優先婚すなわちカビリア社会の結婚「規則」と見なしていた。しかし，調べてみると実態は大きく異なり，平行いとこ婚が行われるのは全体のわずか3％程度，伝統を重んじるマラブー信徒の家庭でさえ6％程度だと判明した（Bourdieu 1944=2007: 165=202-203）。他方でブルデューは，もしもデータ上に「規則性」が見出せたとしても，それを安易に「規則」と見なしてはならないとも指摘する。両者の違いを，哲学者P.ジフによる列車の例を引用して，次のように説明している——ある社会で，列車の運行にいつも2分遅れが出るという「規則性」があったとしても，それを，列車を2分遅らせるという「規則」に従った運行だと見なしてはいけない。これでは，社会に関する理論を構築しようとして，研究者が構築した理論を社会に投影して見ることになる，と。

第5章　家族研究から社会学の一般理論へ

それゆえブルデューは，レヴィ＝ストロースが人類学に導入した「規則」概念を，あくまでも外部の研究者がそう見なしたものであり，実際の調査結果に現れる実践（慣習行動，pratique）の「規則性」を説明するものではないと批判した（Bourdieu 1980=1988: 67-68=61）。

次に，ブルデューは，故郷ベアルンの婚姻調査を通じて，配偶者選択という人びとの実践の解明に着手した。ベアルン地方には長子相続と婚資という風習が深く根づいており，そのために，長子同士（長男長女），次子同士（三男と次女など）の結婚や，家柄が大きく異なる相手との結婚は忌避されていた。聞き取り調査から分かったのは，経済的理由に加えて，家庭内の権威を守り，村での名誉を重んじる伝統であった。たとえば，長男家族（とくに母親）にとって，長女が嫁いでくることは，家庭内の権威を奪われかねないものとして警戒された。また，格の低い家柄の男性は，名家出身の妻には頭が上がらず無様な結婚生活になると忠告された。次子同士の結婚は，家や土地（住まいや働き口）を持たず，貧困に転落しやすい「飢えと渇きの結婚」と呼ばれ，避けるよう促された。しかし，いずれにも多くの例外が存在した。妻の家系の婿養子となる男性もいれば，夫婦そろって住み込みの奉公人となり結婚した次子同士もいた。このように，実際の配偶者選択では，特定の結婚を避けるよう社会的に促されながらも，当人たちが置かれた場の状況（結婚市場における自らの位置：出生順位，親の意向，両家の経済状況，将来の見通しなど）を踏まえた柔軟な選択がなされるため，多様な婚姻形態が実在したのである。

こうしてブルデューは，配偶者選択の調査を通じて，多くの「例外」を含みながらも一定の「規則性」を生み出す実践（pratique）の柔軟さに注目するようになり，これを「戦略」と名づけた。人びとは，与えられた場の状況に応じ，各自の利害関心に即して，どのようにふるまうことが最も有利かを，ハビトゥスに基づいて感覚的に察知していると，彼は考えた。[11] 親の忠告に従い，村での評判を考慮して，特定の結婚を避けることも「戦略」のひとつであり，けっして「規則」としての伝統に盲目的に従った結果ではないのである。

加えて，前述のカビリア社会では，伝統として平行いとこ婚が存続することで，たとえば，結婚相手がいないという「恥を隠す」ためになされた平行いとこ婚であっても，伝統を遵守した「名誉」へと転換することが可能となる。このように，現状に即して，古びた伝統に新しい働きを付与する「戦略」を取る人びとが存在したことを，ブルデューは描出している。当時の人類学では，顕在的・潜在的な「規則」に起因させて人びとの行動や社会の在りようを説明しようとしたが，これでは調査結果として現れた「規則性」を生み出している実践や社会のメカニズムを捉えることはできない——そう考えたブルデューの既存研究に対する批判から，「戦略」概念は構想されたともいえる。

3−2．視点の転換

こうして，ハビトゥスに基づきつつも，実際の場の状況に応じ，柔軟な「戦略」が生み出されるという，実践（pratique）の「戦略」的側面を，ブルデューは社会学理論に導入した。同時に，「戦略」概念の構想は，研究状況そのものを見直す過程から発見され，自らの「研究方法」を大きく転換させるものでもあった。

当時（1960—70年代）のフランスのアカデミズムでは，客観主義（レヴィ＝ストロースの構造主義）と主観主義（サルトルの実存主義や合理的選択理論）という，2つの行動哲学が主流であった。ブルデューは方法論的には客観主義に立脚しつつも，次のように考えた——たしかに，研究者の主観や思い込みをなるべく研究に影響させないことは大切だが，人類学者はエスノセントリズムを避けようとするあまり，観察結果から構築した（と考えている）理論について，結果の解釈に妥当性があるかどうか自分自身の経験と関連させて考えることができなくなったのではないか，と。

当時の人類学では，レヴィ＝ストロースら構造主義が牽引して，「規則」すなわち（人びとの主観に外在するという意味での）客観的な構造の抽出を目指しており，そのため行為者の主観は軽視されがちだった。このような研究姿勢に違

和感を抱いたブルデューは，現地の人びとへの聞き取り調査を重視することで，再び行為者の主観をも理論に反映しようと試みた。故郷ベアルン地方を調査地に選んだのは，ここではブルデュー自身が，現地をよく知る行為者の1人であり，同時に研究者として調査を行うことが可能となるためであった。行為者（研究対象）であり研究者でもあるという「越境」の試みは，研究者の客観的な研究が行為者の主観に加えた軽視や変質そのものを対象化して改めて客観的に研究するという意図，いわば研究者自身の慣習行動（実践，pratique）をも研究対象とする意図をもっていた。「客観化の客観化」として知られる，研究者自身に対して考察を迫る研究手法は，後に「反省的社会学」へと展開され，ブルデュー社会学の大きな特徴となる。

この「客観化の客観化」という反省性の重視を経て，ブルデューは研究と理論に関する大きな「視点の転換」を迎えた。晩年の著書で，彼は以下のように回顧している。

「（※研究の）進歩はおそらく，客観化を行う主体を科学的に客観化するという意味での，反省性の水準にある。それゆえにこの『再生産戦略システムにおける結婚戦略』（※故郷ベアルンの婚姻調査に基づく1972年の論文）は，規則から戦略へ，構造からハビトゥスへ，システムから社会化された行為者への移行という形で，構造主義のパラダイムとの決別を画然と示している。これは，親族関係の規則の下に結婚戦略を発見し，そのことによって世界との実践的関係を取り返すときに起こる，視点の転換という決定的な契機である。」[12]（Bourdieu 2004=2011: 85-86=98）

同時にまた，研究者と行為者を「越境」する調査経験は，研究者にとって暗黙裡の特権であった，社会を読み解き新しい理論を構築する研究者の「創造性」を，行為者自身にも認めるという「視点の転換」をブルデューに促したと考えられる。行為者もまた，日常生活において状況を解釈し直し，「戦略」を駆使して社会を創造する可能性をもった能動的な存在なのである。ブルデューは，自らの調査経験を踏まえて，一方で構造の自動作用という「行為者なき機

械的反応」と見る客観主義を退けつつ，他方で構造的制約のない「自由で合理的な行為者」による選択の結果とする主観主義をも慎重に避ける社会学理論を構想した。こうして，客観主義にも主観主義にも還元されない，相対的自律性をもつ行為者の実践（慣習行動，pratique）を，ハビトゥスの「戦略」的側面に注目して描出したのである。この「戦略」概念の導入によって，行為者の能動性を回復したブルデューの社会学理論は，社会秩序の再生産だけでなく，場の変容（社会変動）をも視野に入れた動的な理論となった。

4．「ハビトゥス」概念の変遷──越境する手法としての家族研究

本章では，家族研究から社会学の一般理論を結実させた，ブルデューの「研究方法」の過程と特徴の描出を試みた。ここでもう一度，「ハビトゥス」概念の変化に注目して確認しておこう。

「ハビトゥス」とは，ブルデューが家族の実証研究の知見を社会学理論に取り入れる中で，実際の人びとの慣習行動（実践，pratique）に階級格差が生じることを説明するために用いた概念であった。人びとは自らの社会的な位置に応じて，慣習行動の生成原理であるハビトゥスを習得し，それゆえに，人びとの慣習行動に階級格差が反映されると，彼は考えた。

ハビトゥスには，「自己排除」や「運命愛」と命名された，社会秩序の維持に貢献する側面がある。これは，人びとが自らの社会的な位置に近い文化に親近感を抱き，また自分が属する階級に対して社会的に開かれた選択肢を自発的に選ぶように促す，心的・社会的なメカニズムとして作用する。加えて，支配階級の人びとが家庭で身につけたハビトゥス（や文化資本）が，社会のなかで有利に働くことによって「文化的再生産」が行われるためには，支配階級のハビトゥスが「正統な文化」として社会的に受容されている必要がある。人類学に着想を得たブルデューは，選抜基準の恣意性や範囲画定の権力に着目することで，誤認と承認による象徴的支配として，今日的な支配の形態を解明した。

他方で，婚姻調査の経験を通じて，ブルデューは，多くの「例外」を含みな

がらも「規則性」を示す人びとの慣習行動について考察を深めた。人びとは，社会秩序に従うだけでなく，場の状況に応じて柔軟な「戦略」を用いている。このようなハビトゥスの「戦略」的側面の導入により，現行の社会秩序を受け入れつつ，場の変容を促し新たな社会秩序を創造する人びとの能動性を内包する社会学理論を展開した。同時にまた，理論の精緻化は，研究者の研究実践（pratique）そのものを，自らの理論に基づいて考察対象とすることを促し，「反省的社会学」として深化させた。

このように，ブルデュー社会学の「研究方法」の特徴は，家族に関する実証研究から得られたデータを詳細に分析し，調査結果に真摯に向き合うことで，一般理論へと結実させたことにあるといえる。

読者の中には，調査データの分析作業に迷走したり，文献資料の前提や学派による違いに困惑したりと，家族研究に取り組むなかでの閉塞感を覚えたことのある人もいるだろう。そのようなとき，自分の研究成果が，その先に，社会全体とどのようにつながって，どのような理論的広がりを内に秘めているか見渡すことができれば，越境の可能性を見出せるかもしれない。本章で紹介したブルデューの「研究方法」から，ご自身の家族研究の広がりと可能性へ，思いを馳せていただければ幸いである。

注
1）以下，本章では，引用に一部拙訳を試みている。また，下線による強調や※印の補足もすべて本章筆者による。
2）本章の前半はハビトゥスが社会によって構造化される側面を，後半はハビトゥスが社会を構成する側面を中心に，ブルデューの「研究方法」を抽出する。そのため，彼の研究軌跡を時系列に描出したものでも，ブルデューの社会学理論の全体像を描出したものでもないことに留意されたい。
3）ブルデューは，すでに1962年の論文で，M. モースの「身体技法」論文を引いてハビトゥス概念を用いている（Bourdieu 2002=2007: 113-114=134-135）。なお，この論文は，結婚戦略の「男女差」を実証的に論じており，「ジェンダー研究」という学問分野が確立する以前の，フランスの先駆的研究でもあった（Bourdieu 2004=2011: 79=93）。

4）文化資本は，客体化されたもの（本文中の百科事典や文学全集，経済新聞等，文化的で教養の高い物），身体化されたもの（上流階級のハビトゥス），制度化されたもの（社会的に有利な学歴や資格）という3つの形式で存在する。
5）庶民階級だけでなく，女性や地方出身者のハビトゥスの働きにも見られる。Bourdieu（1964=1997），Bourdieu（1970=1991）等を参照。
6）ハビトゥスは，統計データに現れた慣習行動の集団的な共通点（集団の格差）を説明するために構想された概念であり，そのため個別具体的な選択や例外的存在をすべて正確に説明するものではない。「私自身には当てはまらないから，ブルデュー理論は使えない」と早合点せず，データから理論を紡ぎ出す彼の「研究方法」に注目してほしい。
7）『ディスタンクシオン』でブルデューは，コレスポンデンス分析という統計手法を用いて，現代フランス社会に生きる人びとの，社会的位置空間（年収，職業，学歴，家族構成などの分布：社会的なクラス＝階級）と，生活様式空間（本や新聞，音楽，スポーツ，料理などの好きな趣味：個人的な感性）が，経済資本と文化資本の量と分布に応じて，対応関係にあることを実証した（Bourdieu 1979=1990）。
8）詳細はBourdieu（1965=1999）を参照のこと。
9）日本社会については，苅谷剛彦（2001）が，ブルデューと同様に，教育論争や教育政策の前提を問い直すことで，生徒の学習意欲の階層格差を分析している。
10）ブルデューが1972年に発表した結婚戦略論文（Bourdieu（2002=2007）に第2部として再録）は，4年後に英訳されイギリスの家族社会学界に紹介されて，理論・実証研究における「戦略」概念の発展に寄与したと指摘されている。Morgan（1989），田渕（1999），丸山（2007），田渕（2012）等を参照のこと。
11）「戦略」概念は，経験によって培われた性向の体系（ハビトゥス）に基づいて，状況を読み解き，将来を予測するもので，「意識や言説の手前で作用するもの」である。それゆえ，スポーツマンの発揮する「試合の勘（ゲームのセンス）」にもたとえられる（Bourdieu 1987=1991：77=99）。
12）原文中のカッコ内は省略した。

【参考文献】

Bourdieu, Pierre（et J.C. Passeron），1964, *Les Heritiers : Les Étudiants et la Culture*. Paris; Éditions du Minuit.（＝1997, 石井洋二郎監訳『遺産相続者たち——学生と文化』藤原書店.）

Bourdieu, Pierre（et J.C. Passerrron, M.S. Martin），1965, *Rapport Pédagogique et Communication*. Paris; Mouton & Co.（＝1999, 安田尚訳『教師と学生のコミュニケーション』藤原書店.）

Bourdieu, Pierre (et J.C. Passeron), 1970, *La Reproduction : éléments pour une théorie du système d'enseignement.* Paris; Éditions du Minuit.（= 1991，宮島喬訳『再生産——教育・文化・社会』藤原書店.）

Bourdieu, Pierre, 1979, *La Distinction : Critique Sociale du Jugement.* Paris; Éditions du Minuit.（= 1990，石井洋二郎訳『ディスタンクシオン——社会学的判断力批判』Ⅰ・Ⅱ，藤原書店.）

Bourdieu, Pierre, 1980, *Le Sens Pratiquen.* Paris; Éditions du Minuit.（= 1988，今村仁司・港道隆訳『実践感覚』1，みすず書房.：1990，今村仁司・福井憲彦・塚原史・港道隆訳『実践感覚』2，みすず書房.）

Bourdieu, Pierre, 1987, *Choses Dites.* Paris; Éditions du Minuit.（= 1991，石崎晴己訳『構造と実践——ブルデュー自身によるブルデュー』藤原書店.）

Bourdieu, Pierre, 1994, *Raisons Pratique : Sur la Théorie de l'Action.* Paris; Éditions du Seuil.（= 2007，加藤晴久・石井洋二郎・三浦信孝・安田尚訳『実践理性——行動の理論について』藤原書店.）

Bourdieu, Pierre, 2002, *Le Bal des Célibataires : Crise de la Société Paysanne en Béarn.* Paris; Éditions du Seuil.（= 2007，丸山茂・小島宏・須田文明訳『結婚戦略——家族と階級の再生産』藤原書店.）

Bourdieu, Pierre, 2004, *Esquisse pour une Auto-Analyse.* Paris; Éditions Raisons d'Agir.（= 2011，加藤晴久訳『自己分析』藤原書店.）

苅谷剛彦，2001，『階層化日本と教育危機——不平等再生産から意欲格差社会へ』有信堂高文社.

丸山茂，2007，「家族史研究におけるブルデューの位置」ブルデュー『結婚戦略』藤原書店，302-306.

宮島喬，1994，『文化的再生産の社会学——ブルデュー理論からの展開』藤原書店.

三浦直子，1999，「反省的社会学の生成——ブルデュー社会学における認識論の位置づけをめぐって」P. ブルデュー社会学研究会『象徴的支配の社会学——ブルデューの認識と実践』恒星社厚生閣，1-28.

三浦直子，2002，「ブルデューの社会参加と認識論」『情況』6月号（特集：追悼ピエール・ブルデュー2）情況出版：176-187.

三浦直子，2011，「ブルデュー文化社会学における量的調査の影響——1960年代の初期文化研究を中心に」三田哲学会『哲学』125 慶應義塾大学：235-262.

Morgan, David H. J., 1989, "Strategies and Sociologists: A Comment on Crow," *Sociology* 23(1): 25-29.

田渕六郎，1999，「『家族戦略』研究の可能性——概念上の問題を中心に」東京都立大学『人文学報』300（社会福祉学15）：87-117.

田渕六郎，2012，「少子高齢化の中の家族と世代間関係——家族戦略論の視点から」日本家族社会学会『家族社会学研究』24(1)：37-49.

【さらに学びたい人のための文献紹介】
苅谷剛彦，2001，『階層化日本と教育危機——不平等再生産から意欲格差社会へ』有信堂高文社．
苅谷剛彦，2008，『学力と階層』朝日新聞出版．（＝2012年に文庫化：朝日文庫．）
　　ブルデュー的な「研究方法」を用いて，今日の子どもの学力と学習意欲の階層格差を実証的に分析し，戦後日本の学校教育を多角的に論じた意欲作が前者である．後者では，1990年代〜2000年代前半の教育行政を検証しており，文庫版には内田樹が解説を寄せている．
井上俊ほか編，1997，『岩波講座　現代社会学　別巻　現代社会学の理論と方法』岩波書店．
那須壽編，1997，『クロニクル社会学——人と理論の魅力を語る』有斐閣．
　　様々な社会学者たちの理論と研究方法が紹介されている．前者（岩波講座）に宮島喬の「ブルデューの社会理論——不平等問題への文化社会学的接近」が，後者（有斐閣）に鈴木智之の「ブルデューあるいは二重の絶縁の戦略——二元論を超えて」が収録されている．
Bourdieu, P. et al., 1993, *La Misère du Monde*, Éditions de Seuil（＝Ferguson, P. P. (tr.), 1999, *The Weight of the World*, Polity Press.）
　　本章の参考文献に掲載したブルデューの翻訳書に加えて，その後のブルデューの「研究方法」の展開に興味があれば是非．社会変動下での家族の分裂や人々の苦悩などをインタビューから丹念に描き出し，学術書でありながらベストセラーとなった1990年代の代表作．
Mauss, Marcel, 1968, *Sociologie et Anthropologie*, Presses Universitaires de France（＝有地亨ほか訳，1973，『社会学と人類学』Ⅰ・Ⅱ，弘文堂．）
　　ブルデューがモース人類学から受けた影響は大きい．Ⅱ巻第六部「身体技法」論文に，ブルデューが着想を得た「ハビトゥス」概念が登場する．なお，Ⅰ巻の冒頭には，レヴィ＝ストロースによる序文が掲載されている．

第6章 一次的社会化から二次的社会化へ
—— 家族を越えて ——

渡辺　秀樹

1．2つの社会化

　社会的な環境のなかで他者との相互作用を通して，価値や規範あるいは行動パターンを獲得していくプロセスとしての社会化は，生涯にわたる過程と考えられている。乳幼児期の家族における社会化が取り上げられることが多いが，諸個人は生涯を通してさまざまな価値や行動パターンを，家族だけでなくさまざまな社会的環境のなかで学習していると捉えることが必要であろう。この長期にわたる社会化の過程は，一次的社会化（primary socialization）と二次的社会化（secondary socialization）に区分することがある（第一次社会化／第二次社会化ともいう[1]）。

　この一次的社会化と二次的社会化とは，どのような区分であるのか。前者は，乳幼児期の段階の社会化過程であり，おもに家族がその中心の場となる。後者は，思春期あるいは青年期以降の社会化であり，一次的社会化で獲得した基礎的な価値観や行動パターンの上に，個人が参加する特定の社会システムの価値や規範・役割を習得すること（adult-socialization），あるいは一次的社会化で獲得した価値や行動パターンを放棄して新たな価値や行動パターンを改めて学習する再社会化（re-socialization）の過程，もしくは一度は獲得した価値や行動パターンを変革して異なるパターンを習得する過程（洗脳の過程などもトピックスとして含まれるだろう）などとされる。二次的社会化の場は，家族も依然として関連することもあるが，学校や職場あるいはボランティア組織や市民組織などの複合的環境，さらには全制的施設（total institution）[2]やメディア・インターネットなどが主題となる段階であるといえるだろう。

　このような社会化の担い手（ソーシャライザー〔socializer〕あるいは，エージェ

ント〔agent/agency〕といわれる）について考えてみよう。一次的社会化の担い手は多くの場合，家族であり親がまずは代表するだろう。では二次的社会化の担い手はだれだろうか。社会学の教科書（アンソニー・ギデンズの『社会学』が代表的な例として挙げられるだろう（1989—1992））では，社会化の主なエージェントとして，家族・地域・学校・ピアグループ（仲間集団）・メディアをあげることが普通である。これらのエージェントは，一次的社会化を念頭にしているものといえる。一次的社会化から二次的社会化に移行するにつれて，社会化の担い手は変化するはずであるが，このことは一次的社会化に比べるとあまり議論されているとはいえない。社会化の担い手に限らず，一次的社会化と二次的社会化という区分をすることで，種々の疑問や考察課題が浮かび上がってくると思われるが，とくに二次的社会化は，これまであまり議論されていない。

　乳幼児期の社会化に引き続く自己形成の過程，もしくは価値変容や行動変容の過程は社会学にとって重要な研究領域であり，それらは若者論やポスト青年期論あるいは高齢者論として魅力的な研究を蓄積している[3]。しかし，こうした研究は二次的社会化という視点をとくに全面に押し出しているわけではない。あるいは，生涯にわたる発達や変化は，ライフコース論や生活史（ライフヒストリー）研究として展開されるようになり，とくに二次的社会化として論ずる必要性が無くなったということだろうか。さらには，一次的／二次的，という区分自体が人生の初期ほど重要であるという示唆を含んでいて問題視され敬遠されたのだろうか。

　また，社会化という概念が適応性（adaptation）に親和的で，かつ役割取得に関心をおいており，主体性や相互性あるいは〈トータルな人間存在への接近〉という志向が弱いもしくは軽視しているという根本的議論もありうる。また，社会化は，パーソンズ社会学のキーワードであり，その批判とともにこの概念が使われなくなったということもあるだろう。そうしたことから，乳幼児期の人間形成は受動的適応的特徴を帯びるとして社会化の概念を用いるとしても，それ以降の段階についてはこの用語をとくに用いなくなったということだろ

うか。[4)]

　一次的社会化と二次的社会化という対の提起は，すでに1960年代から登場しており，そして社会学辞典の項目ともされているが（注1を参照），なぜ，とくに日本において一次的社会化の領域に比して二次的社会化という視点からの研究が産み出されることが少なかったのだろうか。そのことをあらためて問うてみることも必要であろう。

　本章では，この2つの社会化を対比的に見ることで，社会化の諸問題に迫る。社会化といえば乳幼児期の家族における社会化，つまり一次的社会化に関心が集中して来た。筆者自身の関心領域も同様に「家族における子どもの社会化」が主であった。今後，一次的社会化の研究を進める上でも二次的社会化との対比という視点から浮かび上がってくる重要な論点がいくつもあるのではないだろうか。

2．二次的社会化の重要性；作田啓一の問題提起

　作田啓一は「思想の言葉」という雑誌『思想』の短いエッセイのなかで（1980年9月），二次的社会化に注目している。このエッセイでは〈一次的社会化／二次的社会化〉ではなく，〈第一次社会化／第二次社会化〉という言葉が用いられる。その上で，第二次社会化の重要性を指摘している。まず，次のように記す。

　「……，私はかねがね，家族での第一次社会化が終わった後の第二次社会化の過程の中で，師弟関係のもつ重要性に関心をいだいていた」。この師弟関係は，「制度化されているものだけにとどまらない。主体が尊敬し，同一化しようとするモデルがあって，そのモデルが主体を多少とも導く態度を示せば，そこに師弟関係が成立すると私は考える」。「このような師弟関係は社会化にとって重要な意味をもっているにもかかわらず，社会学や心理学において，どういうわけか無視され続けてきた。家族の中での第一次社会化に注意が集中し過ぎたためであろうか。いずれにしても近代社会においては第二次社会化は極めて

重要であるから，師弟関係にもっと関心が向けられてもよさそうに思う」。

そして作田は，夏目漱石の『こゝろ』を取り上げる。先生にとって友人Kは，判断を仰ぐモデルであり，師弟関係にあったと説明する。その師はモデルであると同時に女性をめぐるライヴァルでもあり，アンビヴァレントな関係にある。モデルによる女性に対する評価にしたがって行動するというのは，ライヴァル（＝モデル）に勝つということである。それはモデルを失うことでもあるのだ。モデルのままだとモデルの評価に従わないのだからモデルの定義が崩れてしまう。けっきょく師弟関係に変化が訪れる。つまり，師弟関係というものは，葛藤をともない不安定でかつ変化するものであるということになる。

近代社会において第二次社会化がきわめて重要となるのは何故か。作田は述べる。「明治期の近代化の流れの中で，血縁や地縁という『自然』のきずなは，もはや主体にとってモデルを提供することができなくなった。先生にとって，それは『自然』らしさを装う策略と見え，『私』にとっては空虚な血のかよわない関係となってしまった。……『自由と独立と己とに充ちた現代』の孤独がやってくる。人は各自パーソナルなモデルを求めなければならなくなる。しかしこのモデルは容易にライヴァルと化するモデルなのである」と（作田 1980：80-81）。

以上の作田の議論をふたつに分けて考えることができる。第1に，近代社会への移行のなかで，求められるモデルつまり社会化の担い手（＝ソーシャライザー）が変化するということ。第2に，師弟関係，つまり社会化の担い手と個人との関係が一次的社会化と二次的社会化では異なるということ，である。このことは，われわれが慣れ親しんでいる一次的社会化の枠組においては社会化の担当者が個人にとって所与であるとしていることを気づかせてくれる。個人にとって家族そして親は与えられるものであって選択はできない。したがって，社会化の担当者について，その選択性が考慮に入ってくることはほとんどないだろう。

第6章 一次的社会化から二次的社会化へ

　この所与性は，近代社会以前では，多くの場合，二次的社会化の段階においても血縁や地縁としての師弟関係として成立しえていた。たとえば，世襲的な職業において，親は一次的社会化に引き続く二次的社会化においても〈師〉であり，主な社会化の担い手であった。選択の余地はほとんどなかった。親でなくとも〈親のような社会化の担い手〉であっただろう。静態的な社会であれば，それで格別の不都合は生じなかっただろう。後を継ぐ，つまり親のようになるのが社会化の目的だったのだから。

　しかし，近代社会になると，理念的には，個人は自己の選択した目的に応じて社会化の担い手を選択するという事態に直面する。社会の動態的な変化に応じて目指すべき目的が変われば〈師〉も変わらざるをえない。人びとは自己のモデルを選択するという課題に迫られることになる。そこにさまざまな葛藤が生じる。そのひとつの例に挙げられたのが小説『こゝろ』の先生と友人Kとの関係というわけである。

　このことは，前近代における社会化が，個人の所属する社会（ゲマインシャフト的関係）に〈定着〉することが目的であるのに対し，近代における社会化の多くが個人の所属する社会から産業社会（ゲゼルシャフト的関係）へと〈離脱〉することが目的であることを示してもいる。産み込まれた血縁・地縁社会に如何にうまく適応するかではなく，産み込まれた血縁・地縁社会から離陸して如何にゲゼルシャフト的関係に適応してゆくかが，社会化の課題となるのである。

　そして，二次的社会化においては，モデルと個人との関係（＝師弟関係）が，一次的社会化における親子関係のように，コントロールする力や内面化しようとする価値や技能つまり習得しようとする目標の達成度や獲得の水準においてはっきりとした差の存在を常に前提とすることにはならない。作田の示すケースのようにライヴァルという関係を同時的に蔵していたりする。その結果として師弟関係が壊れたりあるいは逆転することもあるという不安定な特徴を有する。社会化の目的も担い手も，ともに与えられるよりは選択できるほうが個人

の自立にとってよいことかもしれない。しかし，そのことで生まれそして増幅するアンビヴァレンスやディレンマは，前近代社会では経験しなかったものであり，近代になってわれわれが対峙しなければならない課題として登場したというわけである。

　こうして見ると，前近代の社会化パターンと近代の社会化パターンの異同は，一次的社会化と二次的社会化の異同に対応しているようでもある。前近代において一次的社会化と二次的社会化への移行は連続的であり，近代においては，それは不連続となるということである。だから，前近代において二次的社会化を強いて論ずる必要は無く（一生をゲマインシャフト的関係のなかで過ごす），近代において二次的社会化を論ずることが重要となる（ゲマインシャフト的関係からゲゼルシャフト的関係へ移る）。ルース・ベネディクト（Benedict 1938）やマーガレット・ミード（Mead 1961）の発達の連続（＝前近代）／不連続（近代）という議論にもつながる。すなわち子どもから大人への移行の不連続性であり，子ども期の誕生や青年期の発見などは，この議論に関わるものであろう[5]。

　さらに議論を展開すれば，この不連続の生ずる転換点（transition point）は，青年期のみの出来ごとではない。転換点は人生において何度も生じうるというのがライフコース論の見方であろう。後期近代あるいは高度近代社会においては，転換点はいつでも何回でも生じうるのである。したがって，作田の示した師弟関係はひとつに限らない。さまざまな時点で〈師＝社会化の担当者〉が変わる（選択し直す）だろうし，それが転換点となる。人びとのライフコースは人生の諸段階での選択の積み重ねと見られるのと対応している。

　さらには，個人は，同時的に複数の〈師＝社会化の担当者〉と関係を結ぶこともおおいにあるだろう。そこにアンビヴァレンスやコンフリクトが生じて，その調整や総合が，個人の二次的社会化の中心的な課題となるだろう。個人は時間的にも空間的にもさまざまな社会化システムに複合的に参入しそして離脱していく存在となる。そして，複合的な社会化の担い手は模倣や同一化の対象というより（であると同時に），自己形成にとってのいわば人間関係的資源とな

る。どのような段階でどのような社会化の担い手と関わるか（誰を社会化の担い手あるいは師とするか）という調整（coordination）問題が重要となり，そして価値観の総合が社会化の大きな課題となるだろう。

このように作田の問題提起は，社会化論の枠組についての議論を多いに刺激するものである。節を改めてその枠組を整理して検討しよう[6]。

3．一次的社会化と二次的社会化の対比

社会化が営まれている場を〈社会化システム〉と呼ぶことにする。行為の相互連関としての社会システムのひとつであるが，とくにそこでの相互作用を通した個人の価値観や行為の変化あるいは自己形成に注目して，この語を用いる。

3-1．時代による一次的社会化と二次的社会化の類型化

前節で述べた近代以前と近代以降の社会化について，類型的に整理すれば表6-1のようになる。前節で記したように作田は近代における二次的社会化の重要性を指摘した。表では，右下の次元である。表1でわかるように，類型Ⅰは，家族・親族関係や地域関係のなかに固定され，持続的関係が目指される過程である。類型Ⅱは，一次的社会化の社会関係から離脱して異なる関係に参入する移動のプロセス，転換点（transition point）の経験が重要となる（注4を参照）。たとえば，ヒラリー・クリントンの"It takes a village"（1996）を想起すればよい。彼女は，子どもたちの養育環境として，〈村〉つまり全人格的人間関係にもとづく社会システムが必要であると説いている。そこで基本的信頼と自信を得て，それを携えることによって，流動的で競争的な現代の激動する社会において自立した個人としての活躍が期待できるとする。

しかし，現代アメリカ社会では，子どもたちの養育環境として大切なその〈村〉が危ない。それをかつての〈村〉でなく，現代の新しい〈村〉として再構築しなければならないという問題関心から，各地の産育風俗を紹介したり諸々の先行研究に触れたり，自己自身の家族の人間形成の経験を紹介しながら

表6-1　社会化の類型

	一次的社会化	二次的社会化	
Ⅰ　近代以前	ゲマインシャフト的関係	＝　同　　左	連続
Ⅱ　近代以降	同　　上	→ゲゼルシャフト的関係	不連続

表6-2　近代の社会化の２つの類型

	一次的社会化	二次的社会化	
Ⅱ　前期近代	ゲマインシャフト的関係	→ゲゼルシャフト的関係	不連続
Ⅲ　後期近代	同　上　の　危　機	⇒　同　上　の　激　化	断絶

議論しているのである。その意味では，現代社会の類型としては，後期近代の類型Ⅲが提起される。一次的社会化の環境としてのゲマインシャフト的関係の危機ということになる。このことをどうするか，われわれ社会に課せられた喫緊の課題である。彼女は言う。「子どもたちの養育は，未来の社会のためのもっとも重要な投資である」と。表6-2の左下のセルに注目するのである。

　一次的社会化と二次的社会化の両者の関係に注目すれば，類型Ⅰは〈連続〉，類型Ⅱは〈不連続〉となる。類型Ⅲでは，一次的社会化のゲマインシャフト的関係が危うくなり，核家族のなかで母親が孤立して子育てを担っていることが多く，その単純な環境と子どもたちが巣立って行く先の激動する複雑な社会とは大きな隔たりがあるという意味で〈断絶〉と表現しうる。この〈断絶〉的な両者の間を移動することの困難は大きいだろう。この困難への対処について，ここでは議論を展開しないが（これまでの渡辺の諸論文を参照されたい。たとえば，渡辺1997aおよび1997b)，すぐに気づくのは，一次的社会化の環境を複雑化することである。つまり，核家族における母親独占的な子育てを如何に相対化するかということになる（二次的社会化の複雑性は増しこそすれ，単純化への変化はありえない）。社会の複雑さには社会化の複雑さで対処するのがよいということで

ある。

3−2．一次的社会化と二次的社会化の対比的特徴

　ミードは，役割取得の過程すなわち個人の社会化過程において相互作用をする他者として，社会化初期の重要な他者（significant others）とそれに続く段階における一般化された他者（generalized others）とを区別している。しかし，この両者は発達段階によって完全に入れ替わるというより，並行して存在しながら前者に後者が加わり，そして後者が徐々に優勢になっていくと考えてよいだろう。このような意味での対比的な特徴分けを一次的社会化と二次的社会化との間で行ってみたのが表6-3である。一次的社会化の特徴から二次的社会化の特徴に変化するもの，一次的社会化の特徴に二次的社会化の特徴が加わるもの，とある。また，二次的社会化が優勢になる時期は同時ではなく，特徴を示す指標（表の左側）によってズレがあることも当然である。

表6-3　一次的社会化と二次的社会化の対比的特徴

	一次的社会化	二次的社会化
近代家族／産業社会	子ども期の発見	職業・労働の社会化
社会化システムへの所属	固定（定位家族が中心）	移動／複合的所属
エージェントとの出会い	所与（親が中心）	目標の選択と意思決定
エージェントとの関係	適応（同調／逸脱）・従属	交渉（協同と対抗）・対等
社会化のパターン；システムの閉鎖性と開放性	参加的社会化（所属集団）	予期的社会化（準拠集団）開放的システム
関係の質； 関係性のタイプ； 関係の強さと志向	生得的（ascribed）； 集団； 強い紐帯・bonding	獲得的（achieved）； ネットワーク； 弱い紐帯も・bridging も
支持のタイプ	密着的支持； Supportive attachment	分離的支持； Supportive detachment
役割取得する他者	重要な他者	一般化された他者
葛藤のタイプ；	役割内葛藤；親子の問題 役割間葛藤；両親間の問題	役割内葛藤；師弟関係 役割間葛藤（革新と異端）
ライフコース／高齢社会	持続と変化；　コンボイ道連れ	二次的社会化の長期化

表6-3の各行を簡単に説明しよう。
1) 一次的社会化自体を意識的に問題にするのは近代になってであり，近代家族を場としてである。子ども期が固有の時期として発見されるのである。他方，産業社会の勃興で，労働や職業のための教育が学校の制度化とともに営まれるようになったが，これは二次的社会化の典型といえるだろう。
2) 個人が経験する一次的社会化は，彼が生み込まれる定位家族（family of orientation）において始まるのが一般である。それは与えられたもので持続的である場合が多い。そこでまずその集団の価値や文化を学習する。二次的社会化では，家族から巣立って参加する市民社会や職業世界に移動し，そこでさまざまなシステムに出会う。
3) 社会化の担い手＝エージェントは，一次的社会化では家族・親からはじまり，それは所与として子どもの前に現れる。青年期になるに連れて個人のアスピレーションに応じて社会化の担い手は選ばれることが増えていく。エージェントとの関係は一次的社会化では，力において差があり期待に応えるか否かの適応的社会化が優勢であるが，二次的社会化においては適応とは別にエージェントとの交渉過程を経ることも出てくる。自己社会化の過程であり，同調よりも適切な意思決定が問われるだろう。
4) 社会化のパターンとして，参加的社会化（participant socialization）と予期的社会化（anticipatory socialization；将来を見越した社会化，ともいう）という分け方がある。前者は，所属集団の期待に沿って価値や行動パターンを学習する過程。後者は，まだ所属していないが，将来参加しようとする集団の価値や行動パターンをあらかじめ学習する過程である。移行期が近づくとこの過程が求められるようになるだろう。学生が夏休みに職場で学習するインターンシップがこの例となろう。この予期的社会化がうまくいくかどうかは，離脱するシステムと参入しようとするシステムの開放性が大きな規程要因になる。システムに関する情報にあらかじめアクセスできることが条件となる。秘密組織などは予期的社会化は困難であろう。

5）社会化の担い手や社会化システムとの関係のあり方を整理すれば、生得的な関係と獲得的な関係をまず区別しうる。さらに社会化システムには、境界が明確な集団と関係の流動性を含むネットワーク的システムがあるだろう。また、社会化の担い手との関係には強い紐帯と弱い紐帯がありうる。前者は親子関係における愛情や信頼の獲得という過程、後者は変化のための新しい情報の獲得には適合的であろう。Bonding という強い絆、bridging という外部との架橋、どちらも社会化関係には有用である。

6）支持のタイプには、乳児期の持続的密着的関係におけるサポートから、思春期からの子どもの主体性を尊重した少し離れたところからのサポートへと徐々に移行するものと期待される。

7）役割取得する他者は、ミードの重要なる他者と一般化された他者という枠組で周知である。次節を参照のこと。

8）社会化の過程における葛藤やアンビヴァレンスはさまざまである。社会化の担い手と個人との葛藤＝役割内葛藤があると同時に、複数の社会化の担い手の異なる価値や期待のもとでの個人の葛藤＝役割間葛藤がある。二次的社会化の段階では後者がよりいっそう増えるだろう。ある社会化の担い手から見れば逸脱であっても、社会全体から見れば、それは革新や異端となって社会を揺さぶり動かす動因にもなる。二次的社会化が社会への適応ではなく、社会の変革につながる可能性にも注目しなければならない。

9）最後に、高齢社会の進展は、個人の長期の人生全体を追うことがますます必要となる。人生の同行者や道連れとしてのコンボイ（Plath, 1980=1985）などの概念や再帰的自己概念を駆使する議論の展開が現代社会の課題となる。

　社会化を議論する指標は以上に限らず、ほかにもさまざまにありうるが、ここに挙げただけでも一次的社会化と二次的社会化とを対比することの意味を示すことができたのではないだろうか。[7]

4．社会化研究と現代社会学

　現代社会学において，計量的な実証研究の分野で「社会化」概念が用いられるのは，たとえば階層研究において，社会化のエージェントを説明変数とし，個人に配分された地位あるいは個人が獲得した地位（教育達成や職業達成）を被説明変数とする枠組などを考えれば違和感は無い。地位達成モデルにおいて，親の階層と当人の階層とを付き合わせるモデルを配分モデル（allocation model）と称するのに対し，それらに親の期待や当人のアスピレーションという変数を付加したものを社会化モデル（socialization model）と呼ぶこともある。

　他方で，生活史的な研究や理論社会学の分野においては，あまり使われなくなっているようである。ただ，双方の社会学的営為がパラレルに，つまり交わることなく続けられてよいのだろうか。この点は検討を要するだろう。双方の相互浸透をどのように図っていくかは，これからの社会学のひとつの課題であると思われる。社会化概念の重要性については，ギデンズの教科書，『社会学』の議論を参照しておきたい。ギデンズは，社会化を十分な紙幅を用いて取り上げた章の終わりに，〈社会化と自由〉という項を立てて，両者の関係について説明する。少し長くなるが引用したい。本章の最後に，社会化についての議論や探求を放棄してはならないことを確認したいのである。

　「……生まれた時から死に至るまで他の人たちとの相互行為に加わっているという事実は，たしかにわれわれのパーソナリテイと保持する価値観，従事する行動を条件づけている。けれども，社会化はまた，われわれの個性や自由そのものの源泉ともなるのである。社会化の過程で，われわれはめいめいが，自己のアイデンテイテイの認識と，独立した思考と行動をおこないうる能力を発達させていくのである。

　この点は，言語学習の事例によって容易に例証できる。われわれは誰ひとりとして自分が子どもの時に学習する言語を，自分で発明するわけではないし，

また誰もが言語の慣用語法が有する一定の規則によって拘束されている。しかしながら，同時にまた言語を理解することは，われわれの自己自覚と創造性を可能にする基礎的要因のひとつである。……」(Giddens 1989=1992: 86)

さらには，少し古くなるが中村雄二郎（1977）の以下の文章も引用しておこう。中村は，「自己とその基盤をなすもの」という章の最後に「関係性・場所・役割」という第3項を立て，ミードの役割演技や役割ゲームを紹介しながら社会化を説明する。

「G. H. ミードもいうように，さまざまな役割を次々に演じることによって，子供はさまざまなわれ—汝関係のなかで，相手の役割期待に応えるように振舞うことを身につけるのである。さまざまの社会的な役割関係，われ—汝関係を内面化するようになるのである。だが，さまざまな役割関係を内面化し，役割期待に応えて振舞うようになることは，社会のうちに捲きこまれ繰りこまれることにはならないだろうか。自己が失われる，あるいは少なくとも類型化されることにはならないだろうか。既成観念にとらわれることにはならないだろうか。たしかにそれは一種の社会化ではあるが，社会化によって，子供の曖昧で未分化な自己は限定されるのであり，失われるのではない。一面では既成観念にしたがい，類型化をとおしながら，そうすることによってかえって自己（われ）を明確化するのである。……」(中村　1977：115-116)。

そしてミードのいう役割のゲームにおいては，「……各メンバーはルールにしたがうことによって自由になるのである。……各メンバーはいつでも集団全体の立場に身を置くことが出来るのである。……そのような緊密な関係性をとおして，いっそうわれ（自己）を確立するようになるのである」(同上：117)。「……たしかに或る意味ではその役割は，人々の，社会の役割期待に応ずるものとしての役割であるだろう。しかし私たちは，それをわが身に引きうけ，それを主体的にのりこえることによって，新しい役割をえらびとることができる

のである……」(同上：118) と。

社会化研究の汲むべき遺産は大きい。

注
1) あるいは，単純に〈子どもの社会化：child socialization〉と〈成人の社会化：adult socialization〉という区別のしかたもある。『新社会学辞典』(1993，森岡清美ほか編，有斐閣) には，「一次的社会化／二次的社会化」という項目があり私が執筆している。私は次のように説明した。「社会化の過程を二つに分け，人生初期の基礎的パーソナリティ構造の形成段階を一次的社会化とよび，これに続く，特定の課題の学習段階を二次的社会化とよぶ。一次的社会化は，一般的な価値志向を模倣や同一化を通して学習する過程であり，二次的社会化は，一次的社会化を基礎に，個人が参加する家族や職場など，個別具体的状況での役割遂行に関連した知識や技能などを学習する過程である（渡辺秀樹）」。定義としては，学習内容の違い：基礎・一般　対　個別・具体，として区分している。社会化の場は，どちらも家族がありうるとしている。比重は前者に重いが，後者にも家族の成員（配偶者や親）としての役割学習などを想定している。また，学習内容の獲得のパターンとして，模倣・同一化を前者とし，役割学習を後者としている。役割の獲得には，交渉や取引も含まれると考え，模倣・同一化という用語は用いていない。
2) 全制的施設とは，通常，軍隊や刑務所を指す。学部2年生の必修科目を受け持っていたとき，映画『カッコウの巣の上で』(1975年，監督　ミロシュ・フォアマン) をほぼ毎年のように学生と観た。映画の舞台である精神病院は全制的施設の典型例である。そこでは幾つもの権力関係の層が絡まり合っている様相が描かれる。学生の感想には，権力の担い手である看護婦長を通して高校時代を思い出したというのもあった。家族も学校も職場も含めてどんな組織であれ，全制的施設の様相を帯びる可能性・危険性を有するということに気づくことが重要であるともいえる。制度的には乳児院が一次的社会化段階における全制的施設の例となるのかもしれないが，孤立的閉鎖的核家族での児童虐待報道を多くみるにつけ，家族こそ，出口のない権力の抑圧状況（＝全制的施設）と呼ばなければならない事態に直面しているのかもしれない。
3) たとえば，若者論では，浅野智彦 (2001)，中年あるいは高齢者世代では，本書の執筆者のひとり，小倉康嗣 (2006) が注目される。小倉 (2006) は，従来の社会化概念の問題性に留意した上で，〈再帰的社会化〉という概念などを提示して，社会化を新たなものに蘇らせようとする試みでもある。
4) アメリカの教科書では，『社会化』を独立した章として紙幅を取って説明する

という場合が多い。たとえば，Brym, R. and J. Lie (2003) では，第4章を『社会化（socialization）』として多面的立体的に論じている（ibid: 91-115）。内容は，「社会的孤立と自己アイデンティティの結晶化」という議論を導入とし，子どもの社会化の諸理論としてフロイトとミードの説明を基礎にして，ピアジェなどその他の理論を紹介する。そして次に，社会化のエージェントとして家族・学校・ピアグループ・マスメディアが取り上げられ，さらに再社会化と全制的施設（total institution）を論ずる。以下，「柔軟な自己（flexible self）」，「子どもの社会化と思春期の社会化のディレンマ」という項が立てられ，子ども期の誕生と思春期の誕生，および今日におけるそれらの諸問題が記されている。

　他方，日本の教科書ではどうだろうか。現代の教科書として定評のある長谷川ほか (2007) を見てみよう。ここでは，社会化は章としても節としても項としても登場しない。「第2章　相互行為と自己」において，ジンメルの概念である〈社会化（社会形成）〉と区別するかたちで〈社会化（学習）〉として，keyword のひとつとして挙げられている（同上：48）。しかし，パーソンズ理論の説明に登場する程度で，重要な概念としては位置づけられてはいない。この章の節立ては，「1　自己・相互行為・社会　○ジンメル」，「2　アイとミー　○ミード」，「3　行為と表現のディレンマ　○相互行為の二面性」，「4　自己の現在」である。内容は，ミードやパーソンズなど Brym, R. and J. Lie (2003) と重なる部分も多いのであるが，それらが〈社会化〉で語られるか，〈自己〉で語られるかが異なる。社会化論と自己論との違いである。日本のなかでは，社会化論から自己論への変化と見ることもできる。その変化を拒否するわけではないが，社会化概念にこだわることで，社会化研究の豊かな遺産を十分に組み上げておく作業は不可欠であるだろう。

　なお，ギデンスの教科書（Giddens, A., 1989=1992）では，第2部（Chap.2; Culture, Society and the Individual.）の第3章「社会化とライフサイクル」として社会化が登場して説明されている（Giddens, 1989=1992: 60-88.）。ギデンズの教科書は，版を重ねて，構成を少しづつ変化させている。

5）ゲマインシャフト的関係とゲゼルシャフト的関係は，同時的に存在すると同時に，支配的な関係が前者から後者へと歴史的に推移するとして論じられて来た。ここでは，社会化の場における関係の発達的な変化として，前者から後者への移行を論じている。たとえば，浅田次郎の小説『鉄道員（ぽっぽや）』(1997，集英社) は，幌舞の駅から通学した子ども時代が，そこから巣立った後の競争的な職業的人生を支えていることを描いている。前者はゲマインシャフト的関係が支配し，後者はゲゼルシャフト的関係が支配している。幌舞の駅から通学した子どもと〈ぽっぽや〉との会話の部分を引用しておこう。「いや，本当なんです。俺，ずっとがんばってこれたのは，おっちゃんが雨の日も雪の日も，幌舞のホームで俺らを送り迎えしてくれたね。うまく言えんけど，俺，お

っちゃんにがんばらしてもらったです」,「そんなことで北大に入れるものかね。上級職の試験だっておめえ．．．」,「だから俺，うまく言えんけど，みんなそうだと思うよ。東京に出た連中だってみんな，おっちゃんのことを忘れてやしないから」(同上：31)。これもしかし，前期近代の話である。小説では，子どもたちが集団就職してゆく時代だから，昭和30年代後半から40年代にかけてということになる。次節も参照のこと。
6) もう一人，社会化とくに二次的社会化に注目した代表的な社会学者は鶴見和子である。鶴見(1998)を参照のこと。
7) インターネットなどICTの進展のなかで，社会化の担い手との関係も変化し，一次的社会化と二次的社会化の対比的特徴に変更を加える必要も出てくるだろう。

【参考文献】

浅野智彦，2001,『自己への物語論的接近』勁草書房.
Benedict, R., 1938, "Continuities and Discontinuities in Cultural Conditioning", *Psychiatry*, 1: 161-167.
Brym, R. and J. Lie, 2003, *Sociology ; Your Compass for a New World*. Thomson Learning.
Cliuton, H. R., 1996, *It takes a village*, Simon & Schuster.
Coser, R. L., 1975, "The Complexity of Roles as a Seedbed of Individual Autonomy", in Coser, L. A., (ed.), *The Idea of Social Structure : papers in honor of Robert K. Merton*, Harcourt Brace Javanovich, 237-263.
Giddens, A., 1989, *Sociology*. Polity Press.（初版が1989，その訳は松尾ほか訳，1992,『社会学』而立書房．現在，原書は第6版，訳書は第5版まで刊行されている）
長谷川公一・浜日出夫・藤村正之・町村敬志，2007,『社会学』有斐閣.
井上俊ほか編，1996,『岩波講座 現代社会学 ライフコースの社会学』岩波書店.
Mead, M., 1961, *Coming of Age in Samoa*. Morrow.（= 1976, 畑中幸子・山本真鳥訳『サモアの思春期』蒼樹書房）
Merton, R. K., 1957／1968 (enlarged edition), *Social Theory and Social Structure*, Free Press.（1957年版の翻訳は，= 1961, 森ほか訳『社会理論と社会構造』みすず書房）
中村雄二郎，1977,『哲学の現在――生きること考えること』岩波新書.
野沢慎司，2009,『ネットワーク論に何ができるか――「家族・コミュニティ問題」を解く』勁草書房.
小倉康嗣，2006,『高齢化社会と日本人の生き方――岐路に立つ現代中年のライフストーリー』慶應義塾大学出版会.

Plath, D. W., 1980, *Long Engagements : maturity in modern Japan*, Stanford Univ. Press.（＝ 1985, 井上俊・杉野目康子訳『日本人の生き方；現代における成熟のドラマ』岩波書店）
作田啓一，1980,「思想の言葉」『思想』1980.9, 80-81.
鶴見和子，1998,『コレクション鶴見和子曼荼羅Ⅲ　知の巻　社会変動と個人』藤原書店.
渡辺秀樹，1997a,「家庭の養育環境の複雑性と単純性」『教育と医学』7月号，44-50.
渡辺秀樹，1997b,「社会化とフェミニズム」『教育社会学研究』vol.61, 25-37.
渡辺秀樹，2000,「変化する社会のなかの親と子」兵庫県家庭問題研究所編『家族研究』3：13-26.

【さらに学びたい人のための読書案内】

　本章では，基本的文献を紹介したい．いずれも社会化研究を刺激する宝庫である。訳本のあるものは，訳本のみを示す.

アリエス，1960：1980, 杉山光信・杉山恵美子訳『〈子供〉の誕生』みすず書房.
　　子どもが近代になって発見されたことを，さまざまな資料を駆使して描いてみせた．子どもは，大人の世界から区別されて家族と学校に囲い込まれ，愛情と教育の対象として独自の時間と空間を過ごすようになった．アリエス以前／以降と呼ばれるほど，大きなインパクトを持った書である．しかし注目されるようになったのは，原書が出て 10 年以上の後のことだった．
プラース，1980：1985, 井上俊・杉野目康子訳『日本人の生き方――現代における成熟のドラマ』岩波書店.
　　インタビューを通して個々人の人生の物語を活き活きと描いた．人生全体を視野に入れるライフコース論的視点で記述されている．コンボイ（道連れ），コンソシエイトなどのキーワードを用いて，家族を越えた人びとが諸個人の人生にかかわっていることを示す．読み物としておもしろい．
宮島喬・島薗進編，2003,『現代日本人の生のゆくえ――つながりと自律』藤原書店.
　　筆者自身も参加したプロジェクトの成果．20 世紀末，100 人を越える中年期の男女へのインタビューに基づく考察．一次的社会化だけでなく，二次的社会化の経験が語られ，さまざまな視角から考察が加えられる．日本版『心の習慣；Habits of Heart』（R. N. ベラー，1985：1991, みすず書房）ともいえる．読み比べてみるのもよいだろう．
ミード，1934：1973, 稲葉三千男・滝沢正樹・中野収訳『精神・自我・社会』青木書店

シンボリック相互作用論の古典である。社会化論の基礎となる文献．I と me, significant others/generalized others, role-play/role-game, taking the role of others など基本的な概念の原典による確認をしておくことを薦める．難解ではあるが，いったんミードの世界に入り込めば，知的刺激はたいへん豊かである．

第7章 非行のリスク要因としての家族
―― 心理学の立場から ――

小保方　晶子

　子どもの非行の原因や背景として家族が指摘されることは多い。たとえば、内閣府の世論調査（2011）による「最近の少年非行は、どのような少年が起こしていると思うか」では、「保護者が教育やしつけに無関心な家庭の少年」を挙げた者の割合が55.9％と最も高く、次いで「家庭にも学校にも居場所がなく孤立している少年」（44.4％）、「保護者などから虐待を受けたことがある少年」（36.2％）とつづく。内閣府の「非行原因に関する総合的研究調査（第4回）」（2012）においても、「親に問題があるから」と答えた人が74.7％と最も多かった。学術研究においては、非行の「原因としての家族」、「更正の場としての家族」が検討されてきた（藤間　2011）。とくに、前者については、社会変動と関連し、核家族化や欠損家庭、親子関係の希薄化、過保護が、非行の原因として追究されてきた。非行の背景要因として、家族の社会経済的地位がある。しかし、直接的には家族関係の影響が大きいと考えられる。非行は青年期に増加する。中学生、高校生の時期は、身体的変化などさまざまな発達的変化があり、親子関係、友人関係も変化する。青年期の非行の増加には、発達課題も関連していると考えられる。

　本稿では、青年期の不適応行動として非行を取り上げ、これまで心理学において明らかになってきた非行のリスク要因、防御要因としての家族について述べ、子どもの非行に家族がどのように関わっているのか整理したい。

1．青年期の子どもの不適応行動

　青年期の子どもの不適応行動は、内在的問題と外在的問題の主に2つに分けられる。内在的問題とは、不安や抑うつといった感情、情緒の問題として内的

に示されるものである。外在的問題とは，攻撃的行動や非行など逸脱した顕在化した行動として示されるものである。青年期には抑うつや非行などの問題が増加する。内在的問題と外在的問題は重なる場合もある。

1―1．非行の定義

少年法に規定された非行の定義は，次の3つが該当する。(1) 14歳（刑事責任年齢）以上20歳未満の少年による犯罪行為，(2) 14歳未満の少年による触法行為（刑罰法令に触れるが，刑事責任に達していないため刑事責任を問われない行為），(3) 20歳未満の少年の虞犯である[1]。この他に，喫煙，深夜徘徊，家出など警察の補導対象となる不良行為や，学校での暴力行為や問題行動なども広義には非行に含まれると一般的に理解されている。本稿では，広義に非行を捉え，上記で述べた行為がある少年のことを，広い意味で非行少年として以下述べていく。

1―2．青年期と非行

非行は青年期に増加する。警察庁（2012）のまとめによると，平成24年度上半期の刑法犯少年の検挙人員は3万1,232人であり，年齢別の構成比は，14歳が21.5％，15歳が22.9％，16歳が21.6％を占め，14歳から16歳がピークである。その後，18歳になるとかなり減少する。学職別にみると，平成17年上半期以降，人員，人口比とも，中学生が高校生を上回っている。成人と比較すると，人口比（同年齢層人口1,000人当たりの検挙人員）は，少年が4.3で，成人1.0の4.3倍である（警察庁　2012）。少年の方が成人よりもかなり比率が高く，非行が青年期に頻発していることがわかる。なぜ，非行が青年期という時期と密接に関係するのか，なぜその後，成人期に達すると劇的に減少するのか，この問いに対して明確な答えはでていない（Coleman and Hendry 1999）。たとえば，Hirschi（1969=1995）は，法律の遵守行動を促すための社会的絆が青年期は他の時期に比べて弱くなることで説明している。また，思春期・青年期に非行に陥りやすい理由として，家族や学校という枠組みからはずれて，自分なり

の価値観を獲得しようと模索する際に，規範意識が脆弱になるとの指摘もある（辻村　2010）。しかし，この問いに対して，研究者の見解は一致していない（Coleman and Hendry 1999）。

非行には性別が関連している。平成24年度上半期の刑法犯少年を男女別にみると，男子が82.1％，女子が17.9％で男子が圧倒的に多い（警察庁　2012）。男子と女子では非行の開始時期と終了時期でも違いがある。女子の方がやや開始が早く，ピークも早く，終了時期も早い傾向がある。この変化は，発達を通しての役割や期待の違いを反映しているという指摘もある（Smith 2003）

1－3．非行のタイプ

非行には2つのタイプがある。Moffitt and Caspi（2001）は，非行を青年期限定反社会性タイプと，ライフコース持続反社会性タイプに分類している。青年期に非行のある人の多くは，逸脱行動が青年期に限定される。青年期の少年にとって，いくつかの非行行動への関与は，発達的に正常で，一般的で，一時的なものであり（Moffitt and Caspi 2001），やがてしなくなる。青年期限定反社会的タイプは，青年期に非行が開始され，一時的に逸脱行動に関与する。だが一方で，非行少年のなかには，幼い頃に逸脱行動を開始し，生涯を通して継続するものがいる。ライフコース持続反社会性タイプの場合，問題行動の開始が児童期であり，生涯にわたって反社会的な行為を比較的高い頻度で続けていく。このタイプの子どもの方が多動，衝動的，情緒不安定，注意散漫，極端な攻撃性という兆候がみられる。子どもの頃から扱いにくい気質があり，そうした子どもに対する反応として，不適切なしつけが親から引き出されると理解されている。数は青年期限定反社会性タイプの方が圧倒的に多い。

2．非行のリスク要因と防御要因

なぜ，犯罪が青年期という時期と関わるのか答えは出ていないが，青年期の問題行動と正の相関がみられ，問題行動を予測するいくつかのリスク要因が明

らかにされている。リスク要因は非行の原因とは分けられる。リスク要因は問題行動の開始，継続，悪化を予測するものである（DHHS 2001）。また，リスク要因は子どもの年齢によっても変化する。

　リスク要因はひとつの要因だけで働くものではない。いくつかの要因が重なった時に問題行動が促進される。より多くのリスク要因にさらされるほど，その後の問題行動のリスクは高くなる。リスク要因は孤立してあるものではなく，まとまって存在している。たとえば，虐待やネグレクトのある子どもは，暴力，薬物使用，犯罪の多い不利な地域に，単身の親と貧しい家庭で暮らしている傾向がある（DHHS 2001）。

　リスク要因は，固定的な要因と動的な要因に分けられる。固定的なリスク要因は修正不可能で，経歴の変数（たとえば，最初の犯罪の年齢，逮捕歴）や人口統計的変数（たとえば，ジェンダーや人種）が含まれる。これらは介入には適していないが，予測効果が高く，長期間での累犯の可能性を評価するのに役立つ。動的リスク要因は修正可能で直接的な介入に適しており，薬物乱用や，逸脱した友人といった変数が含まれる（DeMatteo and Marczyk 2005）。リスク要因を明らかにすることは，将来の子どもの非行の出現の防止や介入に役立つ。そのため，研究成果に基づいてリスク・アセスメントが行われている。

　防御要因は将来的に非行が発現する統計的確率を低減させる要因であり，将来の非行と負の相関関係をもつ要因である。非行の防御要因については，リスク要因以上に研究知見の蓄積が不足しているが，リスク要因と拮抗し，リスク要因が存在しても交互作用によって非行の発現を抑えることが期待される要因である（小林　2008）。

2―1．非行のリスク要因としての家族

　リスク・アセスメントは，子どもの反社会的行動に関与するリスクを検討しているものであるが，その項目には，子どものアセスメント項目の他，家族のアセスメント項目がある。つまり，子どもの将来の非行を予測するものとして

家族が評価される。Child Development Institute（2001）による『反社会的行動のある子どものリスク・アセスメント・リスト』の家族の項目では，子どもが経験した，あるいはしなかった養育，サポート，助言，励まし，しつけなどの程度に主に関連があるものが評価されている。具体的な項目には，世帯の状況（社会経済的地位），養育者の継続性，サポート，ストレッサー，養育のスタイル，反社会的な価値観と行為がある。治療応答性項目においても，家族の治療応答性が評価されている（CDI 2001）。

　本稿では，家族のリスク要因について整理するが，非行のリスク要因には，家族の要因のほか，衝動性やセルフコントロールの低さなど個人の要因，逸脱した友人の存在など友人の要因などが存在する。たとえば，アメリカの保健福祉省が，暴力のリスク要因を縦断研究結果に基づいてメタ分析をした報告書のリスク要因の領域には，個人の要因，家庭の要因，学校の要因，友人関係の要因，地域の要因がある（表7-1）。表7-1のリスク要因は効果量の大きいものから順に並んでいる。児童期には家族の要因が大きいが，青年期になると友人の要因が大きくなることがわかる（家族の要因には編みがけをしてある）。

　心理学だけでなく，社会学の分野においても，子どもの非行への家族の影響は指摘されてきた。たとえば，社会学のテキストである『少年非行：社会学的アプローチ（*Juvenile Delinquency : A sociological Approach*)』では，家族と非行について，働く母親，単親家庭，社会経済的地位，家族のサイズと出生順位，家族の相互作用，親のしつけから整理している（Thompson and Bynum 2010）。

2-2．家族の要因

　多くの研究で家族と非行の関連が検討されてきている。家族の要因では，親の不安定さ，一貫しないしつけ，子どもへの監督が乏しいこと，親から子への愛着の弱さ，子どもへの虐待／ネグレクト，家族内葛藤が多いこと，親の子どもへの関わりが低いこと，両親の犯罪性などが非行のリスク要因である。とくに，家族の要因で強いリスク要因は，家族内の暴力（eg., Dembo et al. 2000），親

表7-1　15歳から18歳の暴力の児童期，青年期のリスク要因

児童期のリスク因子（age6-11）	効果量（r=）	青年期のリスク因子（age12-14）	効果量（r=）
大きな効果量　Large Effect Size（$r > .30$）			
非行前歴　General offenses	0.38	社会的絆の弱さ　Weak social ties	0.39
薬物使用　Substance use	0.30	反社会的，逸脱した友人　Antisocial, delinquent peers	0.37
		ギャングへの加入　Gang membership	0.31
中程度の効果量　Moderate Effect Size（$r = .20 - .29$）			
男性　Being male	0.26	非行前歴　General offenses	0.26
低い社会経済的地位／貧困　Low family socioeconomic status/poverty	0.24		
反社会的な親　Antisocial parents	0.23		
攻撃性　Aggression **	0.21		
小さい効果量　Small Effect Size（$r < .20$）			
精神状態　Psychological condition	0.15	精神状態　Psychological condition	0.19
多動性　Hyperactivity	0.13	落ち着きのなさ　Restlessness	0.20
親子関係の悪さ　Poor parent-child relations	0.15	集中の困難さ Difficulty concentrating **	0.18
厳しい，緩い，一貫しないしつけ　Harsh, lax, or inconsistent discipline	0.13	リスクテイキング　Risk taking	0.09
社会的絆の弱さ　Weak social ties	0.15	親子関係の悪さ　Poor parent-child relations	0.19
問題（反社会的）行動　Problem (antisocial) behavior	0.13	厳しい，緩い，一貫しないしつけ　Harsh, lax discipline; poor monitoring, supervision	0.08
テレビ暴力への接触　Exposure to television violence	0.13	親の関与の低さ　Low parental involvement	0.11
学校での態度の悪さ，成績の悪さ　Poor attitude toward, performance in school	0.13	攻撃性　Aggression **	0.19
医学的，身体的問題　Medical, physical	0.13	男性　Being male	0.19
IQが低いこと　Low IQ	0.12	学校での態度の悪さ，成績の悪さ　Poor attitude toward, performance in school	0.19
他の家族の状況　Other family conditions	0.12	学業の失敗　Academic failure	0.14
崩壊家庭　Broken home	0.09	身体的暴力　Physical violence	0.18
親からの別離　Separation from parents	0.09	地域の犯罪，薬物　Neighborhood crime, drugs	0.17
反社会的態度，信念　Antisocial attitudes, beliefs		地域社会の解体　Neighborhood disorganization	0.17
不正直なこと　Dishonesty **	0.12	反社会的な親　Antisocial parents	0.16
親からの虐待　Abusive parents	0.07	反社会的態度，信念　Antisocial attitudes, beliefs	0.16
ネグレクト　Neglect	0.07	対人犯罪　Crimes against persons	0.14
反社会的な仲間　Antisocial peers	0.04	問題（反社会的）行動　Problem (antisocial) behavior	0.12
		IQが低いこと　Low IQ	0.11
		崩壊家庭　Broken home	0.10
		低い社会経済的地位／貧困　Low family socioeconomic status/poverty	0.10
		親からの虐待　Abusive parents	0.09
		他の家族の状況　Other family conditions	0.08
		家族葛藤　Family conflict **	0.13
		薬物使用　Substance use	0.06

** は男子のみ

出所）Youth Violence: A Report of the Surgeon General, Department of Health and Human Services, 2001

の監督不行き届き (eg., Hawkins et al. 2000), 反社会的な両親 (DHHS 2001) である。多くの研究においてこれらの3つの要因は, 一貫して子どもの将来の非行と関連していることが示されている (eg., Hawkins et al. 2000)。家庭内のリスク要因も, 累積効果がみられ, 家族にリスク要因が多ければ多いほど, 反社会的行動が顕著である (Loeber and Stouthamer-Loeber 1986)。

家族の肯定的な影響はリスクの高い人のなかの一部の人にとって, 防御要因である (eg., Kumpfer and Alvarado 2003)。したがって, いちじるしい家族の混乱がないことは, 非行の可能性に関係した防御要因である。家族関係の温かさ, 親と子どもの強い愛着, 子どもの行動への親の監督の高さ, 行動の明確で一貫した規範を示すことは, 非行の防御要因である。(Melton et al. 1997)。

日本においても, 先行研究において, 親子関係の問題と非行とが関連していることが示されている。たとえば, 内閣府青少年対策本部の過去4回にわたる「非行原因に関する総合的研究調査」では, 子どもの非行化の要因として親子関係の問題が指摘されている。最新の「非行原因に関する総合的研究調査 (第4回)」(内閣府青少年対策本部 2012) においても, 非行少年は一般少年と比較して, 家庭環境に問題があること, とくに親とのコミュニケーションが取られていないこと, が指摘されている。

(1) 社会経済的地位

非行のリスク要因として, 社会経済的地位の低さがあり, 貧しい家庭環境と非行との関連が指摘されている。社会学的アプローチでは, 社会経済的地位が非行の背景要因として検討されている。自己申告データからは, 非行がすべての階層に存在していることが明らかになっている。しかし, 低い階層の子どもは, 中流家庭や上流家庭の子どもより逮捕率が高い。これらについて, 家族の社会的階層の違いは, 家族内で経験する社会化の過程や (Thompson and Bynum 2010), 価値観に影響を及ぼしていることが指摘されている (Bandura and Walters 1959)。

社会経済的地位と非行との関連は, 親の子どもとの関係によって媒介されて

いるという指摘もある。Sampson and Laub（1994）は，経済の困難さは直接ではなく親の不安定さを通して子どもの行動に影響をもつことを明らかにし，親の3つの特徴，厳しく気まぐれなしつけ，監督の不行き届き，親から子への愛着の弱さを指摘している。社会経済的地位は，両親の収入の他，両親の教育達成や職業も関連している。学校での学業の失敗は，非行のリスク要因であるが，両親の学業達成が低いと子どもの勉強をサポートすることが出来ず，子どもの学校不適応のリスクが高くなるといえる。社会経済的地位が低いと，貧しい地域に住む確率が高くなる。それらの地域は暴力の多い地域であることが多い。また，社会的経済的資源が限られていることは，非行のリスク要因である両親のストレス，子どもへの虐待やネグレクト，親子関係の悪さ，家庭の崩壊に影響がある（DHHS 2001）。さらに，親の子どもへの監督が低くなることもある。社会経済的地位は，これらの側面を通じて，子どもの非行に影響を及ぼしていると考えられる。

(2) セルフコントロールと家族

非行の個人のリスク要因としてセルフコントロールの低さがある。Gottofredson and Hirschi（1990=1996）は犯罪や多くの犯罪類似行為の原因としてセルフコントロールの低さを指摘している。セルフコントロールとは，短期的な欲求充足を我慢し，長期的な目標に向かって努力できる自制心のことである。そして，高いセルフコントロールをもつためには，幼少時における子どもへの監督や逸脱行動の確認など，家庭でのしつけが重要であり，セルフコントロールは年齢に影響されないと指摘している。つまり，親によるしつけはセルフコントロールを媒介し，子どもの将来の非行の可能性に影響がある。

(3) 親による暴力

家族の暴力，親による監督の乏しさが，非行の強い予測要因であることが明らかにされている。配偶者虐待や児童虐待のあった子どもは，暴力が少ない家族の子どもよりも暴力行動に関わることが多い。たとえば，虐待された子どもやネグレクトされた子どもは，そうでない子どもより，暴力犯で38％多く逮

捕される傾向があった（Widom 1989）。先行研究は，子どもの虐待から少年犯罪への道筋があることを明らかにしており，とくに，身体的虐待と子どものネグレクトは，のちの少年犯罪の強い予測要因である（Stewart, Dennison and Waterson 2002）。

日本の調査では，国立武蔵野学院（2000）は1999年に全国の児童自立支援施設に入所している児童を調査し，その6割が虐待を受けた子どもであるといった結果を発表した。来栖と吉田（2002）は少年院在院者に対する被害経験の実態調査を行い，その70％以上の者が家族以外および家族から何らかの被害経験があったことを報告している。家族からの被害の方が，家族以外からの被害よりも非行性との関連が強いという。虐待と非行の関連については，社会的学習理論による子どもが暴力を学習するという説明や，非行行動が虐待からの回避行動である（橋本 2004）という解釈がある。橋本（2004）によれば，家出等は虐待から逃れるための適応行動であるが，それが繰り返されるうちに，非行へと移行していく。

(4) **親による監督**（本論では，モニタリングやスーパバイズを監督と訳す。）

親による子どもへの監督が限られていることは，非行のリスク要因であり，親による監督があることは非行の防御要因である。Wells and Rankin (1988) は青少年の行動を注意深く監視するといった親による直接的統制が，愛着や肯定的な親子関係といった間接的統制と同じくらいに非行に影響を与えるとしている。親の監督の欠如は，逸脱した友人との関連の中で重要になってくる。Kim, Hetherington, and Reiss (1999) は，逸脱した仲間の選択は家族機能不全と青年期の反社会的行動をつなぐ媒介であり，親の監督の欠如はこのプロセスにおいて重要であることを指摘している。放課後を1人ではなく，仲間と親の監督が相互作用の中で過ごすことは，児童期中期と青年期の反社会的行動を予測する（Flannery, Williams and Vazsonyi 1999）。親による監督は友人の影響を調整するのに重要であり，親による監督の欠如は青年期は逸脱した友人と結びつけるものとして重要なリスク要因となる。よい監督とは，子どもの友人関係を

知っていること，子どもが家にいない時，どこにいるか，何をしているか知っていることである。さらに，子どもがネガティブな影響と，ネガティブな活動にさらされることを統制する明確な制限とルールの交渉と，これらがやぶられたことへの対応に対する親のやる気とその対応が上手なことが含まれる（Patterson 1982）。

　単親家庭と非行の間には因果関係が存在すると考えられていた。しかし，その後の研究で，単親家庭と非行の相関は疑似相関であり，監督の欠如などの変数が媒介することが示されている（Thompson and Bynum 2010）。また，働く母親と非行の関連についても，働く母親の子どもは監督される時間が短くなることが指摘されており，同様の解釈がなされている（Thompson and Bynum 2010）。

　親による監督については，親による監督よりも子どもの自己開示こそが問題行動に結びつく重要な変数である（Stattin and Kerr 2000）との指摘もある。つまり，監督は親が率先して行うものではなく，子どもから親へと向かって流れるコミュニケーションである。先行研究から，親による暴力や親の監督の欠如が青年期の非行のリスク要因になることは確かである。

　縦断研究の積み重ねにより，将来の非行を予測するリスク要因が実証的に明らかにされてきている。リスク要因の多様さと累積効果については明らかにされているが，リスク要因同士の関連についてはまだ検討の余地がある。今後，非行の発生に関わる各々のリスク要因の相互作用が明らかにされることが必要であるだろう。

3．中学生の非行傾向行為のリスク要因

　現在の日本の非行について概観してみると，刑法犯少年の7割が初発型非行である。日本の非行の特徴として，欧米で問題となる非行行動と比較し，軽度の非行が多く占めていること，年齢は年少者が多いことがあげられる。非行は深化していくとの指摘もあることから，中学校に通う子どもたちの問題行動に焦点を当てることは，非行の初期段階での予防や抑止につながると考えられる。

中学校に通う子どもが行うタバコを吸うなどの行為を対象として検討を行った研究からは，非行傾向行為のある子どもたちは，親子関係が親密でない，親による監督が低い，親による暴力が多いなど，親子関係に問題があることが明らかになっている。親子関係が非行傾向行為に及ぼす影響は，学年が低いほど強い。一方で，中学生の場合，非行のある友人がいることの影響が強いことも明らかになっている（小保方・無藤　2005a）。

　中学生の非行傾向行為の開始を縦断的に検討した結果，中学生が非行に関わることには，親子関係が親密でないなどの家庭の問題，セルフコントロールの低さなど個人の要因に加え，非行のある友人の存在，さらに学校を楽しいと感じる気持ちが減少する場合に，促進されていた（小保方・無藤　2005b）。

　また，非行傾向行為は「友人同調型」と「抑うつ型」の2つにタイプが分かれた。共通の要因として，親子関係の問題やセルフコントロールの低さが要因として働く。「友人同調型」の場合，親子関係には問題があるが，友人関係は良好であり，友人への同調行動などがリスク要因として働く。開始時期が中学校であることが多く，友人の影響が強く働く。非行のある友人がいる非行の場合，家庭の問題が多いため，非行のある友人との間に居場所を求めてつながっていると考えられた。「抑うつ型」の場合，親子関係の問題の影響がより大きい。加えて友人関係も親密でなく対人関係にも問題がある。早期に非行を開始し，抑うつなど個人の問題が関連していることが多い（小保方・無藤　2006）。

　つまり，非行にはいくつかのタイプがあり，タイプによってリスク要因が異なる。家族のリスク要因も異なる。非行のリスク要因の大きさは，学年によって異なるように，子どもの年齢によっても変化する。介入の際には，各々のタイプ，子どもに合わせて関わる必要があるだろう。

4．なぜ非行と家族の関連が検討されるのか

　心理学は，非行のリスク要因を明らかにしてきた。また，心理学の他，社会学，文化人類学など近接領域も非行について家族からアプローチをしてきた。

非行の原因を探る際に、なぜ家族の要因が検討されるのだろうか。

　第1に、家族は子どもの社会化に重要な役割を担っていると考えられている。社会化とは、個人が特定の文化の適切な態度、価値観、信念、行動を学び、内面化するプロセスである。社会化は生涯に渡るプロセスであるが、家族は、社会化の重要なエージェント（担い手）の役割を果たし、多くの人にとって、最も関わりの深い最初のエージェントである。子どもの初期の態度、価値、信念は家族成員から学ぶことが多い。また、家族は子どもの家族外での影響をすべてコントロールすることは出来ないが、子どもの社会化に影響を与える家族外の主なエージェントの空間を形成するのに重要や役割を果たしている。つまり、子どもが最初に遊ぶ集団、居住地、さまざまな経験は家族によって方向づけられることが多い（Thompson and Bynum 2010）。

　社会化のプロセスのなかでも、家族はロールモデリングとしての役割を担っている。社会的学習理論は、社会的役割の学習の重要な部分は、観察と、その後の同一化と模倣を通してなされるとしている。子どもの社会化の主な部分は、日々のやりとりの中で、両親やきょうだいを観察することで成り立っている。反社会的な親や親の犯罪は子どもの非行のリスク要因であるが、これは、子どもが親の暴力を学習するためと考えられている。子どもが小さい頃、子どもは家族と多くの時間を過ごす。そこで、親やきょうだいの行動、態度、価値観、信念を学び、身につけていく。

　第2に、子どもの発達にとって、身近な周囲の人との愛着の形成は非常に重要なものと考えられている。子どもが最初に愛着をもつ相手は、養育者、家族であることが多い。Hirschi（1969=1995）は、愛着など社会的絆のないことが、非行の原因であると理論化している。家族については、親や家族等の身近な人や集団に対する愛着や帰属意識の強さが、人が非行に走らない理由であり、これらが弱まると非行に関わりやすいとしている。つまり、「親を悲しませたくない」「親に迷惑をかける」という思いが、子どもの非行の抑止として働く。青年期に入ると友人と過ごす時間が長くなり、友人の影響が強くなる。この時

期に，親子の絆が希薄である場合，友人との間に居場所を求め，とくに友人の影響を受けやすい。反社会的な態度をもった友人がいた場合，急速にその価値観を身につけていくと考えられる。

　非行の背景要因として，家族の社会経済的地位がある。社会学の分野では，非行の階層や貧困を指標として，非行と家族の問題が指摘されることが多い。しかし，これまで述べてきたように，社会経済的地位は，家庭内の親子関係や，学校や地域での友人関係に媒介し，子どもに影響を与えている。これらの媒介要因が，子どもの非行への社会経済的地位の影響を単純な単線的なものでなくしている。そして，媒介要因である親による子どもへの監督などの家族内の問題が非行に与えている影響が明らかにされることで，非行に対する介入の余地を示唆することを可能にしている。

　最後に，一般的に非行の原因として，家族が指摘されることは多い。しかし，非行のリスク要因は多様であり，家族の要因の他，さまざまな要因が重なった時に子どもの非行が促進される。介入の際にも，家族だけを悪者にするのでない支援が求められる。

注
1）虞犯とは，①保護者の正当な監督に服しない性癖があること，②正当な理由がなく家庭に寄り付かないこと，③犯罪性のある人若しくは不道徳な人と交際し，またはいかがわしい場所に出入りすること，④自己または他人の徳性を害する行為をする性癖があること，のうちいずれかの事由があって，その性格または環境に照らして，将来，罪を犯し，又は刑罰法令に触れる行為をするおそれがあると認められる行状のことをいう。

【参考文献】
Bandura, Albert, and Richard H. Walters, H., 1959, *Adolescent aggression.* New York: The Ronald Press.
Child Development Institute, 2001, *Early Assessment Risk List For Boys Earl-20B Version2, For Girls Earl-21-G Version1.*（= 2012, 本田隆司監訳『反社

会的行動のある子どものリスク・アセスメント・リスト：少年版 EARL-20B, 少女版 EARL-21G』明石書店.）
Coleman, John C., and Leo B. Hendry, 1999, *The Nature of Adolescence* (3th ed), London: Routledge.
DeMatteo, David, and Geoffrey Marczyk, 2005, "Risk factors, protective factors, and the prevention of antisocial behavior among juveniles," in Heilbrun, Kirk, Sevin Goldstein, Naomi E. and Richard E. Redding eds., *Juvenile delinquency : prevention, assessment, and intervention*, Oxford: Oxford universe press.
Dembo, Richard, Wothke, Werner, W., Shemwell, Marina, Pacheco, Kimberly, Seeberger, William, Rollie, Matthew, Schmeidler, James and Stephen, Livingston, 2000, "A structural model of the influence of family problems and child abuse factors on serious delinquency among youths processed at a juvenile assessment center," *Journal of Child and Adolescent Substance Abuse* 10: 17-31.
Department of Health and Human Services, 2001, *Youth Violence : A Report of the Surgeon General*. Rockville, MD: Auther.
Flannery, Daniel J., Williams, Laura L., and Alexander T. Vazsonyi, 1999, "Who are they with and what are they doing? Delinquent behavior, substance use, and early adolescent'after-school time," *American Journal of Orthopsychiatry* 69: 247-253.
Hawkins, David J., Herrenkohl, Todd I., Farrington, David P., Brewer, Devon, Catalano, Richard F., Harachi, Tracy W. and Lynn Cothern, 2000, *Predictors of youth violence. Juvenile Justice Bulletin*. Washington, DC: U.S. Department of Justice, Office of Justice Programs, Office of Juvenile Justice and Delinquency Prevention.
藤間公太，2011,「「非行と家族」研究の展開と課題—背後仮説の検討を通じて」『慶應義塾大学大学院社会学研究科紀要』72：71-87.
Gottfredson, Michael R. and Travis Hirschi, 1990, *A general theory of crime*. Stanford, CA: Stanford University Press.（= 1996, 松本忠久訳『犯罪の基礎理論』文憲堂.）
橋本和明，2004,『虐待と非行臨床』創元社.
Hirschi, Travis, 1969, *Causes of delinquency*. Berkeley CA: University of California Press.（= 1995, 森田洋司・清水新二監訳『非行の原因—家庭・学校・社会のつながりを求めて』文化書房博文社.）
警察庁生活安全局少年課，2012,『少年非行等の概要』警察庁.
Kim, Jungmeen E., Hetherington, Mavis E. and David Reiss, 1999, "Associations among family relationships, antisocial peers, and adolescents externalizing

behaviors: Gender and family type differences," *Child Development* 70: 1209-1230.

小林寿一編，2008，『少年非行の行動科学―学際的アプローチと応用』北大路書房.

国立武蔵野学院，2000，『児童自立支援施設入所児童の被害経験に関する研究』国立武蔵野学院.

Kumpfer, Karol L. and Rose Alvarado, 2003, "Family-strengthening approaches for the prevention of youth problem behaviors," *American Psychologist* 58: 457-465.

来栖素子・吉田里日，2002，「少年院在院者の被害経験に関する調査(1)」『犯罪心理学研究』39, 特別号：12-13.

Loeber, Rolf, and Magda Stouthamer-Loeber, 1986, "Family factors as correlates and predictors of juvenile conduct problems and delinquency," Morris, M & Tonry, M eds., *Crime and justice*: Vol.7. Chicago: University of Chicago Press

Melton, Gary B., Pertrlia, John, Poythress, Norman, G., and Christopher Slobogin, 1997, *Psychological evaluations for the courts : A handbook for mental health professionals and lawyers* (2nd ed.). New York: Guilford Press.

Moffit, Terrie, E., and Avshalom Caspi, 2001, "Childhood predictors differentiate life-course persistent and adolescence-limited antisocial pathways among males and females," *Development and Psychopathology* 13: 355-375.

内閣府，2011，「少年非行に関する世論調査」
http://www8.cao.go.jp/survey/h22/h22-shounenhikou/2-1.html

内閣府青少年対策本部，2012，「非行原因に関する総合的研究調査（第4回）」
http://www8.cao.go.jp/youth/kenkyu/hikou4/pdf_index.htm

小保方晶子・無藤隆，2005a，「親子関係・友人関係・セルフコントロールから検討した中学生の非行傾向行為の規定要因および抑止要因」『発達心理学研究』16：286-299.

小保方晶子・無藤隆，2005b，「中学生の非行傾向行為の先行要因：1学期と2学期の縦断調査から」『心理学研究』77：424-442.

小保方晶子・無藤隆，2006，「中学生の非行傾向行為の2つのタイプ」『日本発達心理学会第18回大会論文集』270.

Patterson, Gerald R., 1982, *A Social leaning approach* : Vol.3. *Coercive family process*. Eugene, Or: California.

Sampson, Robert, and John Laub, 1994, "Urban poverty and the family context of delinquency," *Child development* 63: 523-540.

Stattin, Hakan, and Margare Kerr, 2000, "Parental monitoring: A reinterpretation" *Child Development* 71: 1072-1085.

Stewart, A., Dennison, S., and E. Waterson, 2002, *Pathways from child*

maltreatment to juvenile offending. *Trends and issues in crime and criminal justice*. Canberra, Australia: Australian Institute of Criminology.
Smith, Devorah G., 2003, "Prevention of antisocial behavior in females," Farrington, David P. and Jeremy W. Coid, ed., *Early Prevention of Adult Antisocial Behavior*. Cambridge Studies in Criminology, 292-317
辻村徳治，2010，「非行・犯罪と家族危機」日本家族心理学会編『家族にしのびよる非行・犯罪：その現実と心理援助』金子書房，2-13.
Wells, Edward L. and Joseph H. Rankin, 1988, "Direct parental controls and delinquency," *Criminology* 26: 263-285.
Widom, Cathy S., 1989, "The cycle of violence," *Science* 244: 160-166.
Thompson, William E. and Jack E. Bynum, 2010, *Juvenile delinquency : A sociological approach*. Boston: Person.

【さらに学びたい人のための文献紹介】

小林寿一編，2008，『少年非行の行動科学——学際的アプローチと応用』北大路書房．
　　非行の定義や動向，非行少年の処遇の流れ，非行の理論などの基礎から，家庭裁判所，少年院など各臨床現場における実践まで幅広く学ぶことができる．第2章において非行のリスク要因について触れられている．
Thompson, William, E. and Jack E. Bynum, 2010, *Juvenile delinquency: A sociological approach*. Boston: Person.
　　非行について社会学の立場からまとまっているテキストである．非行の定義，アメリカにおける動向，非行の理論など幅広く網羅されている．Chapter 2では，非行への社会学的アプローチについてまとまっている．Chapter 9において，家族と非行について学ぶことができる．
法務省，2012，『平成24年度版　犯罪白書』
　　http://hakusyo1.moj.go.jp/jp/nendo_nfm.html
　　第3編において「少年非行の動向と非行少年の処遇」がまとまっている．最新の非行少年の送致件数や件数の増減など時代による変化を知ることができる．また，少年院など各現場における非行少年の処遇について詳しく知ることができる．
内閣府青少年対策本部，2012，『非行原因に関する総合的研究調査（第4回）』
　　http://www8.cao.go.jp/youth/kenkyu/hikou4/pdf_index.htm
　　非行少年と学校に通う一般少年に対して調査を行い，家族関係，友人関係，生活状況などを比較して分析を行っている．過去3回（1977年，1988年，1998年）の調査との比較から時代による変化も知ることができる．
Heilburn, Kirk, Sevin Goldstein, Naomi, E. & Richard E. Redding, eds., 2005.,

Juvenile delinquency : Prevention, assessment, and intervention, Oxford: Oxford University Press.
　非行のリスク要因だけでなく，学校など各現場における介入についてもまとまっている．第2章において，非行のリスク要因，防御要因についてまとめられている．

第3部 構築される家族,ジェンダー,セクシュアリティ

第8章 構築主義的家族研究の可能性
―― アプローチの空疎化に抗して ――

松木　洋人

1．構築主義的家族研究の動向を振り返る

　構築主義は，2000年前後に日本の社会学やその隣接領域において，知的流行となった。当時，構築主義は，さまざまな対象が「実は社会的に構築されている」ことを指摘する立場として，一種の新鮮さをもって受け止められていた。そして，このような動向のなかで，家族社会学においても，構築主義的な家族研究の持つ可能性が関心を集めていた（田渕　2000）。

　現在，社会学でもその隣接領域でも，構築主義の流行はすでに終わっている。しかし，この流行の終息は構築主義という視点がもつ可能性を充分に汲みつくしたうえで生じたことだっただろうか。本章では，構築主義の流行が終息した現時点から，とくに2000年代以降の構築主義的家族研究の動向を振り返る[1]。これを通じて，構築主義的アプローチが家族社会学研究に対して今なおどのような独自の貢献をなしうるものであるかをあらためて提示することが目的である。

2．構築主義の現状：受容と拡散

　社会的構築という用語が広く使われるようになるのは，P.バーガーとT.ルックマンが，知識社会学の対象の日常的知識への拡張を試みる『現実の社会的構築』(1966=1977)を刊行して以降のことである[2]。その後，この用語はまず社会学の中で広まり，1970年代後半までには，ニュース・科学・逸脱・社会問題という4つのトピックの社会学的分析において，構築主義的な考えかたは当たり前のものとなったという(Best 2008)。たとえば，社会問題の社会学では，社会問題の「実態」ではなく，人びとが「クレイム申し立て活動」によって社

会問題を構築する過程を研究することが提唱され（Spector and Kitsuse 1977=1990），その提唱に沿った多くの経験的研究が生み出されることになる。

さらに，社会学の中で，ジェンダー・セクシュアリティ・人種などより多様な対象の社会的構築について論じられるようになるのに加えて，社会的構築というアイデアは社会学を越えて，政治学・心理学・人類学・歴史学などの他領域にも広がっていく（Best 2008）。そして，このように社会的構築や構築主義という用語が拡散するにつれて，これらの用語は多くの論争や誤解を生み，しだいにその意味するところが曖昧になっていった。[3]

2008年に刊行された『構築主義的研究ハンドブック』を例にとれば，編者であるJ. グブリアムとJ. ホルスタインは序章において，構築主義を「色とりどりのモザイク」（Gubrium and Holstein 2008: 4）にたとえて，「今や構築主義は誰のものでもあり，そして，誰のものでもない」（Gubrium and Holstein 2008: 4），あるいは，「構築主義という用語は，実際のところ，あらゆるものを意味すると同時に，何も意味しなくなった」（Gubrium and Holstein 2008: 5）と述べている。実際，このハンドブックでは，9つの領域における構築主義，6つの研究法と構築主義の関係などがそれぞれひとつの章を立てて論じられている。また，「社会学における構築主義」（Harris 2008a）を扱った論文では，「客観的構築主義」と「解釈的構築主義」とが区別され，後者に限っても，E. ゴフマン，H. ベッカー，M. ポルナーら，必ずしも構築主義の視点を採用すると述べているわけではない多様な立場の社会学者による議論がそこに含まれている。日本の社会学においても，従来は本質主義的に把握されてきたジェンダー・セクシュアリティなどの構築性を明らかにすることの政治的効果に重きを置く「政治的構築主義」と社会問題の構築主義から大きな影響を受けて，経験的な社会学研究の方法論としての側面に重きを置く「方法論的構築主義」との2つに分断されながら構築主義は受容されてきた（北田 2003）。

要するに，「現実が社会的に構築されている」という認識が受容されるにつれて，そのことをどのように研究の対象とするのかについてますます多様なオ

プションが存在するようになった。グブリアムとホルスタイン（2008）は構築主義の多様化状況を踏まえつつ，構築主義的研究の共通性を ①「何が構築されるかの実践的作用とどのように構築プロセスが展開するかを扱う」（Gubrium and Holstein 2008: 5）こと，そして，② より実証主義的な研究で支配的な「なぜ」の問いには慎重であることに求める。そのうえで，①「何」と「どのように」の問いのどちらを重視するか，② 分析が「ミクロな相互行為」と「マクロな文脈」のどちらの水準に向けられているかによって，構築主義的研究の多様性が生じているとの整理を行っている。以上のような状況を構築主義的研究の広がりを示すものとして肯定的に評価するにせよ，この視点がもつ独自性の喪失として否定的に捉えるにせよ，現在，構築主義という用語の外延がかなり曖昧で誤解を招きうるものになっていることは確かであるように思われる。

3．構築主義的家族研究の現状
3―1．アプローチの空疎化

　家族研究の領域においては，同様の事態が，しかしいくらかねじれたかたちで生じている。構築主義的家族研究の代表例として挙げられるのは，グブリアムとホルスタイン（1990=1997）による研究である。彼らは家族を人びとの解釈活動から独立して存在するものではなく，人びとが日常生活のさまざまな側面に意味を付与するために用いる観念・イメージ・術語の集合として研究することを推奨している。世帯内に限らずあらゆる場面で，人びとが家族についての言説を用いてどのように現実を構築しているのかを経験的に理解することが彼らの研究の主な目的である（松木　2001）。

　その後，構築主義的なアイデアは家族研究の中でも一定の受容がなされるようになる。たとえば，*Journal of Marriage and Family* に掲載された論文で「社会的構築」あるいは「社会的に構築された」という言葉を使用しているものの数は，1970年代は4本のみであったが，1980年代には25本，1990年代には49本に増加したという（Best 2008）[4]。同時に，家族研究における構築主義

は，グブリアムとホルスタインのような方向性をもつものだけでなく，ポストモダニズム（Doherty 1999）や自己反省的なテクストの書き方（Knapp 2002）とも関連づけられるようになり，構築主義的家族研究についてもその意味の拡散が生じているといえよう。

　しかし，このような受容と拡散に加えて，構築主義的家族研究については，とくに2000年代以降，その流行が終息する中で，アプローチの空疎化と呼ぶべき事態が生じていると考えられる。つまり，社会問題の社会学などの他領域における構築主義の展開と比較して，構築主義的家族研究は経験的研究の蓄積が乏しい。2000年代以降に，構築主義的アプローチを明示的に実践する研究例として挙げられるのは，「結婚の平等」の意味の構築を扱ったS. ハリス（2006）による一連の研究の他には，そう多くはない（e.g. Pyke 2000; Kitzinger 2005）。

　日本の家族社会学においては，1990年代後半から，当時の家族社会学内部でのいわゆる主観的家族論（田渕　1996）への関心と社会学全体における構築主義の流行を背景として一定の注目を集めることになり，いくつかの実践例も登場する（e.g. 池岡ほか　1999）。その後，家族社会学で用いられている分析視角を集めた論集において1章が割かれたり（鮎川　2001），入門書の中で言及されたりすると同時に（矢原　2001；田渕　2009），後述するように家族定義を論じる文脈において批判を受けてもいて（土屋　2002；久保田　2010），構築主義的アプローチは日本の家族社会学の中でその一角を占めるものとして定着したようにも思われる。しかし他方では，構築主義的アプローチの実践例として挙げられる家族研究は，2000年代以降，数少ない例外を除いて（e.g. 鈴木　2004；木戸　2010），ほとんど増えていない。木戸（2011）は過去20年間の家族社会学における質的研究の動向を回顧する中で，質的データを分析する研究は増えたものの，その理論的背景や分析枠組みが明示されていない研究が多く，方法論をめぐる議論が充分ではないことを指摘している。この指摘からも，家族社会学における質的研究の増加が構築主義の視点を採用する研究の増加につながって

はいないことが読みとれる。

3－2．政治性をめぐる批判

また，2000年代以降の日本の家族社会学において，構築主義的家族研究は家族定義を論じる文脈で批判を受けてきた。構築主義的家族研究は専門的な家族定義を留保したうえで，人びとによる家族定義の過程に焦点を当てる（木戸2010）。しかしこの試みが，専門的な家族概念とそれに基づく研究が有する抑圧性に対する抵抗の試みとして不充分であることが批判の対象になる（土屋2002）。たとえば，同居の事実やケア責任の存在によってペットも家族であることが説明されるなど，人びとによる家族定義が画一的な家族言説を参照して行われることが，「再び抑圧的な家族論へと帰結する回路を開く」（土屋2002：11）と主張される。久保田（2010：16）も家族定義について論じるなかで，客観的な家族定義の不可能性を主張する構築主義的家族研究が，当事者が家族と定義するものが家族であるという家族定義を研究者自身が採用したに過ぎないという意味で「無自覚な対象同定」を行っており，自覚的に家族を定義することを放棄することによって，「対象同定にかかわる研究者の恣意性と政治性を隠蔽」してきたと指摘している。

ただし，このような批判の背景には，先述したような構築主義という用語の拡散があることに注意する必要がある。つまり，ここでは，「方法論的構築主義」を出自とする研究が「政治的構築主義」的な含意を読み込まれることによって，その政治性の不充分さを問題化されている。しかし，実際には構築主義的家族研究は，専門的な家族定義による抑圧への抵抗の試みでもなければ，家族定義の政治性を批判の対象としようとするものでもない。それらはあくまで，社会生活の一部としての人びとによる家族の定義活動の経験的な考察を目的とするものである。

したがって，政治性が不充分であるという批判は，内在的な批判としては成立していない。次節で述べることとも関連しているが，人びとによる家族定義

のしかたが画一化しうるということは,それ自体がこのアプローチの分析的関心の対象なのであって,その限界や問題点を示すものではありえない。また,専門的な家族定義を留保して家族言説を研究対象とする「自覚的な」方法論上の選択は,久保田(2010)が言うような家族を定義することの政治性の隠蔽につながるものではなく,むしろ専門家も含めた人びとによる家族定義が,どのような参与者間の「記述のポリティクス」の中から生じてくるかを明らかにすることを可能にしている(Gubrium and Holstein 1990=1997)。言い換えれば,これらの研究は,家族を定義するという実践がいかにその定義が行われる状況に埋め込まれているかを示すことによって,個々の家族定義の政治性の内実に経験的な記述を与えようとするものであるとも捉えられる[6]。

以上のように,構築主義的家族研究は,構築主義の流行の中で注目を集め,その存在や発想こそある程度は受容されたものの,現在は分析アプローチとして空疎化した状態で,政治的な観点から外在的な批判を受けてもいる。かつて田渕(1998:80)は,「家族に人々がどのような意味を付与しているのか,という問いは,家族研究および家族理論を豊かにしていく様々な実証研究を導いていく可能性を持つように思われる。観念的な議論にとどまらずに多くの実証的知見を積み上げていくことが,これからの研究が果たすべき課題であるに違いない」と述べていたが,その後,この課題が達成されたとは言い難いのが現状である。

4. 構築主義的家族研究の可能性

しかし,流行とその終息が経験的研究の蓄積が行われないままに生じたということは,構築主義的な視点を家族という対象に適用する意義が乏しいことが明らかになった結果として流行の終息が生じたのではないということでもある。むしろ,家族に関わる現実が言説と相互行為を通じて社会的に構築されるという発想は,いまだその追求がほとんど実行されていないままのさまざまな経験的研究の可能性を提示し続けている。以下では,中河(1999)による構築主義

的な社会問題研究が焦点を当てる対象の範囲（タイムスパン）についての整理を参考にしつつ，2000年代以降の関連する研究例にも言及しながら，この可能性を3つの水準に分けて提示することを試みる。

　第1の水準は，「家族をめぐる相互行為の分析」である。この場合，分析の対象になるのは，一続きの相互行為である。世帯の内外にかかわらず，また家族成員どうしの相互行為であるか否かにかかわらず，家族に関わる事柄が相互行為の参与者にとって重要性を持つ場面において，それらの意味がどのように組み立てられるのかが記述される。グブリアムとホルスタイン（1990=1997）は，精神障害を抱える患者の措置入院を審理する場面において，患者が入院して家族から切り離されることを防ごうとする医師と精神病者がトラブルを引き起こす可能性に関心をもつ判事とが患者の家族を対照的なしかたで構築する様子を記述している。

　この水準に関連する研究としては，医療専門職と家族の相互行為（樫田・寺嶋　2003），友人どうしの孫についての会話（Raymond and Heritage 2006），子育て広場での母親どうしのやりとり（戸江　2008, 2009, 2012），家族での食事（Butler and Fitzgerald 2010）などをエスノメソドロジー的な相互行為分析の手法を用いて分析する研究の蓄積がある。これらの研究は，「親」や「子ども」などの家族に関わるアイデンティティとさまざまな権利・義務との結びつきが相互行為の展開とどのように関わっているのかを詳らかにするものであり，必ずしも家族の意味の構築を主題とするものではない。しかし，そこで用いられているエスノメソドロジーや会話分析の手法を参照して，家族の意味が相互行為的に構築される過程を詳細に分析することは，有意義な知見をもたらしうるだろう。たとえば，C. キッジンガー（2005）は，病院の診療時間後に医師の往診を求める電話（after hours medical call）の分析を行っている。彼女はこの会話の中で電話のかけ手や患者がどのような言葉で指示されるかに注目することによって，医師は電話のかけ手が患者の配偶者や親であるとわかるとかけ手と患者が同居していると想定することや，幼い子どもについて電話をしてくる大人

第8章 構築主義的家族研究の可能性　　131

は子どもの親であると想定することなどを指摘している。このように，会話における一見したところ些細な表現の使用のされかたを詳細に分析することを通じて，異性愛的な核家族という規範的な家族定義が相互行為的に構築される過程が明らかにされる[7]。

　第2の水準は，「家族の構築のエスノグラフィー」である。家族やそれに関連する組織・機関へのフィールドワークを通じて，家族に関わる事柄の意味の構築のありようが複数の場面を横断するかたちでエスノグラフィックに記述される。グブリアムとホルスタインの家族研究のかなりの部分は，ナーシングホームやセルフヘルプグループなどの制度的場面における家族の構築の記述から成り立っている。また，木戸 (2010) も社会福祉法人のフィールドワークを通じて遭遇した高齢の母親と重度の障害をもつ成人子の家族を事例に取り上げて，母親の支援者であるか息子の支援者であるかの立場の違いによって，母親の状態が息子の在宅生活を支えうるものであるか否かについて対照的な定義が行われる様子を描き出している[8]。

　最後に第3の水準は，「家族言説の歴史社会学」である。これは書籍などの公刊資料，公刊されていない各種の文書記録をデータとして，相対的に長いタイムスパンの中で，家族に関わる概念および概念間の関係の普及・変容・消滅を描く研究である。この水準に位置する研究は，第1と第2の水準の研究が個別の「ケース」の構築を扱う傾向にあるのに比べて，一般的な「状態」の構築を対象とするところに特徴がある (cf. 中河　1999)。たとえば，ある特定の家族の問題が母親の子どもへの過干渉を原因とするものと説明される過程を扱うのではなく，「母親の子どもへの過干渉が家族に問題をもたらす」という概念の連関自体が新しく生み出されて，流通・変化していく過程が扱われることになる[9]。

　この水準の研究には，第1と第2の水準が充分に社会学的な研究領域でありながらも主流の家族社会学とはオルタナティブな関係にあるのに対して，家族社会学と家族変動への関心を共有して，独自の示唆を与える可能性がある。ホ

ルスタインとグブリアム（1995）が，現代社会では，私的領域における経験の定義や解釈が各種の専門機関やセルフヘルプグループなどの外部領域においてますます達成されるようになる「脱私事化」が進行していると論じていたように，構築主義的家族研究はときとして一種の家族変動論としての側面をもってきた。近年では，ハリス（2008b）が，家族の「客観的多様性」と「解釈的多様性」を区別したうえで，構築主義を後者，つまり，家族的な関係性の意味の与えられかたの多様性に注目するものと位置づけている。また，木戸（2010：40）も，「構築主義の立場からの現代の家族変動へのアプローチ」を，「人々の経験を秩序づけるそのロジックの詳細な分析を通じて，家族をめぐる規範変容の進み具合を明らかにするもの」と規定したうえで，家族の「実態」が大きく変化しても，家族とケアとの規範的なつながりなどの家族を構築するための資源はそれと同じように変わるものではないことを示唆する。

　これらの議論は，家族に関わる現実の構築のされかたの変化に注目することで，それが現代家族の「実態」についてしばしば指摘される変化とは異なる位相を持ちうることに注目するものである。しかし同時に，これらはあくまで対抗的な仮説の提示にとどまっており，時間的に長いスパンのデータを用いた現実構築の変化の検討が行われてきたわけではない。たとえば，野田（2008）は，100年近くにわたる新聞紙上の離婚相談を分析して，離婚が語られる際の妻の選択性はたしかに増大しているものの，子どもの幸福を犠牲にしての離婚が正当化されることはなく，「子どものため」という論理は現在でも離婚をめぐる批判や正当化の言説資源として有効であり続けていることを明らかにする。つまり，子どもを分析枠組みに入れたとき，現代家族には個人化と矛盾する側面が存在している。[10] 今後はこのようなタイムスパンの長いデータの分析に基づいて，「家族言説の歴史社会学」と家族変動論をリンクすることによって，家族社会学に貢献するような研究の展開が期待される。[11]

　以上の3つの可能性は，これまでの構築主義的家族研究の多くがインタビュー調査によって得られた対象者の語りに基づいて，彼らの家族についての現実

構築のありようを把握しようとするものであったのに対して（e.g. 池岡ほか 1999; Harris 2006）[12]，自然に生起する相互行為の記録や調査者の関与とは無関係に生まれる文書資料を分析データとするものである。むろん，インタビュー調査の構築主義的研究にとっての有用性は否定されるものではない。しかし，相互行為の録音・録画，観察を通じて記述されたフィールドノート，歴史資料といったさまざまなデータが利用可能であるにもかかわらず，既存の研究例のインタビュー調査に基づく研究への偏りが，構築主義的家族研究の幅を狭める結果につながってきたことも確かである。この意味においても，家族社会学における構築主義的アプローチが空疎化からの脱却をめざすうえでは，これら3つの可能性の追求が有力な選択肢となるだろう。

5．構築主義的アプローチの空疎化に抗するために

　以上，本章では，構築主義の流行が終息した現時点から，あらためて2000年代以降の構築主義的家族研究の動向を振り返りながら，その可能性を検討してきた。構築主義的な視点は，主流の家族社会学がほとんど手つかずのままにしている研究領域へのアプローチを可能にするとともに，主流の家族社会学にとって重要な論点に対しても独自の貢献をなしうる。

　にもかかわらず，2000年代以降に生じつつあるのは，アプローチの空疎化である。この空疎化への何よりの抵抗は，個々の研究者が構築主義的アプローチを採用する経験的研究を実践することであるだろう。流行がとっくに過ぎ去った今，それは時代錯誤なふるまいとも映りかねないが，それでも実りの多い試みになりうる。本章が示そうとしてきたのはこのことに他ならない。

注
1）2000年以前の研究については，田渕（2000）および松木（2001）を参照されたい。
2）ただし，J. ベスト（2008）は，1905年にはL. ウォードが現在と同様の用法で社会的構築という言葉を用いていたことを指摘している。

3）構築主義をめぐる論争については、平・中河編（2000）などを参照のこと。
4）ただしこの数値には、『現実の社会的構築』を参考文献に挙げているだけの論文も含まれる（Best 2008）。また、筆者が2012年10月にベストと同じようにJSTORで検索したところ、1970年代は4本、1980年代は23本、1990年代は48本というやや異なる結果が得られた。なお、2000年から2009年までは84件であったが、この検索結果については、*Journal of Marriage and Family* が2004年に年4号体制から年5号体制に移行したことと、2007年以降の収録論文がJSTORのデータベースに充分に反映されていない可能性に注意する必要がある。
5）この土屋（2002）の議論は、岡本（2000）による主観的家族論への批判を継承している。
6）このような家族定義についての視点は、長年にわたって家族社会学において議論が続けられてきた専門的な家族定義に合意を得られないという問題を疑似問題として脱問題化する含意をもつものでもあるだろう（松木 2013）。
7）また近年、イギリスの家族社会学においては、J. フィンチ（2007）が「家族の表示」（displaying families）という分析概念を提唱して注目を集めている。これは、人びとがお互いに、あるいは関係する受け手に対して、自分の行為が家族としての行為であることを伝えて、それによって自分たちの関係が家族関係であると確かめる過程を指す。この概念はさまざまな経験的研究へと適用され始めているが（Dermott and Seymour 2011）、相互行為のなかで家族の意味が伝達される過程に注目するものであり、「家族をめぐる相互行為の分析」とも関心を共有するところがあると思われる。
8）この水準に関連する研究としては、認知症高齢者の家族会のフィールドワークに基づいて家族による認知症の構築を考察する木下（2011）、裁判資料の分析によってDV被害女性が夫を殺害したとされる裁判の過程におけるリアリティ構築が特定の家族規範に依拠していることを論じる大貫・藤田（2012）の研究が挙げられる。
9）もちろん、このように新しい概念の連関が構築され普及することによって、それらが具体的な事例に適用される場面が生じるわけであるから、これら3つの水準は相互に関連している。
10）この水準に関連する他の研究には、田間（2001）による「中絶」カテゴリーと「子捨て」・「子殺し」カテゴリーとの統合・離散についての分析、野田（2006）による「夫婦の不仲」と「親子の不仲」の間に想定される関係の変容についての分析がある。
11）とはいえ、長いタイムスパンをもつデータを使用せずとも、現代的と見なされる家族生活が、現代社会に特有の論理を通じて構築されているのかを検討することによっても家族変動論に貢献する可能性はある。これに関連する試みとして、ステップファミリーを形成する人びとの多くが自らの家族を選択的な関

係性というよりも，子どもを中心に置き，援助と義務を優先する伝統的な共同体と見なしていることを明らかにするJ. リベンス-マッカーシーら（2003）の研究などが挙げられる。彼女たちの研究は，現代家族の変化を選択性の増大によって特徴づけるベック-ゲルンスハイム（1998）などによる議論に言及しながら行われている。
12) この系譜に関連する2000年代以降の研究には，土屋（2002），中川（2012）がある。

【参考文献】

鮎川潤，2001，「構築主義的アプローチ」野々山久也・清水浩昭編『家族社会学の分析視角——社会学的アプローチの応用と課題』ミネルヴァ書房，344-362.

Beck-Gernsheim, 1998, "On the Way to a Post-familial Family: From a Community of Need to Elective Affinities," *Theory, Culture and Society* 15 (3/4): 53-70.

Berger, Peter L. and Thomas Luckmann, 1966, *The Social Construction of Reality: A Treatise in the Sociology of Knowledge*, New York: Doubleday. (= 1977, 山口節郎訳『日常世界の構成——アイデンティティと社会の弁証法』新曜社.)

Best, Joel, 2008, "Historical Development and Defining Issues of Constructionist Inquiry," James A. Holstein and Jaber F. Gubrium eds., *Handbook of Constructionist Research*, New York: Guilford Press, 41-64.

Butler, Carly W. and Fitzgerald, Richard, 2010, "Membership-in-action: Operative Identities in a Family Meal," *Journal of Pragmatics* 42: 2462-2474.

Dermott, Esther and Julie Seymour, 2011, "Developing 'Displaying Families': A Possibility for the Future of the Sociology of Personal Life," Esther Dermott and Julie Seymour eds., *Displaying Families: A New Concept for the Sociology of Family Life*, London: Palgrave Macmillan, 3-18.

Doherty, William J., 1999, "Postmodernism and Family Theory," Marvin B. Sussman, Suzanne K. Steinmetz, and Gary W. Peterson eds., *Handbook of Marriage and the Family, 2nd edition*. New York, Plenum Press, 205-215.

Gubrium, Jaber F. and James A. Holstein, 1990, *What is Family?*. Mountain View: Mayfield. (= 1997, 中河伸俊・湯川純幸・鮎川潤訳『家族とは何か——その言説と現実』新曜社.)

Gubrium, Jaber F. and James A. Holstein, 2008, "The Constructionist Mosaic," Holstein and Gubrium eds., 3-10.

Finch, Janet, 2007, "Displaying Families," *Sociology* 41: 65-81.

Harris, Scott R., 2006, *The Meanings of Marital Equality*. New York: State

University of New York Press.
Harris, Scott R., 2008a, "Constructionism in Sociology," Holstein & Gubrium eds., 231-47.
Harris, Scott R., 2008b, "What is Family Diversity?: Objective and Interpretive Approaches," *Journal of Family Issues* 29 (11): 1407-1425.
Holstein, James A. and Jaber F. Gubrium, 1995, "Deprivatization and the Construction of Domestic Life," *Journal of Marriage and the Family* 57: 894-908.
池岡義孝・木戸功・志田哲之・中正樹, 1999, 「単身生活者による家族の構築――構築主義的な家族研究アプローチの試み」『人間科学研究』12(1): 75-92.
樫田美雄・寺嶋吉保, 2003, 「インフォームド・コンセントに家族はどのように関わっているか――エスノメソドロジー的検討」『社会学年誌』44: 33-55.
木戸功, 2010, 『概念としての家族――家族社会学のニッチと構築主義』新泉社.
木戸功, 2011, 「家族社会学と質的研究」『家族社会学研究』23(2): 150-160.
木下衆, 2011, 「家族会における『認知症』の概念分析――介護家族による『認知症』の構築とトラブル修復」『保健医療社会学論集』22(2): 55-65.
北田暁大, 2003, 「存在忘却?――『二つの構築主義』をめぐって」『歴史学研究』778: 35-40, 62.
Kitzinger, Celia, 2005, "Heteronormativity in Action: Reproducing the Heterosexual Nuclear Family in After-hours Medical Calls," *Social Problems* 52 (4): 477-498.
Knapp, Stan J., 2002, "Authorizing Family Science: An Analysis of the Objectifying Practices of Family Science Discourse," *Journal of Marriage and Family* 64: 1038-1048.
久保田裕之, 2010, 「家族定義の可能性と妥当性――非家族研究の系譜を手がかりに」『ソシオロジ』55(1): 3-19.
松木洋人, 2001, 「社会構築主義と家族社会学研究――エスノメソドロジーの知見を用いる構築主義の視点から」『哲学』106: 149-181.
松木洋人, 2013, 「家族定義問題の終焉――日常的な家族概念の含意の再検討」『家族社会学研究』25(1): 52-63.
中川敦, 2012, 「遠距離介護と同居問題――『なぜ?』はどのように語られるのか」三井さよ・鈴木智之編『ケアのリアリティ――境界を問い直す』法政大学出版局, 137-162.
中河伸俊, 1999, 『社会問題の社会学――構築主義アプローチの新展開』世界思想社.
野田潤, 2006, 「『夫婦の不仲は親子の不仲』か――近代家族の情緒的関係についての語りの変容」『家族社会学研究』18(1): 17-26.

野田潤，2008，「『子どものため』という語りから見た家族の個人化の検討――離婚相談の分析を通じて（1914 〜 2007）」『家族社会学研究』20(2)：48-59.
岡本朝也，2000，「主観的家族論の射程と限界」『家族研究年報』24：21-32.
大貫挙学・藤田智子，2012，「刑事司法過程における家族規範――DV 被害女性による夫殺害事件の言説分析」『家族社会学研究』24(1)：72-83.
Pyke, Karen, 2000, "'The Normal American Family' as an Interpretive Structure of Family Life among Grown Children of Korean and Vietnamese Immigrants," *Journal of Marriage and Family* 62（1）: 240-255.
Raymond, Geoffrey and John Heritage, 2006, "The Epistemics of Social Relations: Owning Grandchildren," *Language in Society* 35（5）: 677-705.
Ribbens McCarthy, Jane, Edwards, Rosalind and Val Gillies, 2003, *Making Families : Moral Tales of Parenting and Step-parenting*. Durham : Sociologypress.
Spector, Malcom B. and John I. Kitsuse, 1977, *Constructing Social Problems*, New Brunswick: Cummings.（= 1990，村上直之・中河伸俊・鮎川潤・森俊太訳『社会問題の構築――ラベリング理論をこえて』マルジュ社.）
鈴木智さと，2004，「国民優生法制定過程における家族言説」『社会政策研究』4：247-269.
田渕六郎，1996，「主観的家族論――その意義と問題」『ソシオロゴス』20：19-38.
田渕六郎，1998，「『家族』へのレトリカル・アプローチ――探索的研究」『家族研究年報』23：71-83.
田渕六郎，2000，「構築主義的家族研究の動向」『家族社会学研究』12(1)：117-122.
田渕六郎，2009，「家族のイメージと実像」神原文子・杉井潤子・竹田美知編『よくわかる現代家族』ミネルヴァ書房，10-19.
平英美・中河伸俊編，2000，『構築主義の社会学――議論と論争のエスノグラフィー』世界思想社.
田間泰子，2001，『母性愛という制度――子殺しと中絶のポリティクス』勁草書房.
戸江哲理，2008，「乳幼児をもつ母親の悩みの分かち合いと『先輩ママ』のアドヴァイス――ある『つどいの広場』の会話分析」『子ども社会研究』14：59-74.
戸江哲理，2009，「乳幼児をもつ母親どうしの関係性のやりくり――子育て支援サークルにおける会話の分析から」『フォーラム現代社会学』8：120-134.
戸江哲理，2012，「会話における親アイデンティティ――子どもについての知識をめぐる行為の連鎖」『社会学評論』62(4)：536-552.
土屋葉，2002，『障害者家族を生きる』勁草書房.
矢原隆行，2001，「『家族』をめぐる語り――人々の視点を用いた家族社会学の可能性」木下謙治編『家族社会学――基礎と応用』九州大学出版会，107-119.

【さらに学びたい人のための文献紹介】

Gubrium, Jaber F. and James A. Holstein, 1990, *What is Family?*, Mountain View: Mayfield.（= 1997，中河伸俊・湯川純幸・鮎川潤訳『家族とは何か——その言説と現実』新曜社．）

　本章を読んで，構築主義的家族研究に興味をもったかたには，まずこの本を読んでいただきたい．アルツハイマー病患者の介護者支援グループの会合や精神病患者の措置入院をめぐる審理など，様々なフィールドを横断しながら，そこで人々がどのように家族言説を用いて現実構築を行っているかを記述している．

木戸功，2010，『概念としての家族——家族社会学のニッチと構築主義』新泉社．

　著者はグブリアムとホルスタインが提示した家族研究の方向性を受け継ごうとする研究者の1人．家族社会学における構築主義的アプローチの理論的・学説史的位置づけを理解するうえで有用である．福祉領域のフィールドワークにもとづいた構築主義的家族研究の実践例も収められている．

松木洋人，2013，『子育て支援の社会学——社会化のジレンマと家族の変容』新泉社．

　構築主義的家族研究に大きな示唆を受けながら，筆者自身が行ってきた研究の成果をまとめたもの．子育て支援に携わる人々が，「家族」や「子育て」に関わるどのような規範的論理を通じて，支援を実践し，経験しているのかを明らかにすることを試みた．

Spector, Malcom B. and Kitsuse, John I., 1977, *Constructing Social Problems*, New Brunswick: Cummings.（= 1990，村上直之・中河伸俊・鮎川潤・森俊太訳『社会問題の構築——ラベリング理論をこえて』マルジュ社．）

　社会問題の「実態」ではなく，人々が「クレイム申し立て活動」によって社会問題を構築する過程の研究を提唱した著作．その後の社会学における構築主義的アプローチの展開の重要なきっかけとなった．

第9章　対話的自己と臨床のナラティブ
——家族の葛藤を乗り越えたある女性の事例から——

瀬地山　葉矢

　「単一の意識はそれだけでは自足的に存在しえない。私が自己を意識し，自己自身となるのは，ただ自己を他者に対して，他者を通じて，そして他者の助けをかりて開示する時のみである。自己意識を組織する最も重要な行為は，他者の意識（汝）との関係によって規定される」（バフチン，1988）

1．変化を促す対話

　誰かに自分の悩みや話しを聴いてもらって，ふと気持ちが楽になった，混乱していた頭の中が少し整理できた，自分では考えもしなかった発想がそこから展開していったという経験をお持ちであろうか。その逆に，話しを聴いてもらおうとしたところ，一方的に相手の体験談や意見を聞かされただけで終わってしまった，かえって気持ちが塞いでしまったということもあるかもしれない。前者の場合，会話する2人の間にいったい何が起こっているのだろうか。そして聞き手の何が，話し手の状態にポジティブな変化をもたらしているのだろうか。

　筆者が日頃携わっている心理療法やカウンセリングでは，自力ではどうにも対処しきれなくなった悩みや問題を抱えたクライエントが，その解決を求めて相談に来られる。そこで，クライエントの問題解決の方法の基本となるのが面接——セラピストとクライエントによる対話——である。通常この面接は，あらかじめ予約された日時と場所で，およそ50分の間行われる。これら日時や場所のほかにも，料金やクライエントの話を口外することを禁じた守秘義務など，面接では原則としていくつかの取り決めをする。こうすることで，面接の場がクライエントとセラピストの双方を守る安全な場所となるからだ。そうし

た日常生活空間とは異なる独特の空間作りは，セラピストとクライエントの関係性の質を維持し高めるため，さらにはセラピーの効果を高めるための環境づくりでもある。

　心理療法やカウンセリングは，単に，クライエントが思う存分話しをしてスッキリするために行うのではなく，クライエントの自己語り，自己理解を進めようとするものである。齋藤（1990）は，治療的対話関係の中で自分を語ることにより，心の内なる支配からの自己救出をはかること，混沌から離脱して自己を創造させていくことが，心理療法の本質的課題だと述べている。自分自身を語る言葉を能動的に発することが，心の内外の圧力によって受動化された状態，心の内なる支配者に翻弄されたあり方から，主体性を回復させるのだとする見方である。

　森岡（2004）は，多様なアプローチをもつサイコセラピーはそれぞれに効果があり，その効果の差はない，という研究報告を引用しつつ，セラピストがクライエントとの間でどのような関係を作るかということがセラピーの効果に影響を及ぼす点を強調している。セラピストとクライエントの対話を通じて，クライエントの自己語りや自己理解はいかに進められていくのか，またそれを推し進めていくセラピストとクライエントの関係性とはどのようなものか，そのとき両者の間にどのような心の営みが展開しているのか。実は未だ十分に解明しきれていないこれらの問題は，心理療法やカウンセリングの意義，そこでのセラピストの役割を考えるうえで検討を要する問題である。またそれは，筆者にとって魅力的な，興味の尽きない問いでもある。

2．心理療法のなかのコミュニケーション

　心理療法やカウンセリングでは，セラピストとクライエントの関係性を基盤に，両者のやりとりが展開していく。表立って交わされているのは対話によるやりとりだが，2人の間に行き交うのは言葉だけではない。非言語的コミュニケーションもまた，旺盛にやりとりされていくのである。あるグループホーム

でのこと。筆者が、職員から「仲が良い」と評される2人の認知症の方の会話を聞いてみると、互いに思い思いの内容を話しており、内容だけに注目すると2人の会話はほとんどかみ合っていないのだが、互いに相手の調子に合った話し方をしていることがたいへん印象的だった。一方が何か話し始めると、もう一方が相づちを打つ。一方が低いトーンで話し出すと、他方は相手の肩にそっと手をやり励ましの言葉を向ける（励ましの必要な話題ではないにもかかわらず）というふうに、まさに意気投合したやりとりが展開していた。たしかに、言葉以外の雰囲気や調子が、コミュニケーションを支えるもうひとつの要素のようだ。これは特定の人に限ったことではなく、他者とやりとりする際、相手の表情や話し方のトーンから意外に自由ではいられないのが私たち人間である。

　心理療法においては、そうした言語的メッセージと非言語的メッセージの双方をあまさず捉えようとするのがセラピストであり、クライエントもまた、セラピストからの2つのレベルのメッセージにたいへん敏感である。

　ベイトソン（1972）が明らかにした対人コミュニケーションの2つのレベルは、以下の5つの命題にまとめられている（Bernal & Baker 1980　佐藤 1986）。

1）コミュニケーションには内容と関係の2つのレベルがある。
2）関係レベルが内容レベルのメッセージを規定する。
3）関係レベルは内容レベルより高次にある。
4）関係レベルのメッセージは言語外で与えられることが多い。
5）関係レベルの非言語メッセージは明確に言語化されると、その時点で内容となる。

　なかでも重要なのは、関係レベルが内容レベルのメッセージを規定すること、そして関係レベルのメッセージがほとんど非言語的なものであることだ。セラピストが、その後のクライエントとの対話を進めていくための基盤として、クライエントとの関係性の構築に細心の注意を払うのは、関係レベルと内容レベ

ルの間にこのような関係があるためである。

3. 非言語レベルのコミュニケーションの特質と限界

　スターン（Stern 1985）やエムデ（Emde 1983）に代表される母親と乳児との相互作用の精緻な観察が，この非言語レベルの交流理解に大きく貢献をしてきた。スターンは，乳児の情報処理が，感情の内容（喜びや悲しみなど）よりも，感情の「形式」をもとに行われることに注目した。発達早期の乳児の場合，他者とのかかわり合いのなかで行き交う感情が，喜びなのか悲しみなのかを判断する知識は乏しいため，その感情の強弱，抑揚，変動パターンといった形式を捉えていく。その際，視覚，聴覚など，ある知覚様式から受信された母親の声，表情，身体の動きなどの形，強さ，時間の刻み（テンポ），リズム，持続時間などは，何らかの形で別の知覚様式にも変換され，いわゆる無様式知覚による抽象化された情報として記憶に書き込まれることになる。母親もまた，乳児の感情表出に合わせるように，身振りや声のトーンなどを変えながら応えていく。このようにして二者の間に展開する生気情動レベル（vitality affects）の交流が，「情動調律（affect attunement）」である。この原初的な交流は，ほとんど意識化されることのない自動的なプロセスとして生じるところに特徴があり，いわば感情よりも感覚—運動的な，身体性の体験世界（齋藤，1995）とも言えるものである。

　生まれながらにして「対象希求性」（Fairbairn 1952）や「共に在ること（being with）」（Stern 1985）を強く求めるヒトは，乳児の頃から，認知的有能性に支えられた情報処理能力によって，他者に調子を合わせていく。また逆に，相手とのズレを感知することで，自己と他者の区別を可能にするとともに，ズレの質と程度によっては，傷つきを受けることにもなりかねない。

　成人の心理療法では，一見すると，言語や概念内容を中心にやりとりが展開しているように見えながら，その水面下では活発な生気情動レベルのやりとりが展開している（齋藤　1998）ことから，早期発達研究の知見は，けっして

「乳幼児とその親」に限った問題としてではなく，心理療法におけるセラピスト―クライエント関係を捉える枠組みとしての意義をもつのである。

ただしこの種の交流は，その時その場の瞬間的交流を捉えることはできても，長期的な情緒交流や感情調節を問題にするには十分ではないところがある。「他者と共に在る」体験が根づいていくには，形式的パターンではない，「意味」の次元での体験共有が課題になっていくと思われる（齋藤，2000）。つまり生気情動に限らない，情緒内容（categorical affects）が問われていくことになるが，それを可能にするのは，やはり言語の力ということになる。

4．非言語と言語の生産的なつながり

自分のことをもし存分に語り切ることができれば，それが治るということなのではないか（齋藤，1990）との指摘のとおり，心理療法では，非言語体験と言語とが生産的に結びついていくことが望まれる。さらに心理療法における言語化や言葉によるコミュニケーションでは，単に起こった出来事や事実を並べて話すということではなく，そこに感情が伴っていることが重要である。しかし，経験と等価の言葉を見つけていくことがいかに難しいかは，誰もが自分の体験を言葉でうまく表現し尽くせないディレンマを感じることにも現れている。

スターン（Stern，1985）が，「言語的自己感」の概念で示すように，言葉は，感情，感覚，知覚，認知からなる無様式の総括的体験の一部しか捉えることができない。言葉を獲得した乳児は，言葉による他者との交流，意味共有世界を充実させていく一方で，言語化されない生の私的体験を潜在化させていく。他者とのかかわり合いのなかで，前者の言語コードに乗った概念的・社会的自己が，周囲への適応のために「偽りの自己」性をもち，一方の言語表象を閉ざされた生のままの私的体験は「本当の自己」として，個人的情緒的意義を強めていくことになる。このような言語や象徴的思考の出現がもたらす分断に，精神力動的病理の土壌を見るところへとスターンの目は及ぶ。言葉につきまとうこうした両刃の剣的特性は，セラピーを進めていくうえでも無視できない問題で

ある。

　この他にも，自分語りを進めていくにはいくつかの困難が伴う。セラピーというと，最近よく耳にする「癒やし」や「癒やされる」という言葉を思い浮かべる方もいるかもしれない。緊張からの解放と寛ぎを思わせるその心地よいイメージとは裏腹に，実際のセラピーでは，自身について語ることへの躊躇とともに，自分と向き合うことにより己への責任をも背負うこととなり，その歩みは厳しいものにならざるを得ない。

5．ナラティブ（物語）の治療的意義

　1990年代以降，ナラティブ（narrative）の視点や発想をクライエントの理解やセラピーに生かしていこうとする動きが盛んである。それぞれの学問領域や治療実践によって，ナラティブの意味するところは異なるが，さしあたりここではナラティブの形式について最もシンプルにまとめた次の定義を用いることにする。「筋：プロットを通じて複数の出来事がつなげられ，1つのまとまりをもって区切られる言語形式」（野家，1996）。この定義を採用することにより，立場を超えてどのセラピーにも共通するナラティブの治療的意義を見いだすことが可能になるからである。

　私たちは，いくつかの出来事を思い出したり誰かにそのことを語る際，それら時間的に前後する複数の出来事や場面をただ羅列するのではなく，それらをつなげたり組み合わせたりして，自分の体験として筋立てていく。一定のコンテクストのなかで個々の出来事を関連づけていくと，そこに解釈や意味が生み出されていく。しかもコンテクストが変化すれば，解釈や意味づけもまた変化する。ただしこの作業を進めるには，聴き手の存在と協力が必要である。

　セラピストはまず，クライエントのナラティブからそこにどのようなコンテクストが横たわっているかを聴き取っていく。さらにナラティブが治療的であるためには，ナラティブが新たなコンテクストを生み出していくこと，つまり語りを通じて，次の形態があらわれるためのコンテクストを整えていくことが

必要である。

6．クライエントはいかに問題や症状を物語るか
——家族の葛藤を乗り越えたある女性の事例から

　Aさんは，2人の子をもつ50代の主婦である。自分の周囲にあるものに手が触れると汚れたように感じて，きれいに洗わないと気がすまないという強迫症状を訴え，相談に来られた。その症状は，更年期の始まった1年くらい前から始まったと言う。

　Aさんの夫は，結婚前につきあっていた男性の名前を教えるようAさんに強要し，その質問や夫婦生活に応じないと包丁を持ちだしてAさんを脅していたと言う。そのためAさんは，夫の洗濯物や茶碗を洗うことにも抵抗を感じていた。その夫とは15年前に死別。夫が亡くなってからも，遺品に触れられずそれらの整理ができないまま今に至っていた。また外出時に乗った電車のつり革に，以前夫が触ったかもしれないと思うと，手を洗わないことには「自分に戻れない」と感じるなど，日常生活行動に支障をきたすこともしばしばであった。もっとも，そんなことを考えたり，長時間手を洗い続ける自分について，「情けない，こんなことは馬鹿げているとも思う」とのことだった。

　面接開始当初から，Aさんは自分の生まれ育った家族のことをよく話題にした。なかでも印象的な出来事として，自身の高校進学にまつわる話とその時の家族の対応を繰り返し語っている。それは，志望高校に合格したものの，親から「行かせてあげる」とは言ってもらえず，進学を断念したというものであった。当時，Aさんの兄は学校へは行かず家で暴力をふるうことがあり，両親はその対応に追われていた。さらに家にはお金がないのだと思い込んでいたAさんは，言いたいことも言えないまま，進学を断念したというものであった。そのような家庭の事情を他人に話すことを恥だと考えたAさんは，そのことを学校の先生にも相談できないまま，進学を諦めてしまう。

以下は、Aさんとの9回目の面接の記録の一部である。

Cl₁：夫のことが嫌で子どもを連れて実家に帰ったことがあったが、両親には、夫の子どもへの接し方が悪いことを話したくらいで、それ以外のことは言わずじまい。夫が亡くなってから事情を話すと、両親からは「どうしてその時言わないの」と言われた。

Th₁：肝心な一番伝えたいことが言えない。

Cl₂：言えないのはひとつには、勝手に自分で判断しちゃう。受験のことだと、親は兄のことで苦しんでるし、夫のことにしても親に言ったところで無理だろうと自分で考えてあきらめてしまう。そういう人生、無理だろう、と。自分は不運だなと。

　　夫が夜中に子どもを起こしてプロレスを始めることがあった。私が止めに入ると、「お前が甘やかすと弱虫になる」とか言って。とにかく聞き入れてもらえない。修羅場になるようなことは避けたいという気持ちもあった。

Th₂：波風立てるくらいなら、自分の中に納めようとする。中学生の時、家族に対しては？

Cl₃：受験の時は、父は大人だしわかってくれるだろうという依存心はあったが、それ以上に、高校に行かせてほしいと言うのはみじめな気持ちがした。親子だけど、何か言うのがあまりに悲しすぎる。思春期で父との会話も減っていて、全力でぶつかっていくことをしなかった。

6－1．出来事と出来事のつながり

ナラティブの視点から、Aさんの面接経過をふりかえってみたい（#数字は面接の回数）。

Aさんは、「いろんなことを傷つけてしまってはいけないと思って」（#5）、言いたいことがなかなか口にできないとのことであった。そしてこのことはAさんのテーマとして、両親、夫、知人、職場の同僚にまつわる複数のエピソードのなかに繰り返し現れていた。

第9章 対話的自己と臨床のナラティブ

スペンス（Spence, 1982）は，語られたエピソードの断片に一貫したテーマを聞くことを勧めている。構成的聴取（constructive ling）と呼ばれるこの方法によって，素材の不連続な断片，ばらばらの事実をつなぎ合わせることが可能になる。そしてこの「つなぎ合わせ」は，「抱え（holding）の役割をもち，また衝動や感情の統制（affect regulation）に大きな効果」をもつ（森岡，1999）。

筆者は，一つひとつのエピソードに耳を傾けつつ，Aさんが無自覚であった出来事と出来事とのつながりを引き出していくような応答を心がけた。

次に挙げる両親と夫についてのエピソード集は，面接の経過に沿って，両者それぞれについてのAさんの捉え方を追ったものである。

両親についてのエピソード（# 数字は面接の回数）

#3　高校に進学させてもらえなかった。やさしい父でさえも手をさしのべてくれなかった。裏切られた思い。家にお金さえあれば。先生に言うのは恥だと思って，全部自分で抱え込んでいた。

#10　父は兄のことで手一杯だったので，父に言うと，困るだろうなと。学校の先生も頼りにならなかったので，父がデンとしていてくれれば。父には，「かわいそうなことをした」と言ってほしかった。でも違う答えが返ってくるのが怖くて，聞けないまま亡くなった。

#16　昨日思い切って実家の母に電話で聞いてみた。今まで聞かなかった高校のこと。兄のことで苦労してたのも知ってるけど，親の気持ちはどうだったのかと。母が言うには，父の方は，「気にしてたよ。『普通だったら行かせられるのに』って」。母は，「私は女やから何ともせんもんな」っていう言い方。電話で話してて，昔の話なのに涙が出てきそうになった。話して良かったと思う。聞かないと相手がどう思ってるかが，全部自分の想像になってしまう。

#19　（知人との間で，Aさんがわだかまっていたことについて打ち明けた直後の面接）だから母とももう一度顔を合わせて話してみようかなとも思っている。

#29 昨日の昼，かかってきたのに取らなかった電話があり，母親かなと思って実家に電話をかけたが，違っていた。母親が「子ども元気？ お前より優しいからね」と。嫌なこと言うなぁと思いながら，「やっぱりそれは育て方だわね」と皮肉言ったら，向こうも笑いながら，「えらいこと言うな，アホ。そりゃまあそやなー，育て方やなぁー」って。それで私もスッとしたんで，「失礼なこと言ったね。ごめんね」って。癪に障ったときに，先にそういう風に言って，後でごめんねと言っとけばいいかなと。

#30 なんで親はその時（高校の合格通知が届いたとき）気持ちを聞いてくれなかったのか。私は聞いてほしかった。兄のことがあったとは思うが，触れてほしかった。ほんとに苦しんだんですよ，その時。言えない。言ったけどとりあってもらえず，それ以上言えない。目の前で合格通知を見せられて心が痛まないのかと思う。兄のことが落ち着いたのはそれから2年くらいしてから。それからでも言ってくれればいいのに。平気だったのかなと思うんですよ，母は。それならわかる。……平気でも許せないけど……。絶対1回言ってやります（笑）。しゃべっててもそのことがどっか引っかかってる。「ありがとう」と言ってても，その気持ちが落ちてくる。

#32 年末に実家に電話して母と話をした。気持ちのつかえがほぼ取れた。こうやってカウンセリングに来ていること，持って行き場のない気持ちでいっぱいだったこと。母も「そんな思いさしてかわいそうだった。そんな話も父親とした」と胸を詰まらせていた。本当は娘1人でかわいいもんで，何とかしてあげたかったとも。母と話す前に，電話口に兄が出たので，こういう話をしようと思っているということを話した。兄が「あの時は，一家心中するくらいの大変さだった」と。私は自分のことしか考えてなかったわけだから，兄や両親もそれなりに大変だったことを知った。話して良かった。母に対する労りの気持ち。これからはつっかえなしに心配できる。邪魔するものが減った感じ。早く言えば良かった。

第9章 対話的自己と臨床のナラティブ

夫についてのエピソード（#数字は面接の回数）

#7 手を洗うとスッキリする。電車のつり革とかでも，夫が触ったかもしれないと結びつけてしまう。それを拭わないと自分に戻れない感じ。友達から，亡くなった人のことをそういう風に悪くいってはいけないとあまり強く思わないようにしたら，症状がひどくなったように思った。

#8 手を洗っている間は，自分の行動を嫌だ，情けない，馬鹿げていると思うのと，夫への恨みや私の嫌がることを無理やりにあいつが，という気持ちが出てくる。どうにも許すことができない。

#19 （知人との間で，Aさんがわだかまっていたことについて打ち明けた直後の面接）旦那は亡くなってるんで言うに言えない。その時の悔しかった気持ちとか。最近，夫の家族，きょうだいに，本当のことを言いたいなぁという気持ちがある。夫のことをどう理解したらよいかわからない。思い出して考えれば考えるほどわからない。ひどい目に遭わされたということだけ。

#26 <u>先週，セラピーから帰ってから，夫の墓参りに思い切って行こうかしらと思い始めた。</u>お墓に向かって気持ちを言おうかと。本人の前では言えないけれど。今まで避けてきたから，行くのは憂うつ。なんでそういうことしたんかという私の中の怒り。やられたことは腹立ってしょうがないけど，私が知らなかった何かがわかれば，今までの怒りが何か解けるかしらと。

#27 （お墓参りに出かけて）お墓の前で，「今こういう病気で大変な思いをしている」と話した。向こうのきょうだいから，「どうして急に来たの？」とか言ってくれれば夫について話をしたかもしれないが，何も聞かれなかったので話さなかった。ちょっと一歩踏み出したぐらいのところで帰ってきた。

#27 結婚してじきに首を絞められた。それで気絶した。私その時に，おなかの中に赤ちゃんがいて。昔の男の名前を言えと，私もびっくりして，向こうもびっくりして，救急車呼ぼうかとか。

#32 （実家の母と話した後の面接）だから旦那のことも解けるんじゃないかと思う。あとはやっぱり旦那のことを，旦那のお姉さんにすごく言いたい。今年

はそれが課題。

#35 夫に対して前ほど神経過敏になるようなキリキリした怒りはないような気がする。

#37 夫に対する怒り，そういうエネルギーは減ってきたように思う。それに前ほど手洗いと結びつかなくなった。夫に対する怒りがちょこっと自分から離れたような。まだ解決してなくてあるのはわかるんだけど，え？ どこにあるんだろうと探しに行くくらいの感じ。<u>違う考え方。自分の人生，このままじゃちょっと損やしなぁ。</u>向こうの人に話をすれば，もう少し自分の中で変われるかもしれないという期待もある。でも一時ほど，話ししようとは強くは思わない。

#48 夫への怒り。今は下の方にぐーっとあるけど，引っ張り出すと許せない。

#61 夜中に突然目が覚めて，紙を取り出し，一問一答の手紙を書き出した。私が「(遺品を) 片づけなあかんのにどうしてくれるの」と文句をいっぱい書く。それであいつの方の紙に，「それでも許してください」，「申し訳ないことをしました」と5～6回ぐらい書いた。次また「アカン，絶対お前のことは許さへん」と書いた。「でも片づけないかんし」と。こっちに私がいて，こっちにあいつがいて一問一答のような対話式に。<u>でもね，いつまでもずっと恨み続けてるのもなって気持ちもちょっとあって。</u>

(下線は筆者)

6－2．語りの変化

両親のエピソードの#29では，母親と2回目の電話をしたことが話題になった。高校進学にまつわる両親のエピソードは，面接開始当初から繰り返し話題に挙がってきたが，この#29を境にして，家族についての語りも両親への不満もより詳細になっていった。同じ話題であってもナラティブの細部が変化していく。それはクライエントのなかのストーリーが動き出していることを表している。

両親のエピソード#30では，自分の気持ちを以前より抵抗なく出せるようになってきた，自分のなかに感情を押し込めるようなことはなくなってきた，と述べている。また後述する夫のエピソードでも，#35あたりから夫への怒りの感じ方は徐々に変化をしていった。

6－3．セラピストとの対話と自己内対話

クライエントは面接の間だけ内省しているわけでもなければ，セラピストとの面接中に変化をするわけでもない。筆者が，面接が進展していると感じる時，クライエントは次の面接に来るまでの間，それまでの面接で交わした内容について，あれこれと考えていることが多いように思う。夫のエピソードの#26では，Aさんもその前の面接終了後より，夫のお墓参りに行くことを思い立つ。「関係性」の過程と「個」の過程とは，互いに影響を及ぼし合いながら密接にかかわり合っていることから，クライエントがセラピストとの間で交わす外の対話だけでなく，同時に，クライエントおよびセラピストそれぞれの自己内対話やそれが起こるときの個人内過程（intrapersonal）にも目を向けることが重要である。

6－4．対話の相互関係

クライエントは，セラピーの場以外で，自分や他者との対話を試みる（アンダーソン，2001）。

面接の#61では，夜中に突然目を覚ましたAさんが，2枚の紙を取り出し，一方の紙にはAさんのセリフを，もう一方には亡くなった夫のセリフを書き込み，まるで2人が対話をしているかのような場面をAさん自ら創り出していった。この作業に至るまでには，面接を通じてのセラピストとのやりとり，高校進学について当時の親の気持ちを確かめようと電話で交わした実母とのやりとり，知人との間でAさんがわだかまっていたことについて交わした対話，夫のお墓参りなど，それまでAさんが避けてきた他者との交流がすでに展開

されてきていた。Aさんがセラピストとのやりとり以外にも，他者との間に次々と対話を試みていることが伺える。一つひとつの対話が連続的に影響しあう動的なプロセスの展開をみることができる。

6—5．新たな意味の創出

　言いたいことがなかなか口にできないため，「人に対し何を言っても無理だろう。そういう人生。自分は不運だな」(#9)と自分の人生を意味づけてきたAさんであるが，いくつもの対話を重ねていくなかで，「違う考え方。自分の人生，このままじゃちょっと損やしなぁ」(#37)と，人生に対する異なる見方，新たな可能性を生みだしていった。また亡くなった夫に対しても，「いつまでもずっと恨み続けてるのもなって気持ちもちょっとあって」(#61)とそれまで抱いていた感情から動き出そうとするのが見て取れる。

　過去の出来事を「今ここ」で語り直すことにより，その事実に変わりはなくとも，それは新たな意味をもつ体験となる。

　高校進学をめぐる原家族との間の体験をもとに，Aさんは「言いたいことが言えない」というストーリーを作りあげた。それは夫や職場の人間関係においてもAさんを支配するほど強力なものであり，その支配に抗うようにしてAさんは手を洗い続けた。それでもAさんは，治療的対話関係を基盤に，両親や夫との間の過去の出来事の意味を再構成し，自身のこれからの人生に思いを馳せるまでになった。

　どの家族にも固有のナラティブが存在し，ときにそれらは心の内なる支配者となってクライエントの心を翻弄する。しかし起こった事実に変わりはなくとも，聞き手との「今ここ」での関係性のなかで，語られた出来事に新たな意味が与えられる時，そこから未来が広がっていく。それは自己の主体性・連続性の感覚を回復する過程でもある。ナラティブの視点は，過去からの呪縛，過去による決定論から私たちの心を自由にすることを可能にする。

【参考文献】

アンダーソン, H., 2001, 野村直樹・青木義子・吉川悟訳『会話・言語・そして可能性』金剛出版. (Anderson, H., 1997, *Conversation, Language, and Possibilities*. New York: Basic Books.)

バフチン, M. M., 1988, 新谷敬三郎・伊東一郎・佐々木寛訳『ことば 対話 テキスト（ミハイル・バフチン著作集 8）』新時代社.

ベイトソン, G., 1987, 佐藤良明訳『精神の生態学』思索社. (Bateson, G. (1972) *Steps to an ecology of mind*. New York: Harper.)

Bernal, G. & Baker, J., 1980, Multi-level Couple Therapy: applying a metacommunicational frame work of couple interaction. *Family Process*, 19, 367-384.

Emde, R. N. & Sorce, J. E., 1983, The rewards of infancy: Emotional availability and maternal referencing. in J. D. Call et al. (ed.) *Frontiers of infant psychiatry*, N. Y.

Fairbairn, W. R. D., 1952, *Psychoanalytic Studies of the Personality*, Tavistock, London.

森岡正芳, 1999,「精神分析と物語（ナラティブ）」小森康永・野口裕二・野村直樹編著『ナラティブ・セラピーの世界』日本評論社, 75-92.

森岡正芳, 2004,「話すという行為—クライエントにことばを届ける」『言語』33(3), 48-53.

野家啓一, 1996,『物語の哲学』岩波書店.

齋藤久美子, 1990,「クライエントの『自分語り』について」『京都大学教育学部心理教育相談室紀要 臨床心理事例研究』17, 23-27.

齋藤久美子, 1995,「臨床空間における身体性」『京都大学教育学部心理教育相談室紀要 臨床心理事例研究』22, 10-12.

齋藤久美子, 1998,「かかわり合う能力—心理力動的検討—」長崎勤・本郷一夫編『能力という謎』ミネルヴァ書房, 147-171.

齋藤久美子, 2000,「精神療法における『情緒』と『言語化』」『精神分析研究』44(1), 46-51.

佐藤悦子, 1986,『家族内コミュニケーション』勁草書房.

Spence, D. P., 1982, *Narrative Truth and Historical Truth*. Norton.

Stern, D. N., 1985, *The Interpersonal World of the Infant : A View from Psychoanalysis and Developmental Psychology*. Basic Books, N. Y.（= 1989, 1991, 小此木啓吾監訳『乳児の対人世界』岩崎学術出版社.）

【さらに学びたい人のための文献紹介】

石谷真一, 2007,『自己と関係性の発達臨床心理学—乳幼児発達研究の知見を臨床

に生かす―』培風館
　主にスターンをはじめとして展開された，乳幼児と養育者の関係性と自己の発達に関する研究について紹介するとともに，それらの成果とパースペクティブを活かした児童・青年・成人の臨床的問題の理解や心理臨床実践の捉えなおしを行っている。

森岡正芳編，2008，『ナラティブと心理療法』金剛出版
　心理療法において「ナラティブ」や「物語」という視点や枠組みを取り入れることの有用性，さらに心理療法の各理論や技法において，ナラティブがどのように用いられているかについてわかりやすくまとめられている。

村瀬嘉代子・青木省三，2004，『心理療法とは何か―生きられた時間を求めて―』金剛出版
　臨床家に必要なのは，対象を的確に捉える臨床的観察力とそこから得られた内容についての確かな思考と推測に裏打ちされた理解である，という著者の言葉をはじめ，著者2人の対談からは，心理臨床になじみのない方にもセラピストの考え方の基本的枠組みや心理療法の本質にふれることができるであろう。

第10章 刑事裁判のジェンダー論的考察
―― 女性被告人はどのように裁かれているのか？――

大貫 挙学

1.「ジェンダー」という視点

　本章の目的は，刑事司法の「論理」をジェンダー論的に考察することにある。フェミニズム法学が明らかにしてきたように，司法制度は，ジェンダー中立性を装っているが，そこには，強固なジェンダー・バイアスが存在する（Cornell 1998=2001）。日本でも，フェミニストの法律家らは，家事事件の裁判が性別分業を自明視していること，裁判所がセクシュアル・ハラスメント被害を適切に認定しないこと，性犯罪について被害女性への二次被害が生じがちなことなどを批判する（福島　1997；角田　2001）。社会学的にも，ジェンダーが社会的諸力として，私たちの日常生活を構成している以上（Connell 1987=1993），司法もジェンダーと無縁であるわけはない。

　しかし，これまで法律学によるジェンダー研究では，主として法令解釈やその適用に焦点が当てられてきた。そこでは，事実の解釈枠組みとしてジェンダーを捉える発想は少なかった。社会学においては，リアリティ構築に着目した理論的・経験的研究が蓄積されてはいるものの（e.g. Spector and Kitsuse 1977=1990），刑事訴訟記録についての日本での事例研究は，けっして多くはない。また，ジェンダーの視点から刑事事件が論じられる際に，女性は「被害者」として扱われる傾向があり，女性「被告人」には，あまり目が向けられてこなかった。

　これらをふまえ本章では，女性を被告人とする事案の訴訟記録等をもとに，刑事司法における解釈資源としてのジェンダーについて検討する。[1]

2．規範としての「家族のプロトタイプ」

　日本でも近時，ドメスティック・バイオレンス（DV）が社会問題として認識されるようになっているが，かねてよりフェミニズムは，男性優位の社会構造がDVの背景にあることを指摘してきた（戒能 2002）。近代における公的領域と私的領域の分離は，男は賃金労働，女は家事・育児という性別分業を生み出した。そのため，女性は私的領域にとどめおかれ，公的領域で男性なみの地位を獲得するのは困難であった。同時に，私的領域たる「家族」は，「愛情」の場と捉えられ，そこでの女性の抑圧は見過ごされてきたのである（落合 1989）。J. F. グブリアムとJ. A. ホルスタインは，家族の典型的イメージを「家族のプロトタイプ The Family」と呼ぶが，それは「家族役割と性別役割についての確定した評価を支える」(Gubrium and Holstein 1990=1997: 268-72)。現在において「家族のプロトタイプ」は，異性愛家族を聖域化し，ジェンダー格差を温存するものとなっている。つまり「家族のプロトタイプ」が，DVを発生させ，その解決を遅らせる原因となっているのだ。

　このことは，DV被害が女性に集中していることにも明らかである（Mackinnon 1987=1993: 85）[2]。そうした中で，「被害」女性が，相手方男性に「加害」行為を行ってしまうケースもある（Walker 1993）。本章で最初に取り上げるのも，そのような事案である。

　被告人（40代女性）は，「〔1994年〕12月31日午後1時48分ころ，名古屋市……〔被告人方居室〕において，A〔40代男性〕に対し，殺意をもって，所携のペテナイフ……で同人の頸部を1回突き刺し，……殺害した」(1995年1月20日付起訴状)として，名古屋地方裁判所に殺人罪で起訴された（以下，本件を「名古屋事件」とも呼ぶ）[3]。

　第1回公判（1995年2月16日）で，被告人は，公訴事実を認めたうえで，「Aからの暴力で私は自分の命が危ないと思い，……刺したのです」と述べた。弁護人も「正当防衛であり無罪」だと主張した。

Aさんの暴力については、検察官も指摘する。冒頭陳述によれば、被告人は1987年頃、Aさんと同居を始めるが、ほどなくして暴行を受けるようになる。被告人はときに、足蹴りされ、ゴルフクラブで殴られ、顔面を殴打されたという。肋骨の骨折等により、通院したこともある。そのため1994年11月、被告人は、警察署の紹介により、10日間、婦人相談所に入所する。入所中、Aさんが暴力を止めることを約束したため、被告人はAさんとの生活に戻った。だがAさんは、被告人の「不倫」を疑うなどして、暴力を再開する。「被告人は、自分と被害者との間のことであるから自分で解決しなければならないという気持ちが強く、……1人で耐えていた」。さらに「犯行5日前」頃から、Aさんは、自分が飲む清酒の中に、被告人が覚せい剤を混入させていると「邪推」するようになる。そして事件当日の同年12月31日は、午前10時30分頃からAさんの暴力が始まった。Aさんは、被告人に対し、頭部や顔面を殴打し、ペナイフを首筋に当てた。また、ゴルフクラブで被告人の頭部を殴打した。さらに、被告人の首をシャツで絞めつけ、被告人は気を失った。やがて意識を取り戻した被告人が、酒を飲んで横たわっているAさんを殺害したというのである（1995年2月16日付冒頭陳述）。

　しかし検察官によれば、被告人の行為は、正当防衛とはいえない。刑法36条1項は、①急迫不正の侵害に対して、②自己または他人の権利を防衛するために、③やむを得ずにした行為は、罰しないと定めている。この点につき、検察官は論告で、本件犯行時、Aさんの暴力が止んでいたから、「急迫不正の侵害状態は終止していた」と主張する。さらに、防衛行為としての相当性も否定したうえで、「本件犯行は、様態悪質である」などとして、懲役4年を求刑する（1995年5月9日付論告）。

　一方弁護人は、最終弁論において、Aさんの暴力が「生命を脅かす程度」のものだったと主張した。そして、「被告人の防衛行為には相当性があった」ともいう（1995年5月23日付弁論要旨）。

　結局1995年7月11日、名古屋地方裁判所刑事第3部（油田弘佑裁判長）は、

「被告人に対し刑を免除する」という判決を宣告した。判決によれば，本件犯行時，Aさんによる被告人への「加害行為は一旦終了して」いたが，「一連の暴行を一体として全体的に考察すると，……急迫不正の侵害は継続していたものと認めるのが相当である」。しかし被告人の防衛行為は，「社会通念に照らし客観的に適正妥当として容認される程度を逸脱したもの」だとして，正当防衛は成立せず，過剰防衛に該たると認定した。刑法36条2項は，必要性や相当性を逸脱した防衛行為である過剰防衛の場合は，刑を任意的に免除・軽減できると定めているが，裁判所は，諸事情を「総合考慮」し，「刑を免除するのが相当」だとした。

本件では，正当防衛は認められなかったものの，刑が免除されているから，訴訟実務的には，弁護方針が功を奏したことは間違いない。だが本章では，その「結論」のみでなく，そこに至る「論理」を確認したい。

裁判所は，Aさんの暴力を訴える被告人に対し，「あなたの方で〔Aさんに怒りを〕感じさせなかったら，別にそう〔Aさんが〕怒り出すことはないんじゃないですか」等の質問を繰り返している。特徴的なのは次の問答である。

> 裁判長「あなた自身はそれほど本人〔Aさん〕にたてついて焦らせるようなことはしてないんですか。」
> 被告人「ええ，そのつもりです。」
>
> （第3回公判〔1995年4月27日〕）

暴力を振るう男性に対する女性の主張が「たてつく」と表現されている。ここには，「女性にとって服従を強いるイメージ」(Gubrium and Holstein 1990=1997: 272) が存在する。そして判決は，「刑を免除した理由」の項において，被告人の行為を，こうしたイメージに合致するものとして描いている。すなわち被告人は「被害者の暴力に耐え忍びながら……生活してきた」のであり，「数々の暴力にも耐えてきた被告人が，……思い詰めるに至ったことはよくよ

くのこと」である。前述のようにAさんは，被告人の「不倫」を疑い，暴力を振るっていたという。しかし判決は，「被告人には，……Aから暴力を受けることについて何らの責任も，責められるべき事情も見当たらない」と述べる。「不倫」をしなかったことは，有利な情状なのだ。

　M．チェスニー・リンドによれば，女性被告人の場合，「家父長制的統制」からの「逸脱」が発見されると，「厳しく処罰される」（Chesney-Lind 1986: 96）。本件では逆に，「家父長制的統制」から「逸脱」していなかったことが，有利な情状とみなされている。「『家族のプロトタイプ』は，……何があって然るべきかについての1つの認識を私たちが持つように仕向ける」（Gubrium and Holstein 1990=1997: 270）。そして，かかる規範に適合的であったことから，「刑の免除」という結論が導かれる。フェミニズムの観点からは，DV被害者である被告人は，「家族のプロトタイプ」の犠牲者であったといえるが，本件において，そうした被告人の行為を，司法は再び「家族のプロトタイプ」に回収していったのである。

　とはいえ，規範としての「家族のプロトタイプ」は，認定された事実を前提に，その評価に用いられるのみではない。節を改めて論じよう。

3．家族規範と事実認定

　次に検討するのも，DV被害女性が夫を殺害したという事案である[4]。本件でも正当防衛の成否が争点となったが，名古屋事件とは対照的な判決となっている。

　公訴事実は，被告人（20代女性）が「〔2001年〕12月1日午後11時ころ，千葉県……被告人方において，B〔30代男性〕に対し，殺意をもって，その胸部及び腹部を所携の包丁……で突き刺し，……殺害した」（2001年12月21日付起訴状）というものである（以下，本件を「千葉事件」とも呼ぶ）[5]。

　殺人罪で起訴された被告人は，公訴事実を争っていない。ただし弁護人によれば，被告人は，Bさんから「殴る，蹴る，タバコの火を押し付ける，刃物で殴るといったもののほか，……言葉による暴力，……生活の支配も日常的に受

けていた」。そして，事件前日もBさんから「激しい暴力」を受けた被告人は，「無力感と絶望感にさいなまれ」ていた。本件犯行時，Bさんは「眠って」いたが，Bさんによる「一連の」「継続的な」「暴力行為」は，「『急迫不正の侵害』に当たる」から，本件は「正当防衛」である（2002年3月4日付意見書）。

　これに対し，検察官は，被告人の「不倫」を強調した。冒頭陳述によれば，2000年11月にBさんと「入籍」した被告人は，翌年6月末頃から職場の同僚と「不倫」関係になった（2002年3月4日付冒頭陳述）。論告でも検察官は，「勤務先の同僚との恋愛感情を募らせ，同人と一緒になりたいとの気持ちが高じ」たことが，本件の動機だと主張している。そのうえで検察官は，本件犯行時に「急迫不正の侵害は存していなかった」などと述べ，正当防衛の成立を否定した。そして，懲役13年を求刑する（2003年10月6日付論告）。一方，弁護人は，「ドメスティック・バイオレンスから自己の生命・身体を守るため」の行動だったとして，改めて正当防衛等を主張した（2003年11月10日付弁論要旨）。

　こうして，弁護人と検察官の訴訟活動は，動機をめぐる対立に収斂する。C. W. ミルズによれば，「動機」は「諸個人に『内在する』要素」ではなく，「結果としてあらわれるべき状況につけられた名義」（Mills 1940=1971: 346）である。本件では，弁護人と検察官の動機理解が，それぞれの事件についての「解釈をおしすすめる」（Mills 1940=1971: 345）ことになっている。

　では裁判所は，どのような認定をしたのであろうか。2004年1月26日，千葉地方裁判所松戸支部刑事部（小池洋吉裁判長）は，弁護人による正当防衛の主張を退け，懲役8年（未決算入610日）の有罪判決を下している。

　判決によれば，「被告人の殺意の発生は，被害者の寝顔を見ているうちに被害者から加えられた暴行とその際の被害者の形相を思い出し，離婚にも応じてもらえない我が身の状況を打開し，その禍根を断つためには被害者を殺害するほかないと思い至ったことによるものである」。そして裁判所は，「殺意発生に至る状況に照らせば，……侵害の急迫性」がないとして，「正当防衛はもとより，……過剰防衛……などの成立の余地がないことは明白」だと結論づけてい

る。

　判決は,「我が身の状況を打開し,その禍根を断つため」という「動機」を設定したが,それが「目的動機 in order to motive」であることを確認しておきたい。A. シュッツの区分によれば,「目的動機」とは,「〜するためにという目的の形」で表わされるもので,「未来のことがらに関係している」。それに対して,「『〜だから』という理由の形」で表現されるものを,「理由動機 because motive」と呼ぶ。理由動機は「過去の諸経験に関係している」(Schutz [1951] 1962 = 1983: 138-9)。目的動機の認定に関しては,検察官と弁護人の主張を,いわば折衷したストーリーが構築されている。判決は,Bさんによる「暴行」に言及してはいるが,「自己の生命・身体を守るため」の犯行という弁護人の主張を排斥する。しかし,「勤務先の同僚と……一緒に」なるためという検察官論告による動機理解も採用されていない。

　だが,「量刑の理由」の項では,被告人の「不倫」が強調されている。

> 自らが不倫をした上,……離婚が達せられなかったことに不満を抱き,増幅させたなどという態度は,身勝手な自己中心性の表れというほかはない。そして,その未熟さと被害者とは話し合いができない等との思い込みの強さと直情径行の性格が本件殺意の発生に大きな要因となったものといえるのである。

「動機」という語句は用いられていないが,内容としては理由動機が論じられている。判決によれば,被告人は,被害者の暴力について,「警察や相談機関に持ち込むなどの解決手段を採り得る環境にあった」。また,被害者とは「話し合いが可能であった」。にもかかわらず,「一向にそうした解決の努力もせずに」犯行に及んだのは,被告人の「性格」に「要因」があるという。判決は,「不倫」を理由動機の中に置き直すことによって,全体として本件の動機に説明を与え,事件についてのリアリティを構築したのであった。

もっとも，被告人が「不倫」をしていたとしても，そのような行為をする被告人の「性格」が事件の「要因」とみなされるためには，そこにリアリティを見出す解釈枠組みが必要となる（cf. Mills 1940=1971: 355）。

　M. B. スコットとS. M. ライマンは，「予期されない，もしくは不適切な行動を説明するための社会的行為者による陳述」を「弁明 accounts」と呼ぶ。「弁明」は，「約束されたことと遂行されたこととの間に橋を架け」，両者の分離を修復する（Scott and Lyman 1968: 46）。本件では，夫の殺害という現実に遂行された行為と，人を殺してはならないという約束との間に，「ドメスティック・バイオレンスから自己の生命・身体を守るため」だったという動機の陳述で，弁護人が「橋」を渡している。そして裁判所による目的動機の設定は，この「橋」を外すことで成立している。「被告人は，いつかは殺されるかもしれないとの恐怖があった旨供述するが，……〔Bさんを〕殺害ができる機会ができたとの動機付けが大きく，それは……被害者を殺害する決意といえる」（判決）。かくして，弁護人の「弁明」が否定される。判決における目的動機の認定は，状況についての事実レベルでの「説明 explanation」（Scott and Lyman 1968: 47）の形をとりながら，被告人への責任帰属という規範的な機能も有していることになる。

　裁判所は，被告人が「苛烈な暴行や受傷を受けるに至った原因」について，「婚姻していながら勤務先の同僚と肉体関係を持つなどしたことにある」と判断しているが，判決において「不倫」は，「身勝手」「自己中心性」「未熟」など，否定的な評価をされている。そして本件判決では，このような「不倫」に対する規範的評価が，「不倫」を理由動機とみなすストーリーにリアリティを与えていると考えられる。つまり，本件の判決では，目的動機の設定自体が被告人への責任帰属となっており，その目的動機にリアリティを与える理由動機として，被告人を非難するような「語彙」が用いられているのだ。[6] 一般に刑事裁判は，まず事実を認定し，それについて規範的評価を加えるものとされる。しかし本件では，規範的評価が事実認定を支えているのだ。

ようするに、被告人は、「家族のプロトタイプ」からの逸脱ゆえに処罰されたといえるだろう。名古屋事件の判決は、同居男性から暴力を受けていた被告人について、「何らの責任も、責められるべき事情も見当たらない」と述べていたが、本件では、「不倫」が被告人の「責任」「責められるべき事情」となっている。しかも本件判決においては、「不倫」を「逸脱」とする「規範」が、動機についての「事実」認定を可能にしているのである。

4．刑事司法における「社会」の不在

「家族のプロトタイプ」は、情状評価や量刑判断のみならず、事実認定をも基礎づけている。逆にいえば、刑事裁判では、既存の社会秩序は所与とされる。そこで最後に、刑事司法言説が「社会」を後景に追いやっていく、その「論理」をより内在的に分析しよう。

事例となるのは、被告人（20代女性）が、1993年12月14日午前6時29分頃、東京都多摩地区にある交際相手の男性宅に放火し、2人の子どもが焼死したとされる事案である（以下、本件を「多摩事件」とも呼ぶ）[7]。1994年2月25日、被告人は、現住建造物等放火、殺人罪で東京地方裁判所八王子支部に起訴され、同裁判所刑事第2部（豊田健裁判長）は、1996年1月19日、求刑どおり無期懲役（未決算入500日）の判決を言い渡している。

一審判決によれば、被告人は、1991年8月頃から、職場の上司であるCさんに「妻子があることを知りながら」、「同人と……交際を続けていた」。被告人は、Cさんから離婚話が進んでいると聞かされたため、「結婚を意識するようになった」。この間、被告人は1992年5月と1993年4月の2回、妊娠中絶をしている。だが1993年5月頃、Cさんが、「不審」に思った妻に問い詰められ、被告人との関係を「告白」する。その後もCさんは、妻と被告人の双方に「優柔不断な態度を取り続け」ていたが、同年「7月26日の朝、……被告人に電話して、『君と別れる。妻とは別れられない。』などと述べた」。被告人が「納得しないでいた」ところ、「D〔Cさんの妻〕が、電話を代わり、被告人

との間で口論となった」。その際，Dさんは，被告人の中絶を激しく非難した。「被告人としては，2回にわたる妊娠中絶は，不本意ながらもやむを得ず行なったもので，妊娠中絶をするに至ったことについて，中絶した子らに対する申し訳なさや良心の呵責を覚え，水子供養をするなどしてきたことに思いを致し，……Dの言葉に激しいショックを受け，これを自分に対するのみならず，中絶した子らに対する侮辱と受け取った」。こうして「絶望感，孤独感に陥った」被告人は，「Dの言葉を思い出しては，……憎悪の念を強め」，犯行に至ったのである。

一審では，公訴事実に大きな争いはなく[8]，もっぱら情状が争点となっていた。判決は，中絶を非難するDさんの言葉について，「被告人の立場になってみると，……極めて痛いところをつかれたものである」が，「中絶するに至ったことは，当然の因果の結果」だと述べている。裁判所は，「〔Cさんに〕裏切られて捨てられた被告人の立場，心情は哀れ」としながらも，Cさんとの「不倫」について，「慎重な配慮をすべきであった」という。

この判決を不服として，1996年1月25日，被告人は，東京高等裁判所に控訴した。控訴審の争点は多岐にわたり，責任能力や殺意の存否等も争われるようになる。弁護人によれば，「2度の妊娠中絶，Cとの恋愛関係の破綻，Dとの関わりの中で，被告人は精神のバランスを失い，心神耗弱の状態に陥っていった」（1996年9月2日付控訴趣意書）。弁護人が意見を求めた精神科医の市川潤氏（市立函館病院精神神経科医療部長〔当時〕）も，被告人の犯行時の精神状態について「心因反応と称される広義の神経症」だという。そして原因として，人間関係の中での強いストレス，とくに中絶経験や，Dさんの発言をあげている（1995年12月12日付書面）[9]。また，殺意について弁護人は，「被告人は，……子供が寝ているだろうなどと冷静に思考する能力を全く失って」おり，「子らの死亡結果を事前に予測していなかった」と主張した（1996年9月2日付控訴趣意書）。

しかし，東京高等裁判所第4刑事部（高木俊夫裁判長）は，1997年10月2日，

弁護人の主張を採用せず,控訴を棄却した（控訴審の未決算入500日）。判決は,責任能力について,次のように述べる。

> 被告人は,……両親に対して,Dの言葉に傷つき,憎くてガソリンを撒いて放火した旨告白して以来,捜査段階から原審冒頭まで一貫して,妊娠中絶した我が子の仇をとるためにやった旨,犯行の動機を述べており,……その供述するところは,本件の動機として了解できるものである。……被告人が心神喪失ないし心神耗弱の状態になかったことは明らかである。

ここでは,動機が「了解」できることが,責任能力を肯定する根拠になっている。さらに,この動機理解が殺意の認定をも支えている。[10]

> 本件犯行の動機は,被告人が,口論のさなかにDが吐いた言葉にいたく傷つき,自分と中絶した我が子2人が侮辱されたと憤慨して,この上は我が子の仇を取り,2度も妊娠中絶をして我が子を失った自分と同じ苦しみをDにも思い知らせようとしたことにあり,……本件犯行は,Cの住居に対する放火にとどまらず,就寝している幼児の殺害をも目的としたものであったことは,疑う余地がないというべきである。

すなわち控訴審判決において,中絶を非難する「Dの言葉」が,理由動機となっている。[11]そして,このような理由動機から,「我が子の仇を取り……自分と同じ苦しみをDにも思い知らせ」るために「放火にとどまらず……殺害をも目的とした」という目的動機が導かれる。法的言説は,「自由意思—理性的人間」像を要請するが（佐藤 1995),本件においても,殺人罪で刑罰を科すには,被告人が「正常」で「自由」な意思に基づいて殺人を行っていなければならない。

この点,心理学者の大日向雅美氏（恵泉女学園大学教授）による裁判所宛て上

申書(1997年9月9日付)は,母性愛の強調が,子どものいない女性を心理的に追い込むことがあると述べる。[12] Dさんの言葉について,被告人自身は,「この世に存在するというのも信じられないような言葉でした」と供述している(一審第11回公判〔1995年4月25日〕)。また弁護人によれば,中絶への非難以外にも,別の機会に「Dは母であることの喜びや素晴らしさ,子供のかわいさなどを被告人に語った」(1996年9月2日付控訴趣意書)。大日向氏の意見は,被告人の心理を分析するものだが,同時に,母性愛イデオロギーという文化規範を,事件の背景として指摘するものともいえよう。

　もちろん判決は,こうした解釈を採用していない。だが,行為の社会的文脈は,判決によるリアリティ構築の隠れた前提となっている。ミルズの議論をふまえれば,行為に先立って被告人に「内在」していた「動機」を,裁判所が「了解」するのではない。裁判所によって,「了解」可能なものとしての「動機」が,事後的に想定されるのだ (cf. 土井 1988)。判決は,被告人のおかれていた状況から,理由動機の説明を行っている。ここでは,中絶やDさんの言葉に,被告人が「傷つ」いたということが,一定のリアリティをもって共有されている。それによって,動機の「了解」可能性が担保され,ひいては責任能力が認められることになる。そして,この理由動機が目的動機を,つまりは「殺意」の認定を導くわけだが,目的動機の説明において,社会的文脈は不可視化され,事件の原因が,被告人の「意思」に還元されるのである。[13]

　そもそも,私たちの「自由」な行為は,社会構造に条件づけられている(Giddens 1984)。あるいは,私たちは,権力に服従することによって,「主体」として存在しうる (Foucault 1975=1977)。法的言説における行為者への責任帰属は,かかるパラドックスの巧妙な処理のもとで可能となっているのだ。

5.刑事司法の「論理」

　以上のように,「家族役割と性別役割」(Gubrium and Holstein 1990=1997: 272)についての日常知たる「家族のプロトタイプ」が,専門知としての刑事司法言

説における解釈資源となっている。

　名古屋事件と千葉事件を対比させるとき，このことは明白である。名古屋事件の判決では，家族規範への「適応」が，被告人に有利な情状として扱われ，千葉事件では，被告人の家族規範からの「逸脱」を，裁判所は厳しく非難する。フェミニズムが批判してきたように，ジェンダー化された規範的評価のあり方を，ここに読み取ることができよう。

　さらに家族規範は，認定された「事実」に対する評価のみならず，事実認定をも支えている。千葉事件では，「規範」的評価を通して認定された「事実」に対して，「規範」的評価がなされており，規範が事実に先行しているのだ。「事実」レベルでの事件の理解可能性が，ジェンダー規範に依拠していることになる。

　こうして事件の背景たる「家族のプロトタイプ」は，刑事司法言説において，前提とされる。多摩事件の控訴審判決は，動機を「了解」可能なものとして提示する際，母性愛イデオロギーに暗黙に依拠しつつ，理由動機の説明をする。そして，目的動機を設定するにあたって，社会的文脈から切り離された被告人の「殺意」を強調するのだ。刑事司法の「論理」において，社会的背景は隠蔽されるのである。

　注
1）筆者は，刑事確定訴訟記録法に基づき，各事件の保管記録を閲覧した（注13も参照）。さらに，第4節で扱う事件については，公判を傍聴しており，その際のメモ等も，ここでの検討対象となっている。また，調査・執筆にあたっては，一部関係者や記者の方々にも，ご協力いただいた。感謝申し上げたい。なお本章では，プライバシー保護の観点から，事件関係人の氏名を一部匿名表記としている。
2）内閣府の「男女間における暴力に関する調査」（2011年実施）によれば，配偶者からの被害経験について「何度もあった」と答えた人は，女性で10.6％，男性で3.3％となっている。
3）名古屋地裁平成7年（わ）第39号。本件の判決は，『判例時報』1539：143-6に登載されている。本件は一審で判決が確定した。

4）本節の議論は，大貫・藤田（2012）に基づいている。
5）千葉地裁松戸支部平成13年（わ）第521号。本件の判決は公刊物未登載。本件は一審で判決が確定した。
6）もっとも，「不倫」がなければ，正当防衛が認められたと述べたいわけではない。重要なのは，本件判決においては，「不倫」に対する規範的評価が，動機の認定を可能にしているという点だ。
7）東京地裁八王子支部平成6年（わ）第164号／東京高裁平成8年（う）第421号／最高裁平成9年（あ）第1170号／最高裁平成13年（す）第326号。本件の判決等は公刊物未登載。なお最高裁判所第1小法廷（井嶋一友裁判長）が，2001年8月8日付決定で，上告棄却決定（上告審における未決算入1000日）に対する被告人の異議申立てを棄却し，一審判決が確定した。
8）ただし第12回公判（1995年5月26日）で，被告人は殺意を否定している。これを受け検察官は，第13回公判（1995年6月30日）において，公判調書の記載に基づき，第1回公判（1994年5月13日）では，「公訴事実は間違いありません」と被告人が供述したことになっていると指摘した。被告人は「何かの間違いじゃないでしょうか」と答えたが，裁判長が「そんなことはありません」と述べ，否認供述に取り合わなかった。しかし傍聴メモによると，第1回公判でも，被告人は「焼死させるつもりはありませんでした」と答えている。裁判所の対応に問題があったと考えられる。
9）市川氏の書面は，一審で弁護人が証拠調べ請求したが，採用されなかった。そのため弁護人は，情状立証のため，弁論要旨補充書に添付・引用するという方法で，裁判所に提出した（一審では，責任能力を争っていない）。控訴審では，心神耗弱を主張するため，弁護人が証拠調べ請求したが，採用されなかった。
10）裁判所は，弁護人による精神鑑定請求も却下した。
11）後にDさんは，この発言を否定しているが（『新潮45』2003年1月号の中尾幸司による記事），ここでは，判決の「論理」を考察することが課題となる。なお筆者は，個々の表現よりも，中絶が女性への非難となる客観的文脈を，行為者がどのように経験したかが重要だと考える。
12）この書面は，証拠としては採用されていない。
13）筆者は，本件の刑事確定訴訟記録につき閲覧申請をしたが，東京地方検察庁八王子支部の検察官は，裁判書以外の閲覧を不許可とした。そこで筆者は，2007年10月25日，不許可処分の取り消し等を求めて，東京地方裁判所八王子支部に準抗告を申立てた（平成19年（む）第244号）。2008年2月20日付で申立てが棄却されたため，筆者は2月27日，最高裁判所に特別抗告をしたが，その後3月11日に取り下げた（平成20年（し）第77号）。準抗告審で検察官は，「本件においては，男女性差が犯罪事実の認定，量刑等に直接影響したものではなかったことから，……ジェンダー研究の目的で本件訴訟記録を閲覧する合理

性を認めることはできない」と主張している（裁判所に対する 2007 年 11 月 20 日付回答）。このような「論理」こそ，まさしく本章で批判的に検討してきたものにほかならない。

　刑事確定訴訟記録に関しては，閲覧自由を原則とするのが法の趣旨であるが（刑事訴訟法 53 条 1 項，刑事確定訴訟記録法 4 条 1 項），実務上，閲覧はきわめて制限されている。かかる運用や，それを追認する裁判所の姿勢は，改められなければならない。

【参考文献】

Chesney-Lind, Meda, 1986, "Women and Crime: The Female Offender," *Signs* 12 (1): 78-96.

Connell, Robert W., 1987, *Gender and Power : Society, the Person and Sexual Politics*. Cambridge: Polity Press. (= 1993, 森重雄・菊地栄治・加藤隆雄・越智康詞訳『ジェンダーと権力——セクシュアリティの社会学』三交社.)

Cornell, Drucilla, 1998, *At the Heart of Freedom : Feminism, Sex, and Equality*. New Jersey: Princeton University Press. (= 2001, 石岡良治・久保田淳・郷原佳以・南野佳代・佐藤朋子・澤敬子・仲正昌樹訳『自由のハートで』情況出版.)

土井隆義, 1988,「刑事司法過程における犯行動機の構成」『犯罪社会学研究』13：102-121.

Foucault, Michel, 1975, *Surveiller et punir : naissance de la prison*. Paris: Éditions Gallimard. (= 1977, 田村俶訳『監獄の誕生——監視と処罰』新潮社.)

福島瑞穂, 1997,『裁判の女性学——女性の裁かれかた』有斐閣.

Giddens, Anthony, 1984, *The Constitution of Society*. Cambridge: Polity Press.

Gubrium, Jaber F. and James A. Holstein, 1990, *What Is Family?*. Mountain View: Mayfield Publishing Company. (= 1997, 中河伸俊・湯川純幸・鮎川潤訳『家族とは何か——その言説と現実』新曜社.)

戒能民江, 2002,『ドメスティック・バイオレンス』不磨書房.

Mackinnon, Catharine A., 1987, *Feminism Unmodified : Discourses on Life and Law*. Cambridge: Harvard University Press. (= 1993, 奥田暁子・加藤春恵子・鈴木みどり・山崎美佳子訳『フェミニズムと表現の自由』明石書店.)

Mills, Charles W., 1940, "Situated Actions and Vocabularies of Motive," *American Sociological Review* 5: 904-913. (= 1971, 田中義久訳「状況化された行為と動機の語彙」青井和夫・本間康平監訳『権力・政治・民衆』みすず書房, 344-355.)

落合恵美子, 1989,『近代家族とフェミニズム』勁草書房.

大貫挙学・藤田智子, 2012,「刑事司法過程における家族規範——DV 被害女性に

よる夫殺害事件の言説分析」『家族社会学研究』24(1)：72-83.
佐藤直樹，1995，『〈責任〉のゆくえ——システムに刑法は追いつくか』青弓社.
Schutz, Alfred, [1951] 1962, "Choosing among Projects of Action," Maurice Natanson ed., *Collected Papers I : The Problem of Social Reality*. The Hague: Martinus Nijhoff Publishers, 67-96.（＝1983，渡部光・那須壽・西原和久訳「行為の企図の選択」『アルフレッド・シュッツ著作集　第1巻——社会的現実の問題［Ⅰ］』マルジュ社，135-172.）
Scott, Marvin B. and Stanford M. Lyman, 1968, "Accounts," *American Sociological Review* 33(1) : 46-62.
Spector, Malcolm and John I. Kitsuse, 1977, *Constructing Social Problems*. Menlo Park: Cummings Publishing Company.（＝1990，村上直之・中河伸俊・鮎川潤・森俊太訳『社会問題の構築——ラベリング理論をこえて』マルジュ社.）
角田由紀子，2001，『性差別と暴力——続・性の法律学』有斐閣.
Walker, Lenore E., 1993, "Battered Women as Defendants," N. Zoe Hilton ed., *Legal Responses to Wife Assault : Current Trends and Evaluation*. Newbury Park, London and New Delhi: Sage Publications, 233-257.

【さらに学びたい人のための文献紹介】

辻村みよ子，2010，『ジェンダーと法［第2版］』不磨書房.
　　ジェンダー法学の理論枠組みや，法とジェンダーに関わる種々の具体的課題を解説する．憲法学者による著作だが，家族社会学やジェンダー論を学ぶ者にとっても重要な論点が扱われている．
Cornell, Drucilla, 1998, *At the Heart of Freedom : Feminism, Sex, and Equality*. New Jersey: Princeton University Press.（＝2001，石岡良治・久保田淳・郷原佳以・南野佳代・佐藤朋子・澤敬子・仲正昌樹訳『自由のハートで』情況出版.）
　　D. コーネルは，法とジェンダーについて，もっとも先鋭的な議論をしている論者のひとりである．この本では，「自由」を徹底して重視する立場から，妊娠中絶やセックスワークの問題などを取り上げている．
矢島正見・丸秀康・山本功編，2009，『よくわかる犯罪社会学入門［改訂版］』学陽書房.
　　「犯罪」を社会学的に考察するための様々なアプローチが，わかりやすく整理されている．若干ではあるが，フェミニズムの視点にも言及がある．また，日本の刑事司法や行刑についての概略を知ることができる．
牧野雅子，2013，『刑事司法とジェンダー』インパクト出版会.
　　警察官による連続強姦事件について，面会等を通じた被告人へのインタビュー，裁判の傍聴を行い，ジェンダーの視点から刑事司法のあり方を問い直して

いる.とくに,(男性の)「性欲」が「性犯罪」の「動機」と認定されていく過程を批判的に考察する.

大貫挙学・松木洋人,2003,「犯行動機の実践と成員カテゴリー化実践――いわゆる『足利事件』における精神鑑定をめぐって」『犯罪社会学研究』28：68-81.
　「足利事件」の裁判において犯行動機が認定される過程を,構築主義の立場から分析している.被告人の犯行を前提にした精神鑑定が,被告人が否認した後にも,かれを犯人とみなす根拠になっていることを指摘する.なお,その後被告人は再審で無罪となった.

第11章　家族と性的少数者

長野　慎一

1. 家族法制と性的少数者の新たな関係から生まれる問い

　現代日本社会において「性的少数者」の可視性はますます高まっている。いわゆる当事者が「同性愛者」あるいは「性同一性障害者」といった形でアイデンティティを表明するようになって久しい。さらにパートナーシップや親子関係に対する承認を求める事例ももはや珍しくはない。社会的地位の確立と上昇を求める動きは，国家に対する性的少数者による積極的関係づくりへも結びつきつつある。たとえば，レズビアンとしてカミングアウトした女性が，国政選挙に出馬し，その選挙期間中に公開結婚式をするような，ある意味で画期的な時代であるとすら言える。[1] 他方，政府の側でももはや「性的少数者」は無視できる存在ではない。たとえば，法務省の人権課題として，「性的少数者」の救済が明示され，「性的指向」や「性同一性障害者」がその下位カテゴリーとして列挙されている（法務省　2012）。

　こうした社会状況であるからこそ問うべき主題がある。第1に，そもそもなぜ身体や私的な関係性に対する国家による承認を個々の生活者が求めるのかである。その承認が社会生活に何らかの意義があるからこそ，性的少数者も自ら国家との積極的な関係を新たに結ぶのであろう。そこで，本稿では国家によってセックス／セクシュアリティ／ジェンダーを承認されることがもつ意義をまず明らかにすることをひとつ目の目的として設定する。そのうえで，国家と性的少数者の家族生活との間に生じつつある新しい関係についてその限界を明らかにしたい。結論を先に言ってしまえば，国家が定める現行の諸制度への性的少数者の包摂は，現行の家族制度やセックスに基づく住民の管理体制を生きながらえさせる点で問題が多い。上記の2つの主題を論じることを通じて，家族

生活と身体に対する国家による規制を再考したい。

　なお，本稿では国民国家のもとでその〈性的少数者〉が〈国民〉として〈家族生活〉を送ることに焦点を当てて論じる。グローバルな諸関係が日常生活に浸透する中で，国民国家というシステムに一国の国民の社会生活が還元できない点は言わずもがなである。だが，何が家族であり，家族生活を営む各主体の身体がどうであるのかについて，国家ほど強いメッセージを送りうる公権力はいまだ存在しない。国際結婚や外国人居住者の家族生活を考慮する場合でも自国がいわゆる家族にいかなる政策で臨むかでそれらのあり様が大きく影響される点は無視できまい。そこで，本章では，日本国籍を保有することで，日本という国家に，家族生活者，または，その欠格者としていかに構築されるかに的を絞って論じたい。

　本章では「国家」を，特別の断りがない場合，統治機構を意味する"state"の意味で使用している。stateに統治される共同体としての国家をいう場合には，ネーション（nation）と表記する。

2．家族形成の界と国家が生み出す正統性／異端性
2—1．家族形成の界：〈婚姻届〉と〈出生届〉による利潤率の差異

　P. ブルデューの「界」概念は，人生のパートナーとして当事者同士に固有の関係を結ぶこと，子どもを設けること，子として親と生活すること，こうした家族形成がもつ集合的価値を分析するさいに役に立つ。「界」とは，社会全体の中から独自の論理のもとで関係づけられた諸「位置」の総体を，ひとつの側面から，切り出すための概念である。「位置」の独自性は界ごとに有効な利潤を生む異なる種類の資本（経済資本，文化資本，社会関係資本）の組み合わせ（構造）とその総量が表す差異の間に出現する（Bourdieu 1979b=1990: 178; 1994=2007: 91, 196）[2]。家族形成を主題にした『結婚戦略』（Bourdieu 2002=2007）では，〈男女の結婚〉が〈家〉の経済的利潤・象徴的利潤の増減といかに関わるかが分析されているが，本章ではアイデンティティ／関係性に対して法律的承認が

もたらす社会的効果に視点を移したい。このことが，家族生活が国家による承認を得ていることが他の諸領域にさまざまな波及効果をもつ場合には必要である。そこで，性愛や身体性が国法の予定する形に沿っており，それゆえに，社会生活の各方面において高い利潤が見込まれることを，「法的資本」と呼ぶこととしよう。

　ここ日本社会では，家族形成を行う行為者が占める地位は，婚姻届と出生届によって取得される法的資本によって差異化されている。第1に婚姻届が男女カップルにもたらす点を指摘せねばなるまい。〈入籍〉は今も男女としての〈けじめ〉として人びとに認識されている。内縁関係に時折伴う後ろめたさとは対照的に，法律婚は，親族，知人，友人を招くめでたい披露宴とも結びつきやすい。法律婚は社会関係資本の増加・強化と結びつくのである。同時に，税制・社会保障制度において，法律上の配偶者の地位が他の関係性に比して明確に優遇されることを考えれば，そのことが直接的に法律婚カップルの経済資本の増加に結び付くことも明らかだ。くわえて，法律婚がもたらす一応の安定性は，狭義の相互扶助にとどまらず衣食住を共有し合うことで経済合理性を増大させもする。

　第2に婚姻届を前提とする出生届の提出こそが，明らかに，正統な父・母・子関係を形成すると社会的に考えられている。婚外子の中絶率の高さや「できちゃった婚」率の高さは，これを裏書きしている（渡辺　2007）。反面，このことは〈嫡出規範がもつ逆機能〉の表れとして，婚外子ゆえにその母親が出生届を出さず社会との接点を欠いてしまうような可能性をも意味する（渡辺　2010）。むろん出生届と法律婚の結びつきは，夫婦の体面の維持に寄与するばかりではない。子にとってみれば己の出生届が出されていることは，教育・訓練に関わる各種の機会を得られるか否かに大きく関わっている。この点で国家による家族生活の承認は，子どもの文化資本の多少を左右する効果をもっているのだ。

2―2．法的資本に変換される身体資本：異性愛の男女に育てること

　子の将来を考える〈まともな〉親であればこそ，国家の代理人として，子のセックス／セクシュアリティ／ジェンダーに対する認知的な押し付けを常日頃から子に対して行ってしまう可能性がある。上述のように，親は，親―子関係が法的に証明されていることが重要であることを理解するように仕向けられている。だからこそ，子の意思とは関係なく出生届を提出することを通じて，国家保証つきの性別が子に対して付される仲介をする。

　その反面，国家が予定する性別の型にわが子があてはまらないかもしれないとなれば，親はある種の試練にたたされる。出生届を出そうとするとき，親は，身体の性別に関して，医師の証明による裏付けをもとに，男の子なのか女の子なのかはっきりさせるように強いられる。こうした条件のもと，子の性別が不明瞭な場合は，親は子の幸福，あるいは家族の幸福のためと信じて，子の性別指定手術に踏み切ってきたのだし，対照的にすでに明らかな〈はず〉の性別を子が変更したいと望めば，困惑してきたのである（長野　2005；NHK・Eテレ　2011）。さらにかりに子がジェンダーやセックスに関して〈普通〉であるとしても，子のセクシュアリティが非異性愛のそれであれば，親たちは将来結婚できない／しない我が子や，そのような子を抱える自分たち家族の将来をしばしば案じてきたのである。

　日本社会においてある種の家族関係は，性別二元論を前提とした異性愛関係とその間の子を国家によって承認（Bourdieu 1979b=1990）されてきたことによって，別種の親密な関係性や親子関係に対して「卓越化」を図ることが可能であったのである。この点を考えれば，親が子の身体を国家が国民のあるべきそれとして指定する形態へと育て上げようとする点も理解しうる。そのような形態に当てはまればこそその身体は，親自身が自ら己の家族にもたらしたいと考える法的資本を，国家を介して子へも相続させることができるからだ。

2―3.「性同一性障害者性別取扱特例法」が浮き彫りにする身体性・関係性の間の階層性

　むろん国家は性的少数者への配慮を示しもする。しかしそれは既存の家族形成の界に自ら刻み込む階層性を崩さない限りにおいてなのである。この点を性的少数者むけに国家が発した法令をもとに明らかにしておこう。

　2004年施行「性同一性障害者の性別の取扱いの特例に関する法律」は,「性同一性障害者」が「法令上の性別変更」を国家に対して求める手続きを定めた法律である。本法は,既存の家族法との〈整合性〉を図るために,以下述べるように,①変更が認められる対象者の〈心理〉を定義し,②〈解剖学的特性〉,③〈セクシュアリティ〉,④〈親子関係〉を規制することで,国民の家族生活の基盤となる身体に何が相応しく,何が相応しくないのかを改めて浮彫にしている。

　まずは,〈生まれたままの身体が分類されるはずのセックス〉と〈心理的に自分のそれであると確信のあるセックス(ジェンダー・アイデンティティ)〉に不一致がある場合を〈特殊〉,両者に一致があることを〈普遍〉と措定する(心理)。

　次に,法令上の性別変更の審判を家庭裁判所に請求することのできる有資格者を「生殖腺がないこと,または生殖腺の機能を永続的に欠く状態にあること」(3条の4),「その身体について他の性別に係る身体の性器に係る部分に近似する外観を備えていること」(3条の5)と定める。こう定めることで,〈懐胎する可能性を持つ〉〈男〉という身体,〈射精する能力のある〉〈女〉という身体,あるいは〈両性具有的〉と映る身体についてはその名誉を法は配慮しないと宣言する。

　第3に,この法は,パートナーシップからの同性愛排除を再強化している。既存の法律婚(男女のそれ)との整合性を保つ形で制定されている(第3条の2)。この法言説からは,ある種の構図が抽出できる。つまり,戸籍上のセックスが同性同士となる場面が思い描かれると同時に異端のカップルとして棄却される

というそれだ。

　第4に，親であることと法令上の性別変更を両立不可能なものと定めることで，法令上の性別とは異なる形で現に生きているトランスジェンダーの親をスティグマ化する効果をもつ。「現に未成年の子がいないこと」を，法令上の性別変更を請求する資格を得る条件として規定する（3条の3）ことは，元「母」の「父」や元「父」の「母」に対して，正統な法的アイデンティティを認めないということを意味する。結果，特定のトランスジェンダーは生活実態と法的評価の不一致を甘受することを強いられる。

　特例法体はその名の示す通り戸籍法や家族法などの一般原則を補完する補助的役割を果たすに過ぎない。しかし，この法の存在自体が，家族形成を企図する可能性のある国民の間にさまざまな「性的少数者」が存在することを国家が可視化したうえで，それらの諸身体が法的資本になりうる程度には格差があることを国民に知らしめている。同時に，法の前に立たされる個々の国民は，異性愛の男女であることこそが家族形成上の法的資本であることを知らず知らずのうちに追認するように迫られるのである。

3．性的身体を作るハビトゥスと構成的外部
3−1．国民の身体を産むハビトゥス

　日本で国民として生を受ける以上，国家が手放しで性的少数者の人生を推奨することはない。国民の一等の身体は，異性愛／非トランスジェンダーの男女であるということはいまだ明白である。このような社会状況において，たとえば，異性愛者として自己を確立することに比べ，非異性愛者としてそうすることは誰にとっても困難である。模範的な身体の自己同一性を，否定的な恰好で代理＝表象する非異性愛の諸身体はいわば欠格者として存在するのである。それゆえ，性的主体として法の前に召喚される各行為者は，模範的とはいえない身体のあり方に基づく自己の人生を心に思い描くこと，言葉にしたりすること，実際の行動として実現すること，これらの可能性を無意識的に抑圧する性向を

身に着けざるを得ない。

そこで参照したい概念がブルデューのいうハビトゥスである。このことによりマクロな社会構造と行為者の心身に性向として生成するミクロな構造が連動して，知らず知らずのうちに個々の行為者が社会構造の再生産に寄与しつつ，必ずしも画一的ではない差異を含むライフコースを歩むことに光を当てることが可能になる。

ハビトゥスは次のように要約できる。

① ハビトゥスは，身体所作（静的・動的を問わず）と同時に生起する無意識的な精神構造を指す概念である。この構造は，文化的な教え込みの結果として生じる。それはあたかも身体に予め組み込まれていた感覚のごとく働く「勘」である（Bourdieu 1994=2007: 54, 191）。同時にハビトゥスは「認知と実践の隠れた法（ノモス）」（Bourdieu 1994=2007: 54）として，「象徴的暴力」（認知の押し付け）（Bourdieu 1982=1993: 56-7）を隠蔽する効果がある。「ハビトゥス」は個々の行為者を既存の社会構造を再生産する無自覚の媒介者へと仕立てるミクロな構造である。

② ハビトゥスは「持続性をもつ移調が可能な心的諸傾向のシステム」（Bourdieu 1980=1990: 83）として諸行為者の間に思考や行動の点で柔軟な差異を生じさせることを許容する[4]。

これを踏まえれば，異性愛主義社会で異性愛者としての主体化がいかに促されるかも納得がいく。そうした環境では，正しい主体とし同定されるには，行為者は，身振り・手振り，感情表出の方法，服装，役割の遂行において，いかにすれば有徴項として見なされないかを勘としてわきまえている必要がある。言い方を変えれば，社会構造の結果として，各国民は，異性愛としての生を促すハビトゥスのもとで性的に主体化を遂げる可能性が高い。他方で，異性愛者

だからといって個々の行為者の人生に差異がないわけではない。個々の行為者は異性愛主義化された社会構造を再生産しつつもさまざまな形で異性愛セクシュアリティを実現していくと考えうるのだ。

3—2．他なる身体性の普遍的回帰に対する抑圧

しかしながら，無意識として概念化されるハビトゥスを，ブルデューを離れて，さまざまな価値あるいは規範が葛藤する場として考えるならばより興味深い主体性のあり方を提示することができると思う。同じく無意識を法（規範）が構造化されたものと考える J. バトラーは，「構成的外部」という概念を手がかりにしつつ，無意識を潜在的な葛藤の場と捉えている。法が首尾一貫性を維持するためには，己を代補する他なる領域を必要とする。この他なる領域が「構成的外部」である。ブルデューがいうように無意識がノモスとして構造化されているとすれば，無意識は法に従順な主体を生み出す場であるのではなく，〈法外なもの〉の回帰により，法の，したがって，個々の主体のアイデンティティの一貫性が常に争われている領域であると考えられる（長野 2007）。とすれば，普遍的事象として，無意識の水準では，生粋の異性愛セクシュアリティも，確固としたジェンダー・アイデンティティも成立しがたいはずなのである。

にもかかわらず，法の制度上，構成的外部にとどめ置かれる身体の生の諸可能性は，「マイノリティ化」（Sedgwick 1990=1999: 121）する言説のもので，もっぱら「性的少数者」の経験へと還元される。非性的少数者が自己を対照させる他者として彼女ら・彼らは実体化されるのである。こうした条件のもとでは，性的少数者として自己を認識している行為者にとって，ある意味でアイデンティティ・カテゴリーの本質主義的活用に基づく自己表象は，現在の不平等な地位を未来の平等なそれへと変更するための基盤として利用しやすい。この方法は，身体的なもの，あるいはときに心理的なものに関わる，実体的なものが位置しているはずの広大な客観的な場に，己のアイデンティティを支える自己同一的な基盤が存在しうる点を前提とするからだ。まさに，これこそ国家がネー

ションを集合的な身体として実証的に管理運営するさいの戦略でもある。それゆえ、実体的な性的アイデンティティは性的少数者が国家の制度と交渉する際の共通のレトリックになりやすいのも当然である。

しかしだからといって、性的少数者の家族生活の制度化が必ずしもひとつの解答ではないように思われる。そこで最後に、インフォーマルな形で生じている家族形成の界における変容について、あるレズビアン・カップルの物語を手がかりに簡単にスケッチしたうえで、再度この問題に立ち戻ってみたい。[5)]

4．クイアな身体性の解放
4—1．国家非公認の界の変成

NHK・Eテレ『ハートをつなごう』（2011年2月21／22日放送）ではあるレズビアン・カップルとその親子の家族史が紹介されている。2人の名はヒデコさんとケイコさんである。彼女たちの半生がナレーションを交えながらドキュメンタリー形式で描かれる。両者は1975年に関東で出会った。当時すでに彼女たちはそれぞれ別の男性と結婚しておりそれぞれが子どもを産んでいた。出会いから半年後には北陸で一緒に生活を始める。現在子どもはすでに成人している。北陸で住みはじめたころ、近隣住民、学校、行政からは——意外にもというべきだろうか——助け合う「母母子子家庭」として理解を得ていたという。しかし、不安や違和感はつきものであったという。血縁関係のない子との関係は主観的に親子であると認知していても法律上は他人同士である。あくまでレズビアンとしての自分たちの姿は周囲に隠しておかなければならなかった。つまり「秘密にさせられている家族」（ヒデコさん）であったのだ。

なぜ彼女たちはマス・メディアを通じてレズビアン・マザーとして自己呈示しているのだろうか。放送で人生を語る以上、結果的に、彼女たちは不特定多数の人びとに向けてカミングアウトをしていることになる。異性愛の法律婚を正統な家族とする界にあって、「欠損家庭」としてであれ、彼女たち家族が生きる隙間がなかったわけではない。生きられたのである。しかし、それは場違

いの身体性を，クローゼットにひた隠しにすることによってであった。彼女たちもまた異性愛主義化するハビトゥスにおいて主体化していたのである。カムアウトは，そのハビトゥスのもとに回帰する他者性に対して具体的な基盤を与えるパフォーマティヴィティであったといえるだろう[6]。

　さらに，彼女たちが生きたいと望む身体性や関係性を支援する各種のネットワークが存在したと推察される点も重要だ。番組のなかで，彼女たちは関西のフェミニズム団体が運営するカフェで自分史を語る機会を得ている。プライドパレードという集合的行動をとおして，自らのアイデンティティや政治意識を公共空間においてその身をもって伝達する機会を得ている。身の上話のできる友人・知人が存在する。放送では，ヒデコさんが高校時代に好意を寄せていた友人の墓参りに同じく高校時代の友人と出かける場面がある。そこで友人がいう。「ふと思ったんだけどあなたはつらかったんじゃないかなって。」ヒデコさんは次のように答える。「私誰かにあなたの考えていることは間違ってないって言ってほしかったんだよね。……図書館で色んな本を読めば読むほど病気だって書いてあるんだよね。」ヒデコさんは，高校時代の病理化する言説に触れたころの辛さを打ち明けることができ，共感を寄せてくれる具体的な他者との関係を構築しているのだ。

　この2人の物語が想起するのは新しいハビトゥスと界の形成の可能性である。それは，〈異性愛の男女とその子〉を正統であると位置づける界の間隙を縫って，別の身体性に基づく／を増強する「勘」を編み出し，これによって構造化される／を構造化する各種の資本を生み出し界自体の構成を変革する可能性である。

4−2．クイアな身体性を差別しない法制度へ

　このように家族形成の界に変容をもたらしうる新しいハビトゥスに対して法的資本を握る国家はいかなる対応をするべきであろうか。むろん，国家が特定のセクシュアリティとその間に生まれた子のみに祝福を送るなどということが

許されるはずがない（Cornell 1995=2006）。

　だからといって，同性間の関係にも法律上の婚姻を認めるのみでは解決策として当然不十分だ。それでは，〈法律婚〉がもつ，界の諸位置の間に及ぼす差別化の作用を延命することになる。構成的外部としてのモノガミーや婚姻関係外のセクシュアリティの位置は変わらない[7]。だから，暴力や貧困の蔓延の非許容などを別とすれば，親密性の形態に関する格付けから国家は撤退するべきであろう。

　性別取扱特例法がいうような「法令上の性別」という概念自体も問題が多い。家族形成の界では，パートナーシップに法の公認を得るためには，国家公認の性別こそが身体資本として価値をもつ。外部との／内部での各種の境界線が明瞭な実証可能な時空として，したがって，2つに単純化された性別がいかに分布し関係しているか／してきたかが明確である「想像された共同体」として，国民の管理・運営に向かう匿名の国家戦略があり，その結果として特定の身体の形態のみが特別なエンブレムを享受し続けるような体制は，個々人の「イマジナリーな領域」（Cornell 1998=2001）を毀損する公算が高い。だから，ただちに性別変更手続きは自由化されるべきであるし，そもそも国家が各国民のセックスを客観的に保証する機関である必要があるのかも問われなければなるまい。

　葛藤の場としての性的ハビトゥスに対して個々の国民が向き合える機会を国家は保障するべきである。国家は1人の国民の潜在的なクイア性[8]をネーション全域において普遍的に措定するべきである。ここでいうクイア性とは性別（セックス）を参照点にしつつ揮われる規範化作用（国家のそれに限らない）に条件づけられつつも，この作用に対して（結果的であれなかれ）批判的な立ち位置にあらざるを得ないことをいっている。現在の国家による規制は明らかにクイアな位置を抹消する効果をもつ[9]。物質としての身体のあり方の実体化とこれに基づく家族形成を促すパフォーマティヴィティを国家に担わせ，その作用に身を委ねることで正統な国民としての矜持を得るという自己形成のあり方を保護す

るために，自己の身体性の諸可能性と自ら向き合う機会を得たいと思う国民からその機会を奪うべきではない。

　このように述べたからといって，本章はすべての人間がカップル志向を改めるべきであるとか，結婚をやめるべきであるとか，性別（セックス）を放棄しなければならないといっているわけではない。国家が特定の身体を優遇しそれを法的資本に変換すること，同時に，国家が特定の身体に基づく関係性のみを特権的な法的資本に変換することを控える世界を想像してみようといっているに過ぎない。〈法的資本〉と性的ハビトゥスの間の結合の強化から国家が退き，非固定的な他者性すらも己の人生として生きる自由を，そうでない生活を享受しうるのと同程度に，各行為者が享受できる世界では，ライフコースの多元化が進展するだろう。その結果，ネーションを統べる家族や身体に関する唯一の形式が消失してしまうだろうが，それでも誰もがクィアな自己にさえ向き合える世界である点でより解放的な世界である。

5．国家はいかに変わるべきか
——多様な身体性の生成を促すネットワークの形成とともに

　国家は，身体・セクシュアリティの諸形態に照らして法的資本の量や質を統制することで，国民の家族形成のあり様を規制してきた。適合的なハビトゥスを維持することで国民は国定の身体と関係性に向けて主体化することが可能である。他方で適合的ハビトゥスが排除し理解不可能にする他の身体性の可能性に身を投じる可能性も国民には開かれている。本質主義的マイノリティ化は，他なる身体性の現れ方のひとつであり，〈自然〉に関して措定された実証主義的時空の中にプロットしうるものとして，国家が国民の身体を把握し，働きかけようとする条件のもとでは，マイノリティ自身の法的地位を争う方策として，有効にも働きうるだろう。他方でこの時空のなかに位置を占めない身体性や関係性の可能性は依然抑圧されるままだ。だからこそ国家のあり方としては〈何が国民の身体であり何が国民の家族であるかを述べること〉により，〈その種

の身体や関係性を作り出し〉,〈諸家族あるいは諸脱家族の差異の間にヒエラルキーを設定する〉結果を産むような政策には控え目であるべきである。身体に関わる本質主義的アイデンティティを強要するのではなく,むしろ,固定的身体性の強要自体を法制度から除去するべきことが必要なのである。

むろん,国家の役割が消滅するわけではない。しかし,役割はいかにサポーティヴでありうるかに変更されるべきであろう。「想像された共同体」が前提とする〈自然〉のなかに正統な座を占めていないクイアな身体性/関係性であればこそ,しばしば社会から自ら撤退しがちになる。それゆえに,本当に必要なところに必要な支援がいきわたるようにしなければならない。

この視点にたつとき2つの課題が今後検討されるべきである。第1に社会関係資本の広がりの可能性である。ただしブルデューが明らかにしたように「卓越化」の手段としてのそれではない。むしろR. パットナムがいうような信頼や互酬性のネットワークとしての社会関係資本（Putnam 2000=2006）の可能性が検討されるべきであろう。同時に改めて国家の再分配機能とクイアな家族との関係を考える必要がある。たとえば,クイアな子が自己の性別を変更するために医療サービスが必要になるような場合,現行制度では社会保険の適用には障壁が多い。あるいは,先ほどの社会関係資本を持続させるためにすべての活動が関係者による持ち出しというのでは,必要なサポートが必要なときに受けられないという事態,ボランティアする側がされる側に対して権威的になってしまうような事態が生じうる。だからこそ,サポート・ネットワークとしての社会関係資本が枯渇してしまわないように財政的裏付けを国家がしなければならない場合がでてもこよう。

さらに本章では扱えなかったが国民と国民以外の住民との処遇の相違をいかに調整するべきかも考察する必要がある。グローバル化の流れのなかでも国民国家体制はいまだに持続している。ある地域に外国人として住むことは市民権の一部が制限されることを意味する。日本政府はかつて自国での「同性愛者」への迫害を恐れて難民申請をしていた男性の願いを拒絶し裁判所もこの決定を

覆すにはいたらなかった（ジェイダさんという名のゲイ，2005 年に第三国に出国）。同性婚の法制化はこうした問題を一挙に解決してしまう方法であるようにも思われるが，そのような場合も日本国民との関係性の派生的な権利として外国籍のクイアな身体を保護するに過ぎない。グローバルな市民権の保護を掲げる国家へと日本が変容を遂げるのであれば，日本国籍を保有しない住民の身体性やパートナーシップ（ポリガマスなものを含め）に対してもいかにサポーティヴでありうるのかを，他国や国際機関との関係の再構築を加味しつつ，個々の国民自身が考察する必要がある。その結果，国民自身が現行の地位を享受できないような場合があるにせよである。

注

1）尾辻かな子さん（元大阪府議会議員）の人前同性婚式。2007 年名古屋市中区池田公園での HIV/AIDS 予防啓発イベントの一環として不特定多数の人に公開する形で行われた。第 21 回参議院議員通常選挙に立候補中であり，結果は落選。2013 年民主党に離党届を提出していた室井邦彦参議院議員の辞職に伴い，繰り上げで当選。任期は 2013 年 7 月 28 日まで。

2）文化資本には「制度化された資本」（高等教育機関証明書などの制度的に証明された資格），「客体化された資本」（書籍などの形で有形化されたもの）「身体化された資本」（たとえば，書籍を"自然に読みこなす"後天的に習得された「勘（ハビトゥス）」）がある（Bourdieu 1979a=1986）。「社会関係資本」とは，「卓越化」の原資になりうるような人的ネットワークや信用関係である（Bourdieu 1979b=1990）

3）年齢に関する制約もある。3 条の 1「二十歳以上であること」。年齢と自己の身体に関する判断をいかに考えるべきかは，本章の考察では十分に扱えない。しかしながら，国家が，性別が何であるかをそもそも国民に求めなければこの規定自体も不要だ。

4）「ハビトゥス」は客観主義（構造の不変性を措定）と主観主義（主体の経験や意志の優位を措定）の分裂を架橋する概念である。

5）物語に登場するふたりの国籍が何であるかはとくに明かされない。本章の課題に沿ってひとまず 2 人が日本国籍保有者であるとすると仮定して議論を進める。外国人─日本人，外国人同士の家族形成という主題の重要性を認識していないからではなく本章ではそのようなより複合的な問題まで扱う余裕がないからだ。

6）パフォーマティヴィティとハビトゥスの関係については，長野（2011a）。
7）同性婚の法制化は，すでに法律婚しているがゆえに「法令上の性別」の変更を国家に求める資格のないトランスジェンダーの救済にはなる。
8）クイア（queer）はもともと「オカマ」とか「変態」という意味の俗語（英語）である。クイアは，異端としての地位を示すこの名を己にあえて冠し，性／生に関する既存のゲームのなかで正統な地位を取得しようとするよりは，ゲーム自体の正統性を問う姿勢を指している。またこの姿勢を基本的な指針として採用している研究分野がクイア研究である（Butler 1990=1999, 1993; Halperin 1990=1997; Warner 1999; Sedgwick 1990=1999）。
9）これは，バトラーの述べる〈抵抗としてのパロディ〉である（Butler 1990=1999；長野　2003）。また，「レズビアン・ファルス」概念もクイアな身体の可能性を構想するものだ（Butler 1993；長野　2013）。
10）この問題を考えるに，密室化しがちな関係であるからこそ生じてしまう問題の解決に対して，周囲のネットワークがいかにサポーティブでありうるだろうか（渡辺　2010）という問いはひとつの導きの糸になる。たとえば，非異性愛者の私生活に潜む暴力は隠蔽されやすいことが指摘されている（Taylor and Chandler 1995）。

【参考文献】

Anderson, B., [1983] 1991, *Imagined Communities : Reflections on the Origin and Spread of Nationalism*, "nd ed.. Verso.（= 1997，白石隆・白石さや訳『増補　想像の共同体：ナショナリズムの起源と流行』NTT 出版.）

Bourdieu, P., 1979a, "Les trios états du Capital culture," *Actes* 30.（= 1986，福井憲彦訳「文化資本の三つの姿」『actes』1 : 18-28.）

Bourdieu, P., 1979b, *La distinction : critique sociale du jugement*. Minuit.（= 1990，石井洋二郎訳『ディスタンクシオン——社会的判断力批判（Ⅰ／Ⅱ）』藤原書店.）

Bourdieu, P., 1980, *Le sens pratique*. Minuit.（= 1988／1990，今村仁司・港道隆・福井憲彦・塚原史訳『実践感覚（1／2）』みすず書房.）

Bourdieu, P., 1982, *Ce que parler vent Dire : L'économie des échanges linguistiques*, Fayard.（= 1993，稲賀繁美訳『話すということ——言語的交換のエコノミー』藤原書店.）

Bourdieu, P., 1994, *Raison Pratiques : Sur la thécrie de l'action*. Sueil.（= 2007，加藤晴久・石井洋二郎・三浦信孝・安田尚訳『実践理性——行動の理論について』藤原書店.）

Bourdieu, P., 2002, *Bal des célibataires*. Seuil.（= 2007，丸山茂・小島宏・須田文明訳『結婚戦略：家族と階級の再生産』藤原書店.）

Butler, J., 1990, *Gender Trouble : Feminism and the Subversion of Identity*. New York; London: Routledge.（= 1999, 竹村和子訳『ジェンダー・トラブル——フェミニズムとアイデンティティの攪乱』青土社.）
Butler, J., 1993, *Bodies That Matter : On the Discursive Limits of "Sex"*. New York; London: Routledge.
Butler, J., 1997, *Excitable Speech : A Politics of the Performative*. New York: Routledge.（= 2004, 竹村和子訳『触発する言葉——言語・権力・行為体』岩波書店.）
Butler, J., 1999, "Performativity's Social Magic," Richard Shusterman ed., *Bourdieu : A Critical Reader*. Blackwell: 113-28.
Butler, J. and G.C. Spivak, *Who Sings the Nation-State? : Language, Politics, Belonging*. London: Seagull Books London Limited.（= 2008, 竹村和子訳『国家を歌うのは誰か？——グローバル・ステイトにおける言語・政治・帰属』岩波書店.）
Cornell, D., 1995, *The Imaginary Domain : Abortion, Pornography and Sexual Harassment*. New York: Routlege.（= 2006, 仲正昌樹・遠藤かおり・高原幸子・堀江有里・塚原久美訳『イマジナリーな領域—中絶，ポルノグラフィ，セクシュアル・ハラスメント』御茶の水書房.）
Cornell, D., 1998, *At the Hart of Freedom : Feminism. Sex & Equality*. Princeton.（= 2001, 石岡良治・久保田淳・郷原佳以・南野佳代・佐藤朋子・澤敬子・仲正昌樹訳『自由のハートで』情況出版.）
Halperin, D., 1990, *Saint Foucault : Towards a Gay Hagiography*. Oxford: Oxford UP.（= 1997, 村山敏勝訳『聖フーコー——ゲイの聖人伝に向けて』太田出版.）
法務省人権擁護局, 2012,『人権の擁護』(http://www.moj.go.jp/JINKEN/jinken25.html 2013年3月31日).
長野慎一, 2003,「抵抗してのパロディ——バトラーとコーネルの比較から」『人間と社会の探求（慶應義塾大学大学院社会学研究科紀要)』57：75-85
長野慎一, 2005,「『セックス』という／による管理——『性同一性障害者性別取扱特例法』をめぐって」渡辺秀樹編著『現代日本の社会意識——家族・子ども・ジェンダー叢書21COE—CCC多文化世界における市民意識の動態6』慶應大学出版会.
長野慎一, 2007,「主体・他者・残余——バトラーにおけるメランコリーをめぐって」『三田社会学』12：60-73.
長野慎一, 2011a,「パフォーマティヴィティ概念を再構築する——バトラーのブルデュ批判を越えて」第59回関東社会学会大会報告原稿.
長野慎一, 2011b,「唯物論者としてのバトラー——女性というセックスの物質性をめぐって」『年報筑波社会学 第Ⅱ期』3・4号合併号.

長野慎一,2013,「ハイブリッドとしての女性と民主主義——身体の多元的秩序形成のために」伊藤陽一ほか編著『グローバル・コミュニケーション』ミネルヴァ書房.

NHK・Eテレ,2011,『ハートをつなごう』(2010年2月21/22日)

池田心豪・大貫挙学,2002,「バトラーのブルデュー批判から見えること——社会的位置の構築と主体(化)をめぐる問題」『現代社会理論研究』12:90-101.

Putnam, R., 2000, *Bowling Alone : the Collapse and Revival of American Community*. Simon & Schuster. (= 2006, 柴内康文訳『孤独なボウリング——米国コミュニティの崩壊と再生』柏書房.)

Sedgwick, E., 1990, *Epistemology of the Closet*. The University of California Press. (= 1999, 外岡尚美訳『クローゼットの認識論——セクシュアリティの20世紀』青土社.)

Warner, M., 1999, *The Trouble with Normal : Sex, Politics, and the Ethics of Queer Life*. Harvard University Press.

Taylor, J. and T. Chandler, 1995, *Violent Relationship*, Scarlet Press.

渡辺秀樹,2007,「家族意識の変化と少子化」『人口減・少子化社会の未来——雇用と生活の質を高める』明石書店.

渡辺秀樹,2010,「置き去りにされる子どもたち」『いま,この日本の家族——絆のゆくえ』弘文堂:11-51.

【さらに学びたい人のための文献紹介】

Bourdieu, P., 2002, *Bal des célibataires*. Paris: Seuil. (= 丸山茂・小島宏・須田文明訳,2007,『結婚戦略:家族と階級の再生産』藤原書店.)

　　包括的経済システムにのみこまれていく農村社会でいかに婚姻市場が変容するかを鮮やかに分析.特に変質する出会いの場から取り残される農民の身体の描写は,ハビトゥスと家族形成の関係を考察するうえで非常に参考になる(第二部).

Butler, J., 1990, *Gender Trouble : Feminism and the Subversion of Identity*. New York; London: Routledge. (= 竹村和子訳,1999,『ジェンダー・トラブル——フェミニズムとアイデンティティの攪乱』青土社.)

　　1章は,理念的身体像が言語を通して性的主体の中にいわば物象化される様を理論化.2章は,精神分析学を再考しつつこの物象化がいかに無意識の形成と相関的に進行するかに焦点を移す.3章は,言説の再配置からこれに対抗する術を模索する,いわば抵抗編.いわゆる構築主義の視点にもとづくジェンダー・セクシュアリティ理論分野の代表的研究.

Cornell, D., 1998, *At the Hart of Freedom : Feminsim, Sex & Equality*. Princeton, NJ: Princeton University Press. (= 石岡良治・久保田淳・郷原佳以・南野佳

代・佐藤朋子・澤敬子・仲正昌樹訳,2001,『自由のハートで』情況出版.)

　全ての人が,性的同一性を抱えることを強制される.だからこそ,身体や関係性についての構想を各人が練り直すための道徳的・心理的領域として,「自由のハート」をもつことが,法的に保障されるべきだと論じる.原論は1章と7章.事例分析は他の章.

Sedgwick, E., 1990, *Epistemology of the Closet*. Berkeley, CA: The University of California Press.(＝外岡尚美訳,1999,『クローゼットの認識論——セクシュアリティの20世紀』青土社.)

　同性愛嫌悪の政治を可能にする両輪的な戦略として,同性愛を特殊な身体に還元する「マイノリティ化」と,逆に異性愛文化の中にも潜在的同性愛を見る「普遍化」を抽出.構築主義—本質主義論争の盲点を突く点で重要.序論と1章は必読.

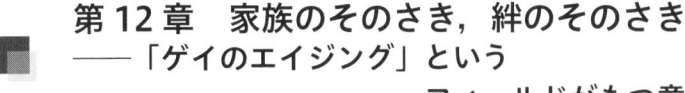

190　第3部　構築される家族，ジェンダー，セクシュアリティ

第12章　家族のそのさき，絆のそのさき
──「ゲイのエイジング」というフィールドがもつ意味──

小倉　康嗣

1．「ゲイのエイジング」というフィールド
1−1．「私たちのエイジング─婚姻制度の外で年齢を重ねるということ─」

　「エイジング」という言葉は近年になって社会に流通するようになった比較的耳に新しい言葉だが，最近ではゲイシーンでもよく目にするようになった[1]。2001年あたりからゲイのメディアでも見かけるようになったし[2]，2005年に開催された「東京レズビアン＆ゲイパレード2005」では，実行委員会の企画によりセクシュアル・マイノリティのエイジングをテーマとする日本初のシンポジウム「私たちのエイジング──婚姻制度の外で年齢を重ねるということ」も行われた[3]。

　私もこのシンポジウムの司会を依頼され，その場に臨んだ一人だが，シンポジウムが行われた代々木公園のイベント広場はたちまち人でいっぱいになり，静まりかえった観衆は，老いの季節へと向かう3人の50代半ばのゲイやレズビアンのパネラーの話に熱心に聞き入っていた。それは，この問題に対する関心の高さをあらためて実感するひとときであった。

　ここで「エイジング（aging）」とは，「age（年齢）＋ ing（進行形）」であり，まさしく年齢を重ねていくプロセスをあらわした言葉である（＝個人のエイジング）。と同時に，この言葉には人口高齢化（総人口に占める高齢者の割合の増大）すなわち社会の高齢化という含意もある（＝社会のエイジング）。エイジングについて社会的な関心がもたれるようになったのは，中年期以後の平均余命が急激に伸張し，社会の高齢化が進んだからある。その意味でエイジングとは，社会の高齢化の中で，いかに年を重ね，どう老いていくのか，という問題意識を

主題化する概念であるといってよい。

　もちろん，生まれたときからエイジングは始まっているので，人生プロセス全体（生涯）を視野に入れる言葉でもある（その意味では仏教にいう「生老病死」の「老」の意味あいに近い）。したがって，社会の高齢化によって発見された中年期以後の人生後半の意味地平から，人生プロセス全体（生涯）をながめなおしていく視点を含みもった概念であるとイメージすればよいであろう。[4]

1−2．ゲイコミュニティにおける「エイジング」の発見

　このエイジングという概念がゲイシーンで注目されはじめたということは，「トータルなゲイの生」を考えていく意識がゲイのあいだで高まってきたことを反映している。これまでクローゼット（日陰者）の存在であったゲイたちが，「苦しい，苦しい」と身もだえしながらホモフォビア（同性愛嫌悪）の闇を突き破って表に出てきたのが90年代だったとするならば，このエイジングというテーマが2005年のレズビアン＆ゲイパレードのシンポジウムでとりあげられたということは，その闇を突き破って表に出てきたあとの生涯を，どのように充実させて生きていくかということを考えていくステージにようやくきたのだ，ということを象徴しているように思われる。それは，依然として差別の問題が重要課題として厳存しながらも，「反差別」という文脈から「生き方の創造」という文脈への軸足の移行（拡がり）をあらわしているといえるだろう。

　ゲイとして生涯を全うしようとする意識が，世代としての広がりをもって共有されはじめるのは，90年代のムーブメントを駆け抜けゲイ・アイデンティティを獲得してきた現在40代の世代あたりからであろう。[5] その意味では，2005年のパレード・シンポジウムに登壇した50代半ば（当時）のパネラーの方たちは，ゲイ（やレズビアン）として生涯を全うするライフスタイルが世代としての広がりをもって共有されはじめる「フロントのフロント」にいる人たちであった。まさしく「ゲイのエイジング」というフィールドは，ゲイシーンにおいて現在進行形で発見されてきている領域なのである。

では、この「ゲイのエイジング」というフィールドは、いったい何を問いかけているのだろうか。それは、「ゲイ」という特定の人びとの限られた問題でしかないのだろうか。

2．"みんな"の問題

さきのパレード・シンポジウムのタイトルに添えられた副題は「婚姻制度の外で年齢を重ねるということ」であった。「ゲイのエイジング」に思いを馳せるとき、婚姻制度の外で年齢を重ねるという問題に直面せざるをえない。それは、（私自身も含め）ゲイであれば誰もが1度は耳にするであろう「ハッピー・ゲイライフだって？　若いうちはそれでもいいかもしれないけど、結婚せず、子どものいないゲイの後半生は、孤独でさびしいだけなんじゃないの？」というような物言いによって対峙させられるのである。

つまり「婚姻制度の外で」とは、「結婚、子育て、家族づくり」という定番とされてきた異性愛者のライフコース（人生の物語）の外でということであり、従来の家族制度（近代家族制）の枠外でということである。そのことを、どのように受けとめ、どう考えればよいのだろうか。

2−1．〈絆〉と〈生の意味〉をめぐる2つの根本問題

それは、煎じ詰めるならば、2つの根本問題に集約されるだろう。ひとつは「誰と生きていくのか」という〈絆〉の問題であり、もうひとつは「人生の目的をどう考え、何を信じて生きていくのか」という〈生の意味〉をめぐる問題である。前者は親密性を主題とする〈ヨコのつながり〉の問題であり、後者は自己をこの世に位置づける〈タテのつながり〉の問題である、といいかえてもよい。そして両者は分かちがたく結びついている。

たとえば、ひとつめの誰と生きていくのかという〈絆〉の問題に関してまっさきに浮かんでくるのは「家族」であろう。そこには、結婚し、家族をもてば幸せな後半生（ないし老後）が過ごせるという想定がある。しかし実際は、必

第 12 章　家族のそのさき，絆のそのさき

ずしもそうではない。

　残念ながら日本は高齢者の自殺率が高く推移してきた国であるが，家族と同居している高齢者の自殺率のほうが，1人暮らしの高齢者の自殺率よりも高く，「本来孤独感が少ないと思われる同居世帯の方が一人暮らしの高齢者よりも自殺率が高くなっているということは，精神的には一人暮らしよりもむしろ同居の中での距離，孤立感を感じる場合も多い」と報告されたことがある[6]。さらに，くしくもさきのパレード・シンポジウムが開催された2005年ごろから，「熟年離婚」ブームといわれはじめる。実際，20年以上連れ添った熟年夫婦の離婚件数は，ここ35年で6倍に増加している[7]。これらの現実は，何を物語っているのだろうか。

　そもそも，戦後いっきに大衆化し，異性愛社会の中で定番とされてきた家族のかたち（近代核家族）は，人生前半を中心に組み立てられたものである。つまり，父親（夫）と母親（妻）がそれぞれの性別役割をもって，子どもを産み育てるための家族[8]。しかし，そこに長い老後の居場所は想定されていない。子どもの成長と夫婦関係を軸とする若者中心の近代家族の枠組みのなかで，高齢者（老親）が子ども家族と同居したとしても，肩身のせまい思いをしがちであろうことは想像に難くない。

　家族という「親密である」とされる空間のなかで疎外されることは，もともと1人暮らしであることの孤独感よりも，ずっと耐えがたい孤独感を強いる。そんなとき，友だちもおらず，家族のなかだけに居場所をつくってきた高齢者の場合は，その孤独感はなおさら強いものになるであろう。家族と同居している高齢者の自殺率の高さは，こういったこれまで定番とされてきた家族のあり方の限界を物語っている。

　また，夫婦関係にしても，このような定番型家族の性別役割関係では，老後を含めた人生後半をやっていけないという状況がある。子どもが巣立ち，夫が定年退職すると，夫婦をつなぎとめていた性別役割はなくなってしまう。そういった状況の中で関係をつづけていくには，性別役割ではない，つまり役割以

前の自己による自前の関係（パートナーシップ）をつくっていかなければならない。これは老後になって急にできることではないし，そうとう大変なことである。熟年夫婦の離婚件数の増大は，そのことを如実に示唆しているように思われる。

　これらの事実が物語ることの意味は大きい。社会の高齢化が進み，人びとがみな長く生きるようになって，右肩上がりの人生50年・60年時代につくられた出来あいの「婚姻と家族の物語」では，人生後半期のささえにはならないという根本的な限界を示しているからである。その意味で長寿化とは，シングルで多様な関係性を切り結ぶ期間が長くなるということでもある。実際，人生80年・90年時代のいま，少子化も進み，子を「かすがい」として家族関係を築く期間や，一家の大黒柱として家族を養うといった性別役割を生きる期間は，人生の3分の1以下にまで縮小している（表12-1）。

表12-1　家族のライフサイクルの変化

主要事象 （イベント）	1935年	1970年	2005年
結婚年齢 （平均初婚年齢）	男 27.8歳 女 23.8歳	男 26.9歳 女 24.2歳	男 29.8歳 女 28.0歳
子ども数 （合計特殊出生率）	4.5人	2.13人	1.3人
出産期間	15年	7年	5年
子どもの養育・教育期間	27年	23〜27年	23〜27年
夫定年年齢 ［55歳余命］	50〜55歳 ［男 15.5年 女 18.5年］	55歳 ［男 19.7年 女 23.5年］	60〜65歳 ［男 25.3年 女 32.2年］
死亡年齢 （平均寿命）	夫 46.9年 妻 49.6年	夫 69.3年 妻 74.7年	夫 78.6年 妻 85.5年

出所）国勢調査，生命表，人口動態調査等により，エイジング総合研究センターが作成

　さらにこのことは，2つめの「人生の目的をどう考え，何を信じて生きていくか」という〈生の意味〉をめぐる問題についても再考を迫る。こういった問

いを投げかけたときに，これまで異性愛社会から安直に返ってきがちな「子孫を残す」という常套句も，「結婚して子を産み育ててこそ一人前であり，それが人生の目的だ」というゲイにとって足かせとなってきた人生の筋書きも，子どもが巣立ったあとの長い後半生の意味をささえることは，もはやできないのである。

2-2.「ひとりの人間」として誰とどう生きるか

つまり，「ゲイのエイジング」というフィールドが問いかけているのは，「ひとりの人間」として誰とどう生きるか，というきわめて普遍的・根本的な問題なのである。社会の高齢化・成熟化が進み，既存の人生の枠組みが無効化していく中で，ゲイであろうが，異性愛者であろうが，従来の社会から与えられた出来あいの性別役割や婚姻と家族の物語にとらわれず，「ひとりの人間」として誰といかに生きていくか，という課題が共有されてきているといえる。生き方のモデルがないという意味では，ゲイも異性愛者も同じ課題に直面しているのが高齢社会である，といえるのである。

さらにこのような事態に，2000年代以降顕著になってきた社会状況がいっそう拍車をかけている。社会の成熟化による「大きな物語」の終焉と経済のグローバル化のなかで，「継続し安定した雇用と，それを前提とした家族」という従来の定番型家族の生の基盤それ自体が解体していっているからである。「結婚して子を産み育ててこそ一人前であり，それが人生の目的だ」というゲイにとって足かせとなってきた人生の筋書きは，異性愛者の若い世代にとってもおぼつかないものとなってきている。

そんな状況下で進行していった新自由主義化の波は，生活の向上感（成長の物語）に彩られた従来の〈生の意味〉づけが脱色されていく中でただただ生き残りをかけた競争にあおられるという事態を招き，「無縁社会」という言葉があっというまに人口に膾炙したように〈絆〉を不安定なものにしていった。[9]人生後半期に限らず，人生前半も含めた生涯全体にわたって，「ひとりの人間」

として誰とどう生きるのか，どのような組み合わせでささえあって生きていくのかが，するどく問われてきているのである（小倉　2011；2013）。

　さきのシンポジウムが開催された2005年のパレードで掲げられたテーマは「"みんな"で，パレード！」であった。これまで述べてきたことからもわかるように，「ゲイのエイジング」というフィールドが問いかけているものは，ゲイという特定の人たちの限られた問題なのではなく，セクシュアリティの違いを超えた，そして世代をも超えた，まさしく「"みんな"」の問題なのである。

3．地道で壮大な生き方の実験
3―1．定番の生き方に乗れない・乗らないことの可能性

　そうだとするならば，「ゲイのエイジング」というフィールドは積極的な意味あいをもってくる。ゲイがゲイとして生きていこうとするとき，従来の（異性愛者の）定番とされた生き方の枠外でどう生きていくかという試行錯誤を，人生の早い時期からやらざるをえない。家族以外のつながり（たとえば命綱としての友だち関係）だって意識的につくらざるをえない。しかしそのことが逆に，新たな〈絆〉のあり方や〈生の意味〉を考えていくうえでより豊かな可能性を，「ゲイのエイジング」というフィールドに与えているともいえるからである。

　家族縁／職場縁だけに閉ざされない多様な人間関係のネットワーク，婚姻制度（性別役割）にとらわれない自前のパートナーシップ，そして「ひとり」を充実させながらこころ豊かに生きる術。「ゲイのエイジング」というフィールドは，高齢社会・成熟社会を生きていくうえでの多くの持ち駒を有している。なにより，定番とされた生き方に乗れない・乗らないことによる，世間との挌闘の経験，自前の生き方や人間関係を切り拓いていく試行錯誤の経験，そして生活の工夫の知恵が，生き方のモデルなき高齢社会・成熟社会を生き抜いていくうえでは大きな力になるだろう。「これぞ定番」がないからこそ，共に，そして存分に模索ができるのである。

3－2．同時に浮上する重い課題

 しかし同時に，さきに言及した2つの根本問題をめぐって重い課題も浮上してくる。

 ひとつめの〈絆〉の問題（誰と生きていくのか）をめぐっては，婚姻・家族制度（に基づいた役割関係）という外部から与えられたささえなくして，「ままならなさ」を受容しあえるような〈つながり〉をいかにして築いていけるか，という課題がそのさきに横たわる。

 エイジングのさきには当然，老いと死が待っている。それは，老い衰えつつ死に向かうという「身体のままならなさ」と同時に，他者への依存的な関わりをもたざるをえないという「関係のままならなさ」を背負っていく過程でもある。このようなままならなさを受容できる人間関係を，婚姻や性別役割，あるいは血のつながりといった縛り（宿命性）なしに，いかにしてつくりだしていけるのか。未曾有の課題である。

 そしてそれは，上述の課題よりもさきに直面することになるであろう2つめの根本問題をめぐる課題にそのまま交差していく。すなわち，従来の婚姻と家族の物語がささえてきた〈生の意味〉の相対化の果てに，人生の目的をどう考え，何を信じて生きていくのかという問題である。

 とくにゲイの場合，従来の婚姻と家族の物語に乗らないぶん，むきだしの性愛・恋愛ゲーム（ゲイバー，クラブ，ハッテン場，出会い系サイトなど限られた空間が仲立ちするような，性愛・恋愛限定的な関係性）が牽引役となってゲイシーンが開拓されてきた側面がある。しかし，その性愛・恋愛ゲームの空間は「若さ」に価値を置いた市場になりがちであり，中年期以降をその中だけで生きていくのは難しい（すくなくともそれは，人生後半期の生をささえるコミュニティにはなっていない）。そして実際，そうやってゲイシーンを開拓してきた世代自身がいま中年期を迎えている。

 そのときに，単純な性愛・恋愛ゲーム（性愛・恋愛のみによる承認やつながり）を

超え出て拡がっていく多様で奥行きのある人生の物語（生活文化の厚み）を，従来の婚姻と家族の物語にとらわれずにつくりだしていけるか，という課題である。

3—3．「解放のポリティクス」から「ライフ・ポリティクス」への展開

それは，解放のムーブメントを経て「被差別的主体」から「性的主体」（あるいは別の角度から見れば「政治的主体」）へと離陸したゲイたちが，いかにして「生活主体」（エイジングの主体）へと着地していくのか，という課題だといえるであろう。

社会学者アンソニー・ギデンズの言葉を借りるならば，それは「解放のポリティクス」から「ライフ・ポリティクス」への展開といいかえてもよい。解放のポリティクスとは，人間を伝統の束縛から解放し，搾取・不平等・抑圧的な社会関係の打破をめざす，自律と生活機会のための政治である。ライフ・ポリティクスとは，伝統が相対化された（伝統すら選択対象となっていく）社会において，いかに生きるべきかを問う，自己実現をめぐる選択とライフスタイル（生き方）の政治である[10]（Giddens 1991=2005: 237-261）。

既存の社会から与えられた出来あいの役割関係や物語にとらわれず，「ひとりの人間」として互いにどうつながり，そしていかに十全に生きていくか。この重く可能性に満ちた課題が「ゲイのエイジング」というフィールドに突きつけられ，試行錯誤が始まっている[11]。それは，日常生活という当たり前の場面で行われている，地道であるが壮大な「生き方の実験」なのである。

4．出会うこと──着地していくために
4—1．「生き方の実験」を積み重ねていくこと

この重く可能性にみちた課題に，ゲイたちはどう向きあい，生き方の実験という試みをどのように行っているのだろうか。さきのパレード・シンポジウムのパネラーでもあった57歳（当時）のゲイ・大塚隆史氏のつぎの言葉は示唆的である[12]。

自分の気持ちを頼りにするしかないと思う。気持ちっていうのは，ものすごく不安定で，頼りないものだけど，その都度その都度自分に問うて，何が一番したいの？　何が面白いの？　誰とどういう関係をもちたいの？って自分に問いかけて，その答えに従うと決めている。それを積み重ねた結果，たとえ野垂れ死ぬようなことがあっても，そうではない道をたどって「こんなんでよかったのかな？」と思うよりは，幸せなんじゃないか。「いま納得している」を積んでいったら，最後になって急に納得しなくなることはないんじゃないかな。

　そういう考え方からするとね，ゲイのエイジングとか婚姻外で年を重ねていくこととか，僕の中ではあまり意味をもたない。ヘテロ（異性愛者）だって，結婚してるからとか，子どもがいるからとか，いまの安心を積んでいるだけで，そんなに状況は違わないんじゃないか。実際にはいろんなことが起こって，頼りにしてたつもりがもっとひどいことになってってこともあるし……。

　結局，人生はわからない。でも，結局は何かを得て何かを失っているんだったら，人生がわからないんだったら，私はやりたいことをやって生きていこう。何をやったってわからないんだったら，結局は同じなんだったら，いま納得できること，いまそうだなと思うことを積み重ねていこう——。[13]

　みずからの内発的な気持ちを拠りどころにしつつ，みずからを制約するもの（失うもの）にも身をゆだねながら，粛々といまの納得を積み重ねて生きていく。ここには，出来あいの物語から離陸し，個になった「ひとりの人間」が，いかに着地していくのかを模索しながらも，その模索のプロセスそのものに〈生の意味〉を見出し，むしろそのプロセスそれ自体を着地点としていくような実存の様式がある。

いまの納得を積み重ねていくこと——じつは，それこそ最善の老いる準備なのかもしれない。考えてみれば，ままならなさを受容しながらつながれる〈絆〉も「いま」の積み重ねによって築かれていくのであって，老後が心配だからといった功利によって目的合理的に調達されるものではなく，その人がどう生きてきたかという生き方の所産でしかない。人は生きてきたように老いていく。さきにエイジングは生まれたときから始まっていると述べたが，その意味で，エイジングとは「生き方」そのものなのであり，いまの積み重ねでしかないのである。

いま必要とされているのは，安易に答えを求めることではない。結論を急がずに，この現実のなかにじっくりと身を沈めながら，日々の「生き方の実験」という経験を地道に積み重ねていくことである。可能性の中身は，私たちの試行錯誤経験の積み重ねの中から，現在進行形で埋めていくしかないのだ。

4—2．出会うことの重要性

そしてなにより，このような可能性の中身を埋め，それを現実化していくために必要なことは，そういった日々の生き方の実験をしている他者の姿と「出会う」（交わり，学びあい，関係していく）ことである。なぜならば，「出会う」ことによって，個々の生き方の実験という経験の積み重ねが人生展望（ビジョン）へと編まれていき，その積み重ねのさきにある世代を超えて流れる時間＝「自己をこの世に位置づける〈タテのつながり〉」へと橋渡しされ，新たな歴史物語がつくられていくからである（冒頭で言及したパレード・シンポジウムも，ここにいう意味での「出会い」の場の提供という意味を込めたものであった）。

もしかしたらその出会いは，ゲイコミュニティの内側だけではなく，セクシュアリティの違いを超えた「"みんな"」の生き方への生成可能性を含んだ，つぎなる社会構想に着地していける回路かもしれないのだ。[14]

5．家族と絆のそのさき——〈生き方を実験しあう公共性〉へ
5―1．「われわれは懸命にゲイにならなければならない」
　かつて「われわれは懸命にゲイにならなければならない」と喝破した知の巨人ミッシェル・フーコーは，本稿にいう「生き方」のことを「生の様式」と表現し，それを「社会階級，職業の違い，文化的水準によるのではないもうひとつの多様化，関係の形態でもあるような多様化」を導き入れる重要な観念であると述べていた。

>　生の様式は，異なった年齢，身分，職業の個人の間で共有することができます。それは，制度化されたいかなる関係にも似ない，密度の濃い関係を数々もたらすことができますし，生の様式は文化を，そして倫理をもたらすことができると私には思われます。「ゲイ」であるとは，私が思うに，同性愛者の心理的特徴や，目につく外見に自己同一化することではなく，ある生の様式を求め，展開することなのです。(Foucault 1984=1987: 15)

　「われわれは懸命にゲイにならなければならない」という主張の根底には，たんなる同性愛者のアイデンティティの確立ということではではなく，同性愛者・異性愛者にかかわらず「鋤き均らされた社会」（同上：12）状況を打破するために新たな「生の様式を求め，展開する」という普遍性（生成可能性）をもったラディカルな問題意識があった。[15] このフーコーの主張の根底で意識されていた問題が，いま，日本の「ゲイのエイジング」というフィールドでクローズアップされてきているのだといえるであろう。
　そこから展望できるのは，ゲイという枠を本質化（ベタに実体化）して自閉してしまうのでもなく，さらにはその反転（教条的な反本質主義）としてゲイという枠を解体しつくしてしまうのでもなく，ゲイという枠を再帰的（生成的）に活用しながら，「"みんな"」の生き方（人間存在のあり方・人間関係のあり方）

を求め，展開していくという方向性である。[16]

5—2.〈生き方を実験しあう公共性〉へ

　この方向性のさきには，「共同幻想」でも「対幻想」でも「個人幻想」でもない，いわば〈生き方を実験しあう公共性〉というものを構想することができるのではないだろうか。[17]すべての人に妥当するかたちで生き方を提示するような方向性をとることはもはやできないが，従来の生き方のモデルが通用しない中で，一人ひとりが生き方を試行錯誤せざるをえないという課題を社会的に共有する（つまり「出会う」）ことはできるのではないだろうか。すなわち，生き方をめぐる一人ひとりの試行錯誤（ライフ・ポリティクス）をささえあうつながりである。

　定番の物語が瓦解した中で試行錯誤を展開していくためには，それをささえる〈つながり〉＝社会的場の生成を同時に構想していかなければ，「人それぞれ」で終わったり，排除を惹起したり，むきだしの個へと切り詰められてしまうことにもなりかねない。そうなってしまっては個々の不安だけが残り，「"みんな"」の生き方への生成可能性の回路が絶たれてしまう。[18]さきにも述べたとおり，「出会う」こと（生き方レベルでの対話と連携）が必要なのであり，その契機としてゲイという枠を活用していくような再帰的な「共」性の構想である。

　それは同時に，自閉化・硬直化しがちな「当事者性」概念を深さの次元において拡げ，社会への新たな参与可能性を切り拓いていく試みにもなろう。[19]その意味で，〈生き方を実験しあう公共性〉は，定番の物語が瓦解した不確かな時代の不安を乗り越え，「"みんな"」の生き方への生成可能性をささえる文化や社会的場を創造していく糸口となりうるものではないだろうか。

　それは，これまで述べてきたような，ますます不確実性を増していっている親密圏を下支えし，「家族のそのさき」「絆のそのさき」を生成していく公共圏の構想なのである。

5-3. 性愛と恋愛の向こう側

2-1で，高齢化のなかで夫婦「関係をつづけていくには，性別役割ではない，役割以前の自己による自前の関係（パートナーシップ）をつくっていかなければならない」ということを指摘した。それは，家族が，絆が，「純粋な関係性」化していっているということを意味している。「純粋な関係性（pure relationship）」とは，相手とつながりたいという気持ちや親密な関係をつづけたいと思う満足感を，互いの関係性が生み出しているとみなすかぎりにおいて関係をつづけていく，という関係性である（Giddens 1992 = 1995: 90）。そこには親密性（絆）の根拠が，生殖や性別役割，家族制度といった「外部」（社会的機能や制度的役割）ではなく，関係性そのものの「内部」に求められていく状況がある。つまり，子どもを産むため，養うためなどといった「何かのため」の関係ではなく，「関係そのもの」に意味や価値を見出せる（情緒的満足が得られる）かぎりにおいてつづけられる関係性である。

他方，ゲイ同士の関係は，いつだって「純粋な関係性」であった。結婚することも，子どもを産むことも関係のよすがにできないゲイ同士の関係は，一緒にいたい，関係をつづけたいという「気持ち」だけがよすがであった。そんな中で長いパートナーシップ（持続的な絆）を形成していくためには，「性愛と恋愛の向こう側」に行かないといけないと，経験を積んだゲイのあいだではよくいわれる。これは，気持ちだけが命綱である「純粋な関係性」と向きあい，試行錯誤しつづけてきたゲイが行き着くひとつの結論である。それは，関係のよすがとなる「気持ち」，あるいは「関係そのものの意味や価値」を，性愛と恋愛という契機を含みこみながらもそれを超え出た拡がりをもった地平で捉え，感じ，受けとめていくことを意味している。

では，この「向こう側」にあるものとは，いったい何なのか。そこにこそ，「家族のそのさき」「絆のそのさき」の鍵があるといえるだろう。というのも，試行錯誤経験を積んできたゲイたちがいうこの「向こう側」には，「性愛抜き

の親密性」(金井　2009：138) や「ケアの絆」(Fineman 1995=2003；上野　2008) の指摘をまつまでもなく,「純粋な関係性」でありながらも依存的な他者=「ままならなさ」を抱きこんでいく〈つながり〉の可能性が, すでに見え隠れしているからである[20]。それは, 親密圏から生成される公共圏の萌芽でもあり, 多様な組み合わせでささえあって生きていく関係性の萌芽である。それを,(このような関係性をとりむすぼうとするそのコミットメントへの動機づけとは何なのかへの深い理解とともに)厚みあるまなざしで捉え, 正当性をもったものとして虚心坦懐に探究し, 社会に位置づけていくこと。つまり, 絆への多様な動機づけを素直に生かしつつ, 新しい織物(関係性の網の目とそこへの参与性)を編んでいく——そんな認識と態度がいま, 求められているのではないだろうか[21]。

注
1) ここでは, ひとまずゲイ=男性同性愛者として話を進める。
2)「ゲイのエイジング」というテーマは, 伏見憲明編『クィア・ジャパン 5　夢見る老後！』(勁草書房, 2001 年。なお同書所収の小倉 (2001b) は, 日本で初めて本格的に「ゲイのエイジング」について社会学的に論述したものであった) を皮切りに, ウェブサイト「All About 同性愛」で歌川泰司氏によって編まれ高いアクセス数を記録した特集「大人のゲイを襲う, 喪失感をレポート！　ミドルエイジ・ブルー急増中？」「輝くミドルエイジを, 僕らは生きるノダ。魅力的なオジサマになる☆」「そこが知りたい！を, マチュア世代ゲイが語る　ゲイのエイジング☆なにが大切？」(2003 年), ゲイ雑誌『バディ』(テラ出版)で連載され同じく反響の大きかった伏見憲明の「曲がり角を過ぎても」(2003 年), ゲイ雑誌『G-men』(G-PROJECT) で永易至文氏によって編まれた連載「MG 世代の練習帖」→「老後, どうする？」(2003〜2007 年), 同性愛者の雑誌『にじ』7 号 (にじ書房) の特集「40 代からっていいじゃん——同性愛者とエイジング」(2003 年), 関西で長年にわたり活動しているゲイ団体「G-FRONT 関西」の機関紙『Poco a poco』19 号の特集「エイジング」(2004 年) 等々でとりあげられている。
　　これらの動きは, のちに「エイジング」という言葉を冠した LGBT (レズビアン, ゲイ, バイセクシュアル, トランスジェンダー) の未来の暮らしを考えるための NPO「グッド・エイジング・エールズ (good aging yells.)」の創立 (2010 年), 新宿 2 丁目のコミュニティセンターで毎月継続的に行われている「同性愛者のためのライフプランニング研究会」(上述の永易至文氏主宰, 2011 年〜), などに展開していっている。

3)「東京レズビアン＆ゲイパレード」は，ゲイやレズビアンなどのセクシュアル・マイノリティ（性的少数者）と支援者が，それぞれの表現のしかたでパレードし，その存在をアピールするイベントである。当シンポジウムが開催された 2005 年は，隊列参加 2,432 人，沿道応援・シンポジウム参加約 1,000 人の計約 3,500 名の参加を記録した（「東京レズビアン＆ゲイパレード 2005」の公式ホームページにおける発表より）。セクシュアル・マイノリティのイベントとしては日本最大のイベントである。

　なお，2007 年より「パレードがすべての性的少数者と人びとの多様性を祝福するものであることをいっそう表明して」（公式ホームページの記述より），パレードの名称が「東京プライド・パレード」に改名され，さらに主催団体の移行・再編により現在は「東京レインボープライド」という名称となって，毎年開催されている。セクシュアル・マイノリティの「可視化」と「共生」の提案が，連綿とつづいてきたこのパレードの目的のひとつとされている。また近年では，「アライ」と呼ばれる，セクシュアル・マイノリティではない「支援者」が多く隊列することも特徴である。

4)「人生後半の意味地平」とは，定年退職や子育て役割の終了といった具体的な経験から老・病・死，さらに抽象的には下降・有限性・喪失・依存・弱さ・非合理性の経験など，人間の生への新たな意味づけの生成契機をはらんだ人生後半の諸経験の地平である。ここにいう「地平」とはフッサール現象学に由来する言葉で，意味の土壌のようなもの（ものの見方や感じ方の土壌となるもの）だとイメージしていただければよい。なお，「エイジング」概念の理論的意味あいとその歴史的社会的背景については，拙稿（小倉 2001a，2006）を参照されたい。

5) それより上の世代になると，みずからのセクシュアリティはクローゼットにしまいこんだまま結婚するなど，異性愛者のライフコース（人生の物語）を歩む／歩まざるをえない場合が多く，個々のケースはあるにしても世代としての広がりをもっているとはいいがたいであろう。

6)『平成 6 年版 国民生活白書』（経済企画庁，1994 年）。同白書によると，60 歳以上の 1 人暮らし世帯の自殺率 36.0（世帯類型別人口 10 万人あたりの自殺者数）に対して，家族と同居している世帯の自殺率は 44.8（同）であった。

7) 熟年離婚ブームは，2005 年の秋に放映されたテレビドラマ「熟年離婚」（テレビ朝日系列で 2005 年 10 月 13 日から 12 月 8 日にかけて放映。平均視聴率は関東 19.2％，関西 23.2％。最終回の視聴率は関東 21.4％，関西 30.0％であった）への反響もあって，顕著にいわれはじめた。また実際に，厚生労働省人口動態統計の「結婚生活に入ってから同居をやめたときまでの期間別にみた年次別離婚件数」の年次推移によると，20 年以上連れ添った熟年夫婦の離婚件数は，1975 年の 6,810 件から 2010 年の 40,084 件へと増加している。

8) 労働力としてバリバリ働き一家の大黒柱として家族を養う父（夫）／そんな夫

をささえるべく家事にはげみ次世代の労働力たる子どもを産み育てる母（妻），といった性別役割分業のことである。そこには「生産／再生産」という近代資本制に基づいた家族の枠組みがあった。

9) 2010年1月にテレビで放送されて大きな反響を呼び，菊池寛賞を受賞したドキュメンタリー「NHKスペシャル　無縁社会」に対して，最も強い反応を示したのは，まだ「孤独死」を意識するには早すぎるはずの30代・40代の世代であった。その多くが「他人事ではない」「将来の自分だ」というものであった（NHK「無縁社会プロジェクト」取材班編　2010）。

10) もちろん，解放のポリティクスとライフ・ポリティクスは単純な段階論をたどるわけではない。ライフ・ポリティクスの主題たる自己実現の手段へのアクセスそのものが，解放のポリティクスの主題たる不平等や抑圧といった生活機会の問題と関わっており，「ライフ・ポリティクスのすべての問題が，解放に関する問題をも提起する」（Giddens 1991=2005: 257）からである。

11) 注2で言及した「同性愛者のためのライフプランニング研究会」は，毎回多くのLGBTが参加し，すでに3年間つづいている（永易　2012）。また，本文で述べたような「試行錯誤」の状況を把握すべく，2013年1月より「LGBTから始まる高齢期のなかま暮らしに関する調査」が，やはり注2で言及したNPO「グッド・エイジング・エールズ」の呼びかけで結成された「なかま暮らし研究会」（メンバーは参加時期順に，松中権，前田邦博，増崎孝弘，小倉康嗣，曾永宏，稲見隆洋，中島潤，田辺貴久。なお小倉は，発起メンバーである松中・前田・増崎に招聘されるかたちでこの研究会のメンバーになった）によって始められている。こういった調査を行おうという動きがLGBT当事者のNPOから出てくること自体が，試行錯誤が始まっていることの証左であろう。

12) 大塚隆史氏は，日本のゲイリベレーションに早くから関わり，多くのゲイを励ましてきたひとりである。日本最大のゲイタウン・新宿2丁目にゲイバーを開いて30年あまり。とくにゲイのパートナーシップについて先駆的な論と実践を展開してきた。『二丁目からウロコ――新宿ゲイストリート雑記帳』（翔泳社，1995年），『二人で生きる技術――幸せになるためのパートナーシップ』（ポット出版，2009年）などの著作がある。

13) パレード・シンポジウムの司会を担当するにあたって，私が大塚隆史氏に事前取材したときのインタビュー（2005年8月7日）より。

14) さきのパレード・シンポジウムのもうひとりの登壇者であったレズビアン女性（当時52歳）は，荒れ放題であった小さな里山を安く譲り受け，藪を刈って更地にするところから自力で切り拓き，自分で家を建てて暮らしている。その同じ山の敷地内には彼女の家のほかに，若いレズビアン・カップルが住んでいる家，50代半ばの独身女性（シンポジウムの3人めの登壇者であった）が住んでいる家，異性愛夫婦が年老いた母親と住んでいる家があって，近所づきあいをし

ながら暮らしている。家はすべて手づくりで，基本的にはそれぞれ別個に暮らしているが，作業場を共有し，誰かの家に集まってホームパーティも日常茶飯事である。私も取材で訪問したが，その空間にいるだけで人生展望が開けてくるような気持ちになった。

　また2013年には，先述したNPO「グッド・エイジング・エールズ」が，LGBTフレンドリーなシェアハウスを東京都内にオープンさせた。内覧会には60人が来訪し，13部屋はすぐに埋まった。「カラフルハウス」と名付けられたその家には，3人のゲイ，2人のレズビアン，3人のトランスジェンダー，そして5人の異性愛者（男性1人，女性4人）が一緒に暮らしている。

15）フーコーは，「ゲイ（gay）」という言葉を，「同性愛／異性愛」というセクシュアル・カテゴリーに回収されない概念として，つまり新たな生き方・つながり方（文化）の展望をさしだす言葉として使っている（Foucault 1984=1987）。また前出の拙著（小倉　2006）は，同様な問題意識から，日本社会の高齢化をフィールドに，老いの季節を迎えんとする団塊世代前後の現代中年と，30代でゲイでもある研究者が，それぞれに社会と対峙した経験をたずさえ，出会って生成される新たな人間存在の地平を，両者のライフストーリーのらせんのなかから描出したものであり，その具体的な実践事例にもなるであろう。

16）実際，このような発想で，新宿2丁目に老若男女歓迎の新しいかたちのゲイバーが誕生している。そこは，ゲイという枠を解体するのではなく，むしろそれを契機として「"みんな"」＝老若男女が活用しながら，多様な出会いとつながりを生成していく場になっている。私は，このゲイバーの開店時の2008年7月から3年間にわたり，店のスタッフ（チーママ）となって参与観察を行ったが，LGBTはもちろんのこと，異性愛の独身女性や専業主婦，学生，中年夫婦，さまざまな世代の既婚男性など，まさしく老若男女が集い，セクシュアリティや世代を超えて自由闊達なコミュニケーションが繰り広げられていた。

17）吉本隆明も，フーコーの主張をマイノリティの問題ではなく「単独者の連帯は可能であるか」という問題であるとし，本稿でいう〈タテのつながり〉を再構築していく契機として捉える（吉本・三好　2000：142-143）。また西研は，ニーチェの思想を現代に生かし，実験＝冒険としての「生を肯定して進んでいく人間どうしが，その姿を見て互いに励まし合うという可能性」，そして「冒険し合う者どうしの間に信頼や共感が生まれること。そういう意味での共同性」を「実験し合う共同性」とし，その現代的意義を説いている（西　1995：232-233）。この意味での「共同性」とは，同化／排除の規制を不可欠とする共同体ではなく，価値の複数性を条件とし，そのような人びとの「間」に生起する他者の生への「関心」がつなぎ手となるという意味で，「公共性」と呼ぶほうが相応しいであろう（齋藤　2000：5-7）。

18）法哲学者ドゥルシラ・コーネルは，ラカンらの議論を参照しながら，自分は

誰であり，何になろうとするのかについて自由な「想像」を可能にするための空間を「イマジナリーな領域」と呼ぶ。そして，そこへのアクセス権なくしては，本稿にいう意味での試行錯誤（ライフ・ポリティクス）は成り立たないとし，それを「イマジナリーな領域への権利」として提唱する（Cornell 1995=2006）。彼女の著書の監訳者である仲正昌樹も，「イマジナリーな領域への権利」を「自己決定権を十全に行使するために，その前提条件を整えることを可能にするメタ自己決定権」だとし，その保護を唱える（同書「訳者後書き」）。たとえ法的に自己決定権が与えられたとしても，「こういう生き方もあるんだ」というイメージを助けてくれる他者の存在なしにたったひとりでは，「自分はどうしたいのか」について自由な自己想像・自己決定はできないからである。自由な自己想像・自己決定をささえあうセーフティネットがあわせて考えられなくてはならない。

19)「たとえば『ゲイ』というカテゴリーに属するかどうかという次元では当事者じゃなくても，生きづらさや苦しみ，あるいは快や喜びの経験のなかで自らの居場所を見いだしていかんとする『生き方』の次元では，誰もが当事者ではないだろうか。たとえ同じカテゴリーに属しているという意味での当事者性だとか，同一の理念を共有していなくても，存在可能に向かって懸命に生きんとする生き方の次元にまで降りていくと，そこに経験の重ね合わせの可能性（＝参与可能性）が生まれ，『自分ごと』（＝当事者）として了解されてくる。そこから新たなコミュニケーションの可能性がひらけてくるかもしれない」（小倉　2007）。

20) さきの大塚隆氏は，パレード・シンポジウムに向けての私の取材（インタビュー）のなかで，ゲイの場合，自分の身に何かがあったときに，気軽にヘルプを頼めるのは「いまカレ」ではなく「元カレ」であることが意外に多く，過去に付き合った複数の元カレがネットワークを組めば（現実にゲイのあいだではそういうことも珍しくはない）「元カレ連合」と呼べるようなセーフティネットも成立しうるという旨の興味深い発言をしていた。
　　さらに，ゲイのあいだでは，性愛を契機として友愛関係（恋愛関係ではない）が連携的に拡がっていくことも珍しくはない。そこからセーフティネットを展開するという構想もあながち現実離れではなく，それを「エロソーシャルな関係性」といいあらわすこともできるだろう（「エロソーシャル」という言葉は，このような関係性の構想を私が述べたときに，伏見憲明氏が示唆してくださった）。

21) 渡辺秀樹は，くしくもさきのパレード・シンポジウムが行われた2005年8月と時を同じくして刊行された本のなかで，現代日本のパートナーシップについて「結婚は脱制度化する方向にあり，他方で，同棲や再婚などは制度化の方向にあると考えたい。そしてすべてが〈不完全な制度〉という同じ土俵にある」とし，「多様なパートナーシップのありかた，多様な出産のありかたを社会に位置づけるべき時期に，日本も直面している」と指摘している（渡辺　2005：317-

318).〈生き方を実験しあう公共性〉をささえとしながら家族と絆のそのさきを構想していくために必要なのは,このような新たな現実を絶えず迎え入れながら再解釈し,社会的な枠組み(「"みんな"」の問題性)を再編していく「生成的なまなざし」であり,社会をプロセスとして捉える「過程の存在論」である(小倉2011)。

【参考文献】

Cornell, D., 1995, *The Imaginary Domain : Abortion, Pornography & Sexual Harassment.* London and New York: Routledge. (= 2006, 仲正昌樹監訳『イマジナリーな領域——中絶,ポルノグラフィ,セクシュアル・ハラスメント』御茶の水書房.)

Fineman, M. A., 1995, *The Neutered Mother, The Sexual Family and Other Twentieth Century Tragedies.* NewYork: Taylor & Francis Books. (= 2003, 上野千鶴子監訳・解説,速水葉子・穐田信子訳『家族,積み過ぎた方舟——ポスト平等主義のフェミニズム法理論』学陽書房.)

Foucault, M., 1984, "De l'Amitié comme mode de vie," *Gai Pied Hebdo*, 126. (= 1987, 増田一夫訳「生の様式としての友情について」『同性愛と生存の美学』哲学書房, 8-20.)

Giddens, A., 1992, *The Transformation of Intimacy : Sexuality, Love & Eroticism in Modern Societies.* Cambridge: Polity. (= 1995, 松尾精文・松川昭子訳『親密性の変容——近代社会におけるセクシュアリティ,愛情,エロティシズム』而立書房.)

Giddens, A., 1991, *Modernity and Self-Identity : Self and Society in the Late Modern Age.* Stanford: Stanford University Press. (= 2005, 秋吉美都・安藤太郎・筒井淳也訳『モダニティと自己アイデンティティ——後期近代における自己と社会』ハーベスト社.)

金井淑子, 2009, 「家族・親密圏・根拠地——親密圏の脱・暴力化と『自己領域』」川本隆史ほか編『岩波講座哲学12 性／愛の哲学』岩波書店, 137-168.

永易至文, 2012, 『にじ色ライフプランニング入門——ゲイのFPが語る〈暮らし・お金・老後〉』にじ色ライフプランニング情報センター.

NHK「無縁社会プロジェクト」取材班編, 2010, 『無縁社会——"無縁死"三万二千人の衝撃』文藝春秋.

西研, 1995, 『実存からの冒険』筑摩書房.

小倉康嗣, 2001a, 「後期近代としての高齢化社会と〈ラディカル・エイジング〉——人間形成の新たな位相へ」『社会学評論』52(1): 50-68.

小倉康嗣, 2001b, 「ゲイの老後は悲惨か?——再帰的近代としての高齢化社会とゲイのエイジング」伏見憲明編『クィア・ジャパン5 夢見る老後!』勁草書

房，95-108.
小倉康嗣，2006，『高齢化社会と日本人の生き方——岐路に立つ現代中年のライフストーリー』慶應義塾大学出版会.
小倉康嗣，2007，「参与する知へ——大地に足を着けて，ただ純粋に生きていくために」(「欲望問題」出版記念プロジェクトサイト http://www.pot.co.jp/pub_list/2007/04/22/review-ogura_yasutsugu/).
小倉康嗣，2009，「『ゲイのエイジング』というフィールドの問いかけ——〈生き方を実験しあう共同性〉へ」関修・志田哲之編『挑発するセクシュアリティ——法・社会・思想へのアプローチ』新泉社，168-91.
小倉康嗣，2011，「エイジングの〈経験〉と時間——根拠なき時代の『生の基盤』再構築のために」『社会学年誌』52：39-66.
小倉康嗣，2013，「エイジングの再発見と『生きる意味』——第二の近代のなかで」『三田社会学』18：3-23.
齋藤純一，2000，『公共性』岩波書店.
上野千鶴子，2008，「家族の臨界——ケアの再分配をめぐって」『家族社会学研究』20(1)：28-37.
渡辺秀樹，2005，「現代日本のパートナーシップ——恋愛と結婚の間」柴田陽弘編『恋の研究』慶應義塾大学出版会，305-323.
吉本隆明・三好春樹，2000，『〈老い〉の現在進行形——介護の職人，吉本隆明に会いにいく』春秋社.

※本稿は，小倉（2009）を，近年の動向を踏まえながら大幅に加筆修正したものである。

【さらに学びたい人のための文献紹介】
Fineman, M. A., 1995, *The Neutered Mother, The Sexual Family and Other Twentieth Century Tragedies*, New York: Taylor & Francis Books.（＝上野千鶴子監訳・解説，速水葉子・穐田信子訳，2003，『家族，積み過ぎた方舟——ポスト平等主義のフェミニズム法理論』学陽書房.）
　　家族の名のもとに法的な保護の対象とすべきは，男女の性的な結びつきによって成り立つ「性的家族」ではなく，子ども・病人・高齢者・障害者などの依存的な存在をケアする関係性それ自体であると喝破．必然的でありながら認識されずにいる「依存」を隠蔽し，資本主義的な自立・自己完結などの理想を延命してきた近代家族のそのさきを構想する．
伏見憲明編，2001，『クィア・ジャパン5　夢見る老後！』勁草書房.
　　LGBTの老後について，日本で初めて本格的に論じ，その生活実践と展望についてリポートした画期的書．クィアの視点から老後を照射するとどうなるの

か.瀬戸内寂聴がドラッグクィーンたちと対話する「釜に説法」や,ゲイの介護士が老人ホームの日常を綴った「カマ護士は見た」など,クィアなまなざしから炙り出される剥きだしのリアリティを突きつける.

Giddens, A., 1992, *The Transformation of Intimacy : Sexuality, Love & Eroticism in Modern Societies*, Cambridge: Polity.(= 1995,松尾精文・松川昭子訳『親密性の変容——近代社会におけるセクシュアリティ,愛情,エロティシズム』而立書房.)

　性愛を媒介とする親密な関係性の質的変容とその社会的意味を,ラディカルに読み解いた書.「純粋な関係性」や「自由に塑型できるセクシュアリティ」の出現といった親密性の変容の背景に,経済成長を最大限に求める社会から,情緒的な満足感の獲得が重きをなしていく社会への移行を見,それが私たちに何をもたらすのかを深層次元から論じる.

小倉康嗣,2006,『高齢化社会と日本人の生き方——岐路に立つ現代中年のライフストーリー』慶應義塾大学出版会.

　再帰的近代としての高齢社会のなかで,生老病死をいかに受けとめ,どう生きていけばよいのか.老いを「内なる自然」として受容しようと模索する現代中年と,「社会が強いる自然」に強い忌避感をもち葛藤してきた30代のゲイの研究者とが,足かけ7年にわたって対話し,性と世代を超えて共同制作したライフストーリーから問いかける.

第4部 グローバル化と家族

第13章　グローバルな越境移動と子どもの教育
──日本に居住する国際移民の事例から──

竹ノ下　弘久

1. グローバル化のなかの教育機会の不平等

　筆者が専門とする社会階層研究は，長い間，家族的背景がどのようにして，本人の職業的地位に影響を及ぼすかについて関心をもってきた。世代間での階層移動のプロセスを考えるとき，教育機会の不平等は，両者を媒介する重要な役割を果たしてきた。

　欧米の階層研究では，教育機会の不平等や世代間での階層移動のプロセスを考えるとき，階級間の格差，不平等だけでなく，人種やエスニシティに基づく格差，不平等は長く主要なテーマであり続けた (Blau and Duncan 1967)。こうした研究は，戦後の日本の階層研究に大きな影響を及ぼしてきたが，人種，エスニシティ，国際移動に関係する格差，不平等の問題が，日本の階層研究で言及されることはほとんどなかった。日本の階層研究は，日本社会は均質的な「日本人」から構成され，人種，民族的なマイノリティが日本社会に居住していても，かれらは例外的な存在として把握してきた（竹ノ下　2012）。

　近年のグローバル化に伴う国境を超える人の移動の増大は，日本の人種，民族的構成を一層複雑なものとしている。日本は1980年代以降，大規模な移民受け入れを経験し，「最近の移民国」に分類できる。日本が今後ますます，人種，民族的にも多様な人びとから構成される社会となっていくことは不可避であり，階層研究もこれまでの「単一民族神話」を前提とする研究のあり方を見直す必要に迫られている。

　グローバル化の進展は，国境を超える人の移動の増加にとどまらず，その社会の階層構造にも大きな影響を及ぼす。グローバルな経済活動の展開は，国家間，地域間での経済競争をグローバルな規模で一層激しいものとしてきた。グ

ローバルな競争を後押しするため，多くの先進国では規制緩和が進められ，市場経済の論理が貫徹するようになる。競争を有利に進めるため，企業組織は，以前にもまして製品に対する需要が大きく減退したとき，雇用調整を円滑に行う必要に迫られている (Blossfeld 2005)。日本では，正規雇用に対する解雇規制を維持したまま，非正規雇用に対する規制が緩和され，雇用調整の容易な派遣労働者が景気の調整弁として大きく活用されてきた。日系ブラジル人をはじめとする移民労働者も，非正規雇用の労働市場セクターに組み込まれてきた (Takenoshita 2010)。

　本章では，国境を超える移動を経験した移民とその子どもたちの教育達成をめぐる諸問題について，欧米で発展してきた理論枠組みについて考察する。なかでも，移民の家族が，子どもたちの教育達成にどのような役割を果たすのか，移民の家族がどのような社会環境のもとに埋め込まれているのかに注目し議論する。そのうえでこれらの議論を，現代日本社会を事例に考えるため，筆者がこれまでに従事してきた中南米出身の日系人を対象に行ってきた調査研究について論じる。

2．分節化された同化理論と移民の子どもの教育達成

　階層研究の視点から，移民自身の職業達成および移民第2世代の教育達成を統一的に考えるための理論枠組みとして，「分節化された同化理論」(Segmented assimilation theory) がある。分節化された同化理論がそれと対立する理論枠組みとして想定するのが，古典的な同化理論 (Classical assimilation theory) である。古典的な同化理論は，19世紀後半から20世紀初頭のヨーロッパ諸国からの移民を念頭におき，さまざまな異なる国々からやってきた移民は，アメリカに移住後，滞在年数や世代を経るにつれて，主流社会へと同化，適応し，最終的には白人の中流階級へと統合されていくと考える。しかし，1965年のアメリカの移民法の改正に伴う，中南米諸国，アジア諸国からの移民の急増とかれらのアメリカ社会への同化，適応の現実を前に，古典的な同化

理論の予測から逸脱する事例が数多く報告されるようになった (Zhou 1997)。

たとえば、高度な教育達成やそれに依拠した専門知識のために、移住当初から中流階級へと参入する移民とその子どもたちは、古典的な同化理論の説明からは逸脱する。他方で、非熟練の労働市場に組み込まれた移民は、アメリカ社会での滞在年数が長期化し世代を経ても、社会経済的な上昇移動を遂げることができないばかりか、かれらの子どもたちのなかには、高校を中退し長期間の失業を経験し、永続的な貧困状態に陥るなど、親の職業的地位と比較して下降移動 (Downward mobility) を経験する者もいる。また古典的な同化理論は、文化的な次元での同化（ホスト社会の言語、生活習慣の獲得）を、社会経済的な上昇移動の重要な要素と捉えるが、移民集団のなかには、出身国から持ち込んだ文化的規範を維持し、民族的な紐帯やつながりといったエスニック・コミュニティに依拠することで、社会経済的な上昇移動を遂げる者もいる (Portes and Zhou 1993)。分節化された同化理論は、アメリカ社会自体が、階層的にも分断された社会であることを前提とし、移民が階層構造のいかなるセグメントへと組み込まれ、適応しようとしているのかに注意を払う。そのうえで、移民がたどるホスト社会への編入様式と同化の経路の多様性を説明する。

移民の子どもたち（第2世代）の教育達成は、いかなる家族的背景によって影響を受けているのか。ポルテスらは、背景要因として、親自身の人的資本と社会経済的地位、家族構造、第1世代が経験した編入様式 (Modes of Incorporation) に着目する。社会経済的地位の高い親は、子どもたちに地位達成に重要な多くの情報を収集する能力に長け、多くの所得を得ることで、より良い教育を受ける機会を提供することができる。家族構造については、離婚率が高く、国家による資源の再分配機能の弱いアメリカでは、2人の生物学的両親のもとで育てられることそれ自体が、子どもの教育達成において有利な状況となる。編入様式は、3つの移民受け入れの文脈 (Context of reception) から構成される。①政府の移民受け入れのあり方、②社会、とりわけ労働市場における受け入れの文脈、③エスニック・コミュニティの有無やその機能である

(Portes and Rumbaut 2006)。

　移民の親世代の社会経済的地位，家族構造，親自身をとりまく編入様式は，親子関係のパターンに一定の相違をもたらす。ポルテスらは，親子間でのホスト社会における文化変容（acculturation）のパターンに着目する。移民は，アメリカへの移住時の年齢によって異なるが，出身国で教育を受け成人後に移住した移民と，アメリカで生まれ育った移民第2世代では，社会化の環境が大きく異なる。アメリカ生まれの移民の子どもたちは，小さいころから家庭外でアメリカの文化，言語の環境にさらされ，親たちよりも早くにホスト社会の言語や生活習慣を身につけていく。親たちが子どもの文化的適応のスピードについていけず，親が移住先の生活の多くの局面で子どもたちに依存するとき，親子の役割の逆転（Role reversal）が起こる。その結果親たちは，子どもに対する権威を喪失し，子どもたちを十分にコントロールできなくなる。子どもがドラッグの使用に手を染める，地域のギャングに参加する，犯罪を起こすなどの逸脱行動を起こしても，親は子どもの行為を統制することができない。このような親子間の文化変容のパターンをポルテスらは，非一致的文化変容（Dissonant acculturation）と呼ぶ。非一致的文化変容の場合，子どもは，親が出身国で身につけた言語や文化を身につけておらず，親子間のコミュニケーションが困難となり，世代間での対立，葛藤が生じやすい。

　他方で，子どもたちと同様のペースで，アメリカ社会の言語，生活習慣を身に着けることができる親たちもいる。その場合，親たちは，子どもたちが学校で直面する困難や，進路選択にアドバイスをし，必要な情報を提供することもできる。そして親は子どもに対する権威を維持し，子どもの行為を統制することができる。こうした世代間の文化変容のパターンをポルテスらは，一致的文化変容（Consonant acculturation）と呼ぶ。こうした状況は，親が高い学歴や職業といった十分な人的資本をもつときに可能になる。

　3つ目の文化変容のパターンとして，選択的文化変容（Selective acculturation）があり，家族が十分な規模をもつエスニック・コミュニティに居住するときに

成立する。地域社会での生活がエスニック・コミュニティのなかで完結する度合いが高いほど,移民やかれらの子どもたちは,出身国から持ち込んだ言語や文化を維持しながら生活することができる。子どもたちは,親の話す母語を学び使用する機会が地域社会のなかにあるため,親とも母語を用いて会話することができる。そうした地域社会の状況は,親の子どもに対する権威を保持し,子どもの行為を統制することを可能にする(Portes and Rumbaut 2001)。

以上の議論からも,移民の子どもたちの教育達成を考えるとき,家族的背景,なかでも親子関係に注目することは非常に重要である。そして,親子の文化変容のパターンは,親自身の学歴や職業といった社会経済的地位,および,エスニック・コミュニティによって左右される。他方で,移民の第2世代が,アメリカ社会で教育を受け,成人へと移行していくとき,さまざまな障害が待ち受けている。人種差別,脱工業化とグローバル化に伴う格差の増大によって,移民の子どもたちが親の階層的地位から脱し,社会経済的な上昇を遂げることは容易ではない。ポルテスらは,差別や格差の増大といった障壁を乗り越えるうえで,家族や移民コミュニティが果たす役割の重要性を強調する。

3．制度編成と移民の子どもの教育達成

ポルテスらの議論を,移民を受け入れている他の国々に応用する場合,以下の点で注意が必要である。ポルテスらの議論は,あくまでアメリカ社会に移住してきた移民や子どもたちの状況(とりわけ,1965年以降に移住した中南米,アジア諸国からの移民)を前提に,出身国によって移民や子どもたちの階層的地位や階層移動がどのように異なるかに注目する。

近年の研究は,出身国だけでなく,受け入れ国によって,移民やその子どもたちの階層的地位や階層移動がどのように異なるかを,ヨーロッパ諸国を中心とした国際比較により明らかにする。多くの研究は,国を単位とした移民受け入れの制度的状況(Institutional arrangements)として,受け入れ国における移民政策,労働市場構造,教育システム,福祉レジームのあり方に焦点を当てて

きた。移民の子どもたちの教育達成では，教育制度のあり方が注目されてきた (Silberman et al. 2007)。たとえば，トルコ系移民の子どもたちの教育達成に着目すると，ドイツに移住したトルコ系移民の子どもたちの高等教育進学率は，わずか3％にすぎないが，スウェーデンでは37％，フランスでは40％に達しており，各国の教育制度がこれらの相違を説明するとしてきた。

　移民の子どもたちの教育達成に影響する制度的状況として，① 初等教育が開始される年齢，② 初等教育から中等教育への移行や選抜の時期，③ 教育システムにおける中等教育段階での階層化の程度，とりわけ職業系中等教育機関からの高等教育への進学可能性，などが指摘されている。初等教育の開始年齢が早ければ，早期の段階から公的な教育機関が移民の子どもの社会化に関与することができるが，開始時期が遅いほど，移民の子どもの教育は家族の状況に大きく左右される。初等教育から中等教育への移行のあり方や選抜の時期，中等教育段階の階層化の程度については，トルコ系移民の子どもたちの高等教育進学率がいちじるしく低いドイツを例に考えてみたい。

　ドイツでは，10歳の時に中等教育への移行において，普通科と職業科のいずれかに進学するかを選択しなければならない。普通科であるギムナジウムに進学し，最終的に大学入学のための国家試験であるArbiturに合格すれば，総合大学に進学することができる。しかし，ギムナジウムに進学しても進級に必要なだけの成績をあげることができず，2年連続で落第した場合は，職業系の中等教育機関に転校しなければならない。低階層出身の子どもたちやその親にとって，普通科に進級して落第するリスクを冒すより，失敗するリスクは低いが確実に職業と密着した技能を学べる職業系の中等教育機関に進学する方が，現実的な選択である。同様の傾向は，低階層の移民労働者やその子どもたちにも認められる。ドイツの教育制度では，生徒たちは教育選択を早い時期に行わなければならず，ライフコースのなかでも早期に行った選択が後の教育達成を大きく左右する。こうした教育制度のあり方は，出身階層に基づく教育機会の不平等を大きくするだけでなく，移民の子どもたちにとっても不利な状況を作

り出している (Crul and Schneider 2010)。

4. トランスナショナリズムと世代間の相違

　グローバル化の進展は，国境を越える移民の規模を増大させただけでなく，受け入れ社会に移住後も出身国とのつながりを維持しながら，出身の社会と移住先の社会の双方を行き来しながら生活する移民を生み出してきた。そうした移民のトランスナショナルな実践を捉えようとする試みに，トランスナショナリズム論 (Theories of transnationalism) がある。トランスナショナリズム論は，分節化された同化理論を，近年の移民のトランスナショナルな実践を考察の対象から除外していると批判する。トランスナショナリズム論は，これまで移民の第1世代の出身国とのつながりやトランスナショナルな実践を主な考察の対象としてきたが，第1世代と第2世代で，移民のトランスナショナリズムがどのように異なるか，比較する研究もみられる。ランバウトによれば，移民の子どもたちは親世代と比べて，出身国との結びつきは弱いものの，第2世代のトランスナショナルな実践は，移民の出身国によって異なる様相を示している (Rumbaut 2002)。

　レビットは，移民の子どもたちのトランスナショナルな実践とその内実は，家族の社会経済的な状況によって異なると論じる。たとえば，アメリカに住む中流階級のインド系移民の親は，子どもたちがアメリカで人種差別に遭遇し，社会経済的に困難な状況に直面するリスクを回避するため，アメリカだけでなくインドでも仕事をもって生活できるよう，子どもたちに出身国とのつながりを維持するよう努めている。長期休暇の時などを利用し，子どもたちをインドに帰し，インドの出身地域の文化，生活習慣に触れる機会を提供する。他方で，トランスナショナルな実践，とりわけ頻繁な越境移動が，移民の子どもたちの出身国と移住先のいずれの社会の言語，教育，職業スキルの習得を大きく妨げている様子も，報告されている。アメリカで非熟練労働に従事する親たちは，時間当たり賃金がきわめて低いために，長時間働かなければならない。親たち

は日中の多くの時間,家を不在にするため,子どもたちと接する時間を確保できず,子どもの教育に満足に関与することができない。親たちのトランスナショナルな実践によって,子どもたちは,どの社会の言語や教育も満足に受けることができず,社会経済的に不利な状況に追い込まれていく（Levitt 2002）。

5．日本に居住する移民の編入様式と子どもたちの教育達成

本節では,日本に居住する移民,とりわけ中南米諸国から来た日系人とその家族を念頭において,かれらの日本への編入様式や移民受け入れの文脈が,子どもたちの教育達成をどのように左右しているのか考察したい。

1990年の出入国管理法の改正により,日本国籍をもたない日系人の3世までが,日本での活動に制限のない「定住」という滞在資格を付与されることとなった。その時期に日本の多くの企業が労働力不足に直面していたこともあり,多くの日系人が日本での就労のために来日する。1990年代以降の日本では,脱工業化やグローバル化に伴う雇用関係の非正規化が進展するなか,日系人の多くは,派遣・請負といった間接雇用の労働市場へと大きく組み込まれていく[1]。製造業に従事するある会社が,労働者と直接の雇用契約を結ばず,別の会社から必要な時に必要なだけ,労働者を派遣してもらうことで,会社は余分な人員を必要以上に抱え込まずにすむ。他方で日系人にとっては,間接雇用の形で労働に従事することで,不安定な就労を受け入れなければならない。加えて,間接雇用は,日本の労働市場で典型的とされてきた内部労働市場からも排除され,能力開発の機会に乏しい。移民の社会経済的に不安定な状況は,子どもの教育機会にも影響を及ぼすことが予想される。筆者が実施した高校進学を従属変数とする多変量解析でも,父親が非正規雇用であることは,子どもの高校進学を低める効果をもっていた。ブラジル人の大半（8割以上）が非正規雇用である現実をかんがみると,親の雇用の安定は,子どもたちの教育機会を保障するうえで,重要な意味をもつことを含意しよう（Takenoshita et al. forthcoming）。

子どもたちの教育達成を左右するものとして,家族の社会経済的地位だけで

なく，親子関係の内実についても言及する必要がある。日系ブラジル人の親世代の多くは，日本への一時的滞在志向が強く，貯蓄が目標額に達したらブラジルに帰国することを念頭におく。会社の求めがあれば，残業や長時間労働に従事し，手取り所得の最大化を志向する (Takenoshita 2013)。そのため，親が長時間家を空けることとなり，親子間で十分なコミュニケーションの時間がとれず，親は子どもの教育に関与することが難しい。長時間労働は，日本語学習のための十分な時間の確保も困難にする。しかし，日本語の読み書きができないとき，子どもたちの学校での学習や進路の相談に乗ることはできない。他方で子どもたちは，親からの十分な支援を得られないが，日本の公立学校に通うことで，親よりも速い速度で不十分ながらも日本語を習得する。

　そうした状況は，親子間での役割の逆転をもたらす。たとえば，地域社会の会合に親の代わりに子どもが参加する，親が病院に行くとき子どもが親の通訳をする，さまざまな日本語での手続きに関わる文書を子どもが親に代わって作成するなどがあげられる。そのため，親は子どもに対して権威を喪失し，子どもの行動をコントロールできなくなる。早い時期から大人になることを求められる子どもたちは，早くに学校をやめ労働市場へと参入していく（竹ノ下　2005）。実際，親の日本語能力が，子どもの教育達成にどのように影響を及ぼすか，多変量解析を用いて検討したところ，親の日本語能力が低いほど，子どもの高校進学の確率も低くなることが，明らかとなっている (Takenoshita et al. forthcoming)。こうした知見は，移民の子どもの教育機会を保障するため，移民の家族や親を公的に支えることが重要であることを意味している。

　移民の家族的背景と子どもの教育機会との関係は，かれらのトランスナショナルな実践によっていっそう複雑なものとなる。日系ブラジル人は，3世まで日本に合法的に滞在することができ，日本での活動に制約のない「定住」という滞在資格が提供されてきた。これらの滞在資格は，親族関係を証明することで，付与されるものであり，1度本国に戻っても，再びこれらの資格で来日することができ，日系ブラジル人の日本とブラジルとの頻繁な往来を可能にする。

1990年代当初から，多くのブラジル人は，短期間の滞在のなかで，製造業での非熟練労働に従事して多くの貯蓄をし，貯金が目標額に達したらブラジルに帰国するという展望を抱いていた。実際にブラジルへと帰国した者もいるが，それらの中には，日本に再び働きに来る者が少なくない（Tsuda 2003; Yamamoto 2010）。両国の頻繁な行き来の理由のひとつに，ブラジルの労働市場への再適応が困難であることがあげられる。ブラジルで何らかの就業経験を有していても，多くは日本で製造現場での非熟練労働に従事し，国境を越える移動を通じてキャリアの断絶が生じる。日本での就労経験は，ブラジルに帰国後のキャリアに生かすことが難しい。加えて，日本での貯蓄をもとにブラジルで自営業を開始する者もみられるが，事業に失敗することも多く，再度出稼ぎのため来日する者がいる。[2]

こうした親たちの両国の頻繁な行き来は，子どもの教育にも影響を及ぼす。将来的に帰国を念頭に置いた親たちは，子どもたちもいずれブラジルに帰ることを前提とし，子どもの日本での教育投資に消極的になる。そして，頻繁な日本とブラジルとの越境移動は，子どもたちの学業に大きな混乱をきたす。ブラジルと日本では教育課程，カリキュラム，使用言語が異なる。両国の頻繁な往来は，どちらの教育課程でも十分な学習ができず，結果として低学力の状況となり，上位の学校への進学の足かせとなる。言語の習得についても，日本語とポルトガル語も十分に習得できずに終わることが考えられる。以上の点から，親たちのトランスナショナルな実践は，子どもたちの教育を低位な水準にとどめると予想できる。

最後に，日本の教育システムのあり方は，ブラジル人の子どもたちの受け入れの文脈にどのように影響するか考察したい。そのとき，初等教育から中等教育における移行のあり方と中等教育における階層化の程度は，移民の子どもたちの教育達成を左右する諸制度として考慮する必要がある。日本では，小学校の6年間と中学校の3年間が義務教育の段階とされる。その後も学業を継続する場合，日本では高校進学に際し選抜試験が課され，試験に合格した者のみが

進学する。普通科，職業科，全日制，定時制，通信制など，いかなる高校に進学しても，高校の課程を修了すれば，大学をはじめとする高等教育機関への出願資格を満たす。そのため，日本の中等教育は，「階層性」が低いとも評価されてきた。

しかし，入学難易度，生徒の学力，卒業後の進路が学校によって異なり，高校間である種の格差構造が存在する。高校間の学力格差の構造が，高校生のその後の学業や進路を大きく水路づける状況を，教育社会学ではトラッキングと呼ぶ。大半の生徒たちが卒業後就職していく高校では，学校全体の生徒の進路動向や，教員による進路指導が，個々の生徒の進路にも影響する。日本の高校のトラッキングの構造からも，高校進学に際しての選抜試験が，その後の生徒たちの教育と職業に対して重要な位置をしめることが理解できる。

このような教育システムの状況は，日本における移民の子どもたちの教育達成にいかなる影響を及ぼしているだろうか。2000年の国勢調査データを用いた研究によれば，日本人の子どもの高校進学率が97％であるのに対し，中国人の子どもの高校進学率が86％，フィリピンでは60％，ブラジルでは42％と極端に低い（是川 2012）。筆者による2006年と2007年に浜松市や静岡県で行った調査結果では，およそ7割のブラジル人の子どもが高校に進学していた。ブラジル人の子どもたちは，教育達成という点で日本人と比較し不利な状況にある（Takenoshita et al. forthcoming）。生徒たちの進学先の高校についても，不利な状況がうかがえる。全日制の公立高校への進学は，学力試験が課されることから困難であり，選抜制の低い定時制高校などが，移民の子どもたちの受け皿となっている。選抜性の低い私立高校もあるが，これらは学費が高いため，ブラジル人の親が経済的に不安定である場合，子どもを私立高校に通わせることは難しい。

中等教育段階における中学校から高校への移行における選抜制度が，低学力に苦しむブラジル人の子どもたちを低い教育水準に押しとどめる要因のひとつとなっている。また運よく進学できても，高校間の学力格差の構造のなかで，

大学進学実績に乏しい高校に進学することで，上位の学校に進学する可能性を狭めている。

6．グローバル化のなかの家族と教育

　グローバル化の進展は，国境を超える人の移動を増大させ，そのなかで移民の家族が，子どもたちの教育達成という点でいかなる状況におかれているのか，これまでの研究に基づき論じてきた。移民とその家族は，国境を超える移動を経ることで，親子関係に複雑な問題を提起する。移民の子どもの教育をめぐっては，他の中流階級に属するマジョリティの集団と同様に，子どもの教育に積極的に関与する家族や親を必ずしも前提とすることができない。とりわけ，受け入れ社会の階層構造のなかで下層に組み込まれた移民は，子どもの教育に十分な経済的，文化的資源をもたないために，家族が十分に子どもの教育を支援することができない。移民の家族やその子どもたちの教育達成の状況を概観すると，かれらのおかれている状況は，移民に特有な問題を多く含んでいる。しかし，教育制度自体が，特定の文化的，経済的階層に属する家族を前提とし，積極的に子どもの教育に関与する親をもたなければ，子どもの上位の学校への進学が困難であるとする現在の状況は，国境を超える移動を経た移民やその子どもたちだけの問題というよりも，多くの人びとに関わる階層論の根幹に関わる問題である。移民とその家族に注目するからこそ，格差，不平等の問題が一層際立つのであって，問題の本質は，家族の階層間格差とそれを前提とする制度に存在する。こうした制度のあり方をどのように変えていくか，今後も考えていかなければならないだろう。

注
1）中南米諸国からの日系人が，日本の労働市場に大きく組み込まれた業務請負業と労働者派遣事業との相違については，以下を参照（丹野　2007）。
2）筆者自身が2007年に行ったインタビュー調査に依拠している。同様の事例は，以下の文献でも報告されている（Tsuda 2003）。

【参考文献】

Blau, Peter M., and Otis D. Duncan, 1967, *American Occupational Structure*. New York: Free Press.

Blossfeld, Hans-Peter, 2005, *Globalization, Uncertainty and Youth in Society*. London: Routledge.

Crul, Maurice, and Jens Schneider, 2010, "Comparative Integration Context Theory: Participation and Belonging in New Diverse European Cities," *Ethnic and Racial Studies* 33 (7): 1249-1268.

是川 夕, 2012, 「日本における外国人の定住化についての社会階層論による分析──職業達成と世代間移動に焦点をあてて」『内閣府経済社会総合研究所ディスカッション・ペーパー』283号.

Levitt, Peggy, 2002, "The Ties That Change: Relations to the Ancestral Home Ove the Life Cycle," Peggy Levitt and Mary C. Waters ed., *The Changing Face of Home : The Transnational Lives of the Second Generation*. New York: Russell Sage Foundation,

Portes, Alejandro, and Min Zhou, 1993, "The New Second-Generation - Segmented Assimilation and Its Variants," *Annals of the American Academy of Political and Social Science* 530: 74-96.

Portes, Alejandro, and Ruben G. Rumbaut, 2001, *Legacies : The Story of the Immigrant Second Generation*. Berkeley: University of California Press.

Portes, Alejandro, and Ruben G. Rumbaut, 2006, *Immigrant America : A Portrait*. Berkeley: University of California Press.

Rumbaut, Ruben G., 2002, "Severed or Sustained Attachments? Language, Identity, and Imagined Communities in the Post-Immigrant Generation," Peggy Levitt and Mary C. Waters ed., *The Changing Face of Home : The Transnational Lives of the Second Generation*. New York: Russell Sage Foundation, 43-95.

Silberman, Roxane, Richard Alba, and Irene Fournier, 2007, "Segmented Assimilation in France? Discrimination in the Labour Market against the Second Generation," *Ethnic and Racial Studies* 30 (1): 1-27.

竹ノ下弘久, 2005, 「『不登校』『不就学』をめぐる意味世界──学校世界は子どもたちにどう経験されているか」宮島喬・太田晴雄編『外国人の子どもと日本の教育』東京大学出版会: 119-138.

Takenoshita, Hirohisa, 2010, "Circular Migration and Its Socioeconomic Consequences: The Economic Marginality among Japanese Brazilian Migrants in Japan," Tai-Chee Wong and Jonathan Rigg ed., *Asian Cities, Migrant Labour and Contested Spaces*. London: Routledge, 156-174.

竹ノ下弘久,2012,「社会階層をめぐる制度と移民労働者——欧米の研究動向と日本の現状」『三田社会学』17号:79-95.

Takenoshita, Hirohisa, 2013, "The Labour Market Incorporation of Brazilian Immigrants in Japan: Institutional Arrangements and Their Labour Market Outcomes," Huynh T. Huy ed., *Migration : Practices, Challenges and Impact*. New York: Nova Science Publishers, 155-178.

Takenoshita, Hirohisa, Yoshimi Chitose, Shigehiro Ikegami, and Eunice Ishikawa, A., in press, "Segmented Assimilation, Transnationalism, and Educational Attainment of Brazilian Immigrant Children in Japan," *International Migarion*, published online, DOI: 10.1111/imig.12057

丹野清人,2007,『越境する雇用システムと外国人労働者』東京大学出版会.

Tsuda, Takeyuki, 2003, *Strangers in the Ethnic Homeland : Japanese Brazilian Return Migration in Transnational Perspective*. New York: Columbia University Press.

Yamamoto, Lucia, E., 2010, "Gender Roles and Ethnic Identities in a Globalising World: The Case of Japanese Brazilian Migrant Women," Nobuko Adachi ed., *Japanese and Nikkei at Home and Abroad : Negotiating Identities in a Global World*. Amherst, NY: Cambria Press, 187-209.

Zhou, Min, 1997, "Segmented Assimilation: Issues, Controversies, and Recent Research on the New Second Generation," *International Migration Review* 31 (4): 975-1008.

【さらに学びたい人のための文献紹介】

宮島喬・太田晴雄編,2005,『外国人の子どもと日本の教育——不就学問題と多文化共生の課題』東京大学出版会.
　　日本の教育制度の中に埋め込まれた移民(外国人)の子どもたちの置かれている状況を,制度論的視点と教育現場における当事者の視点をふまえて総合的に考察したもの.

丹野清人,2007,『越境する雇用システムと外国人労働者』東京大学出版会.
　　日系ブラジル人の親世代の就労,雇用に焦点をあて,かれらの日本の労働市場への編入様式について論じる.

竹ノ下弘久,2013,『仕事と不平等の社会学』弘文堂.
　　近年の社会階層論の動向を制度論の視点から考察したもの.階層論と制度論の視点から,移民の経済的格差,不平等についても論じる.

塩原良和,2011,『共に生きる——多民族・多文化社会における対話』弘文堂.
　　日本社会とオーストラリアを事例に,異なる文化的,民族的「他者」との共

生や対話について考察する．

Portes, Alejandro, and Ruben G. Rumbaut, 2001, Legacies: The Story of the Immigrant Second Generation. Berkeley: University of California Press.
　　移民の子どもたちの学校生活と教育達成のあり方をアメリカを事例に考察したもの．「分節化された同化理論」の視点から，様々な移民集団の子どもたちの相違を説明する．

第14章　トランスナショナルな空間に生きる「新2世」のアイデンティティ
　　——家族との関わりに注目して——

藤田　結子

1．グローバル化のなかのアイデンティティ

　本章は，日本出身の移住者を親にもつ「新2世」の若者が，どのようにアイデンティティを構築しているのか，家族との関わりに注目しながら論じることを目的とする。このような移住者のアイデンティティは，トランスナショナリズム論に関わる問題のひとつとしてこれまで研究がなされてきた（トランスナショナリズム論の詳細については，本書13章 p.220を参照）。従来，社会科学では文化やアイデンティティは地理的な場所に結びつけられる傾向にあった。たとえば，アメリカ合衆国という場所にはアメリカ文化があり，「アメリカ人」としてのアイデンティティを抱く人びとがいるという前提で考えられていた(Gupta and Ferguson 1997)。しかし，1990年代以降，グローバル化が急速に進展し，国境を越える人の移動がますます活発化する中で，トランスナショナルなアイデンティティ（transnational identity）が生まれていると議論されるようになったのである。

　この「transnational identity」という語が意味するものは研究によってさまざまであり，共通の定義があるわけではない。移住者を対象とした研究に限れば，2つまたはそれ以上のネイションに「故郷（home[2]）」をもつことから生じる多元的・多層的な意識を指すことが多い。Mary C. Waters（1999: 90）が指摘するように，トランスナショナルなアイデンティティは，移住者が母国と受け入れ国を行き来しつつも，A地点からB地点へと変化していくアイデンティティではない。むしろ，個人や両方の社会を変化させるような仕方で社会や国民国家を越えるのである。これは，個人は複数のアイデンティティをもち，

階級やジェンダーなどの属性によって異なる移住経験をするという点で、ポストモダン思想の影響を受けている。

そして、とくに1965年のアメリカ移民法改正以降の「新2世（new second generation）」のアイデンティティに大きな関心が寄せられている（Portes and Rumbaut 2001; Levitt and Waters 2002; Kasinitz et al. 2008）。これらの研究において、「新2世」は少なくとも1人の親がアメリカ生まれである人びと、および本人が12歳頃までにアメリカにやって来た人びと（すなわち「1.5世」[3]を含む）を指す（Levitt and Waters 2002: 12; Kasinitz et al 2008: 1）。このような「新2世」には、母国と受入国を頻繁に行き来し、2国で交互に教育を受ける若者がいる。さらにインターネットや国際電話を利用し国外に在住する家族・親戚と連絡を取り続けている。その結果、少なからぬ若者が、ひとつのネイションへの帰属意識を超える、トランスナショナルなアイデンティティを抱いているのではないかと議論がなされている。アメリカでこの問題に関心が集まる大きな理由は、テロとの戦いに直面していることもあり、将来的に「新2世」が「アメリカ人」としてのアイデンティティを抱かない、アメリカへの愛国心を抱かないことが危惧されているからである。

そこで本章では、以上の議論を基に、トランスナショナルなアイデンティティの創出が日本出身の移住者を親にもつ「新2世」にも見られるのか、検討していきたい。

2．日本出身の移住者のケース

日本出身の移住者は南北アメリカを中心に世界各地に広がり、時代や地域によって状況が異なっている。まず先行研究は、日本で生まれ育った後に移住した日系1世や長期滞在者は「日本人」としてのアイデンティティを保つ傾向が強い、と結論づけてきた。個々の事例を見てみると、明治・大正期にアメリカやイギリスに移住した1世の場合、その大半が「日本人」としての意識を抱き続けていた（Takaki 1989；Itoh 2001；ベフ　2002）。近年の永住者・長期滞在者も、

「日本人」であることにこだわる傾向が強い。たとえば米英の駐在員とその妻・海外子女は日本に呼び戻された後のキャリアや教育のために，習慣・言語・外見上の「日本人らしさ」を保持・獲得しようと努める（町村　1999；Sakai 2000；Kurotani 2005）。その一方で，キャリアや文化的な志向により米英に移住する女性たちは「日本人らしさ」を超える新しいアイデンティティを探そうと試みる。だが，結局はホスト社会の人種・民族の序列の下位に置かれてしまうため，「日本人」以外のアイデンティティを自由に選択することは難しい（Sakai 2000；藤田　2008）。

つぎに 2 世・3 世以降の人びとであるが，アメリカの場合[4]，ホスト社会のエスニック・グループへの帰属意識に基づく Japanese American としてのアイデンティティを抱くようになると指摘されている（Fugita and O'Brien 1991）。今日では，アメリカにくわえ，カナダ，ブラジル，ペルーなどのアメリカ大陸の国々の日系人のあいだで，日本という共通の出自に応じたトランスナショナルな結びつきを確認しようとする動きも活発になっている。しかし多くの日系人にとって，Nikkei というトランスナショナルなアイデンティティは日系人がホスト社会に統合したことを前提として成立しており，相互のナショナルな境界線を越えた 1 次的なアイデンティティとはなっていない（南川　2007）。

このように先行研究は，日本出身の移住者のアイデンティティに関して意義ある知見をもたらしてきた。だが「新 2 世」のアイデンティティに関しては，日本人家族の子どもたちを対象とした研究（額賀　2013）などがあるものの，まだ先行研究の十分な蓄積がない。そこでつぎに，筆者が実施したインタビュー調査を例に見ていきたい。

3．「新 2 世」のアイデンティティ

筆者は，ニューヨークとロンドンに在住する「新 2 世」の若者に協力を依頼し，2008 年から 2009 年にかけてインタビュー調査を実施した。先行研究の多くが対象とするアメリカに限らずイギリスも調査地としたのは，海外在留邦人

数調査統計によれば，2008年の時点でニューヨークが4万9,659人（第2位），ロンドンが2万7,072人（第5位）と，両都市ともに在留邦人数が比較的多いからである（外務省　2009）。

　Kasinitz（2008: 1）の「新2世」の定義に習い，少なくとも1人の親がアメリカかイギリス生まれである者，および自身が12歳頃までにアメリカかイギリスに移住した者に調査への参加を依頼した。スノーボール・サンプリングで8人を集め，その年齢は20代〜30代前半，性別は女性5人・男性3人である。この中には，両親ともに日本出身の者と，母親が日本出身かつ父親がほかの国（アメリカ，イギリス，ドイツ，スリランカ）出身の者が含まれる。全員が大学に在学中あるいは卒業しており，調査時の職業は学生，会社員，専門職などであった。したがって，全体的に高学歴のミドルクラス層の若者となっている。

　調査参加者の人数は8人と多くはないが，日本出身の親をもつ「新2世」の若者は比較的少数であり，該当者を多数リクルートすることは困難である。さらに，現在のアイデンティティとその土台となる生い立ち（ライフストーリー）について詳しく語ってもらう，という今回の試みには，8人の経験を聞くことで意義ある知見が得られると考えた。

　ここでは，「対話的構築主義アプローチ」（桜井　2002）の立場からインタビューという調査方法を捉える。語り手全員が，その生い立ちのために，普段から自分のアイデンティティについてよく考えると述べていた。それでも，筆者が，インタビューという場を設けて，「あなたは誰なのか」という問いをあらためて投げかけるこのインタビューこそが，彼ら彼女らのアイデンティティを構築する「文化的営為の場」だと考える。また，アイデンティティとは常に交渉され，再構築され続けるものである（Hall 1996）。したがって，ここで語られたアイデンティティは調査時点において心に描かれたものであり，今後も変化していくと推測される。

　以上のような条件・前提のもと，各人にインタビューを実施した。筆者がこの「新2世」の若者たちに現在どのようなアイデンティティを抱いているのか

第14章　トランスナショナルな空間に生きる「新2世」のアイデンティティ　　**233**

質問したところ，彼ら彼女らの語りを通して，日本人，日本人以外の国民，トランスナショナルなアイデンティティという3タイプのアイデンティティが浮かび上がった。

3－1．日本人

両親ともに日本出身の日本人である男女Aさん，Bさん，Cさんは，幼年期からイギリスで育った，日英バイリンガルである。義務教育・高等教育をイギリスで受け，人生の大半を現地で過ごしていても，「日本人」としてのアイデンティティを抱いている。たとえばAさん（男性，20代後半，会社員）は，普段から自身のことを「ジャパニーズだけどイギリス育ちの日本人」と表現し，「基本的に見た目も日本人で，やっぱりちょっと日本人の部分のほうが強い」ことをその理由にあげた。

3－2．日本人以外の国民

母親が日本，父親がほかの国の出身である者のうち，LさんとMさんは，父親の母国の国民としてのアイデンティティをより強く感じている。白人のイギリス人を父親にもつ男性Lさん（男性，20代後半，会社員）の場合，イギリスで生まれ育ち，英語を第1言語としている。彼は躊躇することなく「I just always feel as being British, really」と述べるように，自分自身を「British」であると考えている。家庭内での使用言語も英語であり，「I never really thought of myself as being half-Japanese until I went to Japan」と，大学時代に日本への交換留学を経験するまで，自分自身の「日本人らしさ」をほとんど意識したことがなかったという。

3－3．トランスナショナルなアイデンティティ

母親が日本，父親がほかの国の出身である者のうち，Rさん，Sさん，Tさんは，ひとつのネイションへの帰属意識を超えるアイデンティティを抱いてい

る。この3人はみな女性で、子どもの頃から2つまたはそれ以上の国で暮らした経験をもつ。だが彼女たちのアイデンティティのあり方は一様ではない。

Rさん（女性、30代前半、会社員）の場合、父親が白人のイギリス人であり、日本とイギリスで交互に教育を受けた、日英バイリンガルである。「私は日本にいるときは日本人、こっちにいる自分はイギリス人って考えたいですね」と場所に応じてアイデンティティをスイッチするという。「両方住んでいたっていうのもありますけれども、どっちも外国人っていうのが嫌なんで」という話からわかるように、両方の国民から排除されることを回避するアイデンティティ戦略を採っている。Rさんはいわば2つの国民共同体に帰属意識を有しており、国という単位に基づいた「複合的な（multiple）」アイデンティティを抱いているとも言えるだろう。

他方、SさんとTさんは国民国家への明確な帰属意識を表明しない。Sさんの場合、父親が白人のアメリカ人で、幼少期から日本とアメリカで交互に生活し教育を受けてきた日英バイリンガルである。彼女は、典型的な「日本人」「アメリカ人」に対して違和感をもち、自分自身とは一致しないと感じている。そのため、ナショナルなカテゴリーで自己を表現することに葛藤を抱いている。

Tさんの場合、父親がスリランカ出身であり、日本で生まれ、日本を含む4カ国で育った。義務教育期からイギリスに暮らし、第1言語は英語である。ディアスポラ的な生い立ちの彼女は、子どもの頃に深刻な「identity crisis」を経験した。現在はイギリスのパスポートを得ているが、「half-Sri Lankan, half-Japanese」である自分自身を典型的な「British」だと思えないという。いつの頃からかTさんは、「○○国民」というアイデンティティを「選ばない」という戦略を取り始め、そうすることで気持ちが楽になったという。

> I always felt that I had to *choose* (a national identity). And then as I got older, I realized I didn't have to *choose* (a national identity).
>
> 　　　　　（Tさん、女性、30代前半、専門職。以降の傍点・斜体は筆者による）

第14章　トランスナショナルな空間に生きる「新2世」のアイデンティティ

このように，同様に日本出身の親をもつ「新2世」であっても，アイデンティティに対する考えや戦略はさまざまである。とくにトランスナショナルな意識のあり方は，3人とも大きく異なっていることがわかる。

4．アイデンティティ構築に関わる要因

では，なぜ同じ日本出身の親をもつ「新2世」の若者の間で，アイデンティティが異なるのだろうか。その要因を検討してみよう。[5]

4－1．親の出身国

調査参加者たちにとって，アイデンティティを左右する最も重要な要因のひとつは，親の出身国である。まず，両親が日本出身の「日本人」であるAさん，Bさん，Cさんは，親の出身国との関わりから自己を「日本人」だと考えている。Bさん（女性，20代前半，学生）の場合，2歳からイギリスで育ち，それ以後日本に長期間在住した経験がない。イギリスの永住権を取得しているので，法的にイギリス国民になる選択肢もある。だが彼女の両親は最近日本に帰国してしまった。そのためBさんは，「家族がこっちにいないっていうのがちょっと寂しくなってきた」ので，「結局（自分は）日本人なので，最終的にはいつになるかわからないんですけど，たぶん日本に帰る」と考えている。これまで長期間暮らした経験も記憶もない日本に，将来的に「帰国」する予定を立てているのである。

他方，母親のみが日本出身の「日本人」である5人は，自分自身を「日本人」だとみなしていない。LさんとMさんの場合，父親の出身国のアイデンティティ（「イギリス人」「ドイツ人」）をより強く感じている。また，Rさん，Sさん，Tさんの場合，前記のように，父親・母親それぞれの出身国を行き来するようなアイデンティティを抱いている。たとえばSさんは次のように語る。

結局，monoracial というの，単一とか言うのも変なんだけれども。結局ひとつの国籍でひとつの国で生まれた人の方が多いから，そういうふうにカテゴリーしがちなんですよ，周りが。でも，うちらとしては，「じゃあパパとママどっちを選ぶの」と言われるみたいなことを感じるから，「じゃあ日本人なの，アメリカ人なの」とか，「どっちのパスポートを選んだの」とか，そういうセンシティブなことを言われると，「何で選ばなきゃいけないの」とか思っちゃうし，やっぱりどっちもがいいけど，どっち付かずというか。だからまあ自分は自分なんだなと思い始めて。（Sさん，女性，20代後半，会社員）

このように，母親が日本出身の日本人という点が同じでも，父親の出身国よりのアイデンティティ（L・Mさん），父親・母親の出身国に跨るアイデンティティ（R・S・Tさん）というように，アイデンティティのあり方は異なっている。

4－2．家庭で使用する言語

このような差異をもたらした要因のひとつとして，子どもの頃から家庭で使用してきた言語があげられる。トランスナショナルなアイデンティティを抱くRさん，Sさん，Tさんの場合，子どもの頃から家庭内で日本語と英語を使用してきた。たとえばRさんとSさんは次のように語る。

うちの場合，イギリスに来るまでは，家では絶対うちの父親と英語で会話するっていう。あとは日本語で話していましたし，こっち（イギリス）に来たときは，そのときにはもうかなり日本語話せたので，すごく厳しく母親と日本語を話せっていうようなうちではなかったんですけども，やっぱり長い間こっちにいると，結構英語に慣れてしまって，結構英語を混ぜて話す人もいるので，うちの母親がそのパターンなんで。（Rさん，女性，30代前半，会社員）

ちっちゃいとき日本にいたときは，家庭の中では日本語で，アメリカで住ん

でいたときは途中でスイッチしちゃって、父親としゃべるときは英語で、ママとしゃべる時は日本語で、やっぱりきょうだいによって、その子が得意とか不得意な人とかいるので、何かまちまちですけど。今は父親とは英語でしゃべって、妹とは英語と日本語ごちゃ混ぜ、後は状況による。

(Sさん、女性、20代後半、会社員)

　その一方でLさんとMさんは、母親が日本人であっても、家庭で日本語を使用することはほとんどなかったという。現在では日本語をほとんど話すことができず、また「イギリス人」「ドイツ人」としてのアイデンティティのほうを強く感じている。以上の状況を考えれば、子どもの頃から家庭内で日本語ともうひとつの言語を使用することによって、複数のネイションに関わるアイデンティティを抱きやすくなるといえるだろう。

　ところで、Aさん、Bさん、Cさんの場合、現地で育ったために日英バイリンガルとなったが、家庭内では日本語を使用してきた。両親ともに日本出身であるという要因にくわえて、家庭で用いる言語が日本語であるという要因も、「日本人」としてのアイデンティティをもつことを促してきたようである。

4－3．居住国の人種・民族関係

　さらに、本人の容姿が周囲の人びとにとってどのような「人種」に見えるかということも、アイデンティティに影響を及ぼす。両親がともに「日本人」のAさん、Bさん、Cさんは周囲の人びとから「アジア系」「日本人」とみなされることが多く、そのアイデンティティも「日本人」である。

　他方、母親のみが「日本人」である場合は個人差が大きい。まず「白人」として「パッシング (passing)」可能な外見をもつ者は、人種的特権を有する白人と自己同一化しやすい。たとえば、Mさん（女性、30代前半、フリーランス）は母親が日本人であるにもかかわらず、「I could easily say I am fully-European and people will believe me easily」と言うように、周囲から完全に

「European」だと見なされるので自分を「日本人」だと思い難いという。

つぎに，どの国においても人種的，あるいは民族的マジョリティの一員と周囲から見なされてこなかった経験は，トランスナショナルなアイデンティティの構築を促すようである。Rさんの場合，「最近はみんな（が自分のことを）『たぶん，スペイン人』とかよく言う」と語るように，その外見が「イギリス人」としてパスしないこともままあるという。

同様に，日本においても「日本人」としてパスしない。たとえば，SさんとTさんは日本人とみなされない疎外感と特権について次のように語った。

「ハーフってかわいいよね」とかいろいろ言われて，得かと思うけど。でも私はそこ（日本）で生まれたわけだし，生まれた所でやっぱり「ガイジン，ガイジン」と言われちゃうわけだから。（白人のアメリカ人の）父親とは違うわけじゃないですか。（父親のように自発的に来日し暮らして）by choice で目立っているわけじゃない。　　　　　　　　　　　　（Sさん，女性，20代後半，会社員）

Every time I go back (to Japan), I feel that (I have more freedom). Maybe because I think a lot of people don't see me as Japanese, so I'm an *outsider* (as the normal stringent social rules don't apply to me).
　　　　　　　　　　　　　　　　　　　　（Tさん，女性，30代前半，専門職）

これらの話が示すように，人種的・文化的な同質性を前提とする日本のナショナル・アイデンティティから排除されるという経験を通して，トランスナショナルな意識の創出がいっそう促されるといえるだろう。

4―4．2国間の移動

トランスナショナリズムに不可欠な要素として，2つあるいはそれ以上の国の行き来が指摘されている。8人全員が短期間または長期間（数カ月〜10年以

第14章 トランスナショナルな空間に生きる「新2世」のアイデンティティ

上) 日本で暮らした経験を有し，少なくとも数年に1度は日本とほかの国を行き来していた。とくにトランスナショナルなアイデンティティを抱くRさん，Sさん，Tさんは，子どもの頃から2カ国またはそれ以上の国において義務教育を受け，家族とともに暮らした経験を有している。10代の頃までは，日本での在住・滞在は親と一緒か，日本にいる祖父母や親戚を頼りにするケースが多い。成人後，両親が日本国外に在住し，祖父母も健在でなくなった場合，日本との繋がりが弱くなりやすい。たとえばRさんは次のように語った。

　うちの母親はX県出身なので，やっぱり日本に行くんだったら，X県にも行かなきゃいけない。でも，おじいちゃん，おばあちゃんがもう病気なので，長い間いられないし，結構大変なんですよね。軽く行けるような感じじゃないので。
　　　　　　　　　　　　　　　　　　　　　（Rさん，女性，30代前半，会社員）

4−5．メディアの利用

　調査参加者たちは衛星テレビ放送やDVDを利用し，日本製テレビ番組を頻繁に視聴している。たとえばBさんの場合，2歳からイギリスで育ったが，自分を「日本人」だと考えている。その意識を促すひとつの要因として，子どもの頃から日本にいる祖父から送られてきたビデオテープや，両親が契約していた日本語衛星放送JSTVがある。Bさんは次のように語る。

　何かほんとに日本って遊びに行く場所なんですよ，私にとっては。ずっとこっち（イギリス）にいるんで。（日本の）ドラマの世界で学校とかあるじゃないですか。ほんと未知な世界なんです。だからほんと日本に帰るとドラマの世界に入った感じ。……（日本では）文化祭があったりみんなでやる活動が多いじゃないですか。……ワーって楽しくやっているのがすごくうらやましく思いますね。
　　　　　　　　　　　　　　　　　　　　　（Rさん，女性，20代前半，学生）

Bさんは，このような日本製アニメやドラマを通して「日本らしさ」とされるものに触れ，日本への帰属意識を強めている。

　そして，調査参加者たちが最もよく利用しているメディアは，90年代半ば以降に広く普及したインターネットである。コストと手間がかかるという理由から，衛星テレビ放送やDVDを用いて日本製テレビ番組をほとんど視聴することがなかった者も，無料動画サービスを用いて現在流行のドラマ，お笑い番組，格闘技など多様なジャンルを熱心に視聴するようになったという。父親がイギリス出身のRさんの場合，11歳まで日本で育ち，当時はテレビでアニメをよく見ていた。イギリス在住の現在は，YouTubeやVeohなどの動画サービスを利用し始めて以来，日本のアニメを「あいうえお順に全部見た」というほどノスタルジックな欲望を満たす快楽を味わっている。しかし同時に，「もちろん私が見ている日本のメディアっていうのは，結構偏っているかもしれないんですね。……それが日本の社会の基準になるかっていうのはわからないですね」と，想像上の母国と「現実」は異なると考える。

　さらにEメールやソーシャル・ネットワーキング・サービス（SNS）が，この若者たちの意識に大きな変化をもたらした。とくにSNSは，日本にルーツをもつ「新2世」の若者たちが同胞と結びつく空間となっている。調査参加者全員がmixiやFacebookを利用し，同じようなバックグラウンドをもつ若者のコミュニティに加わっていた。

　このように，インターネットが普及した後，日本とのつながりを再発見する機会が大幅に増えた。日常的に，ヴァーチャルに，「日本的な」空間との行き来ができるようになったのである。日常的にナショナルな文化的空間を越えて思考することは，インターネットの利用なしには不可能であっただろう。こうしてメディアは，精神的に2カ国を行き来するような，トランスナショナルなアイデンティティの構築を促しているのである。

5．ネイションを超えて

　本章で検討してきた日本出身の親をもつ「新2世」の若者の一部も，ひとつのネイションへの帰属意識を超える，トランスナショナルなアイデンティティを抱いている状況が明らかになった。この若者たちのアイデンティティには，(1)親の出身国，(2)家庭で使用する言語，(3)居住国の人種・民族関係，(4)2国間の移動，(5)メディアの利用という要因が影響を与えていた。とくに，親の出身国および家庭で使用する言語が複数である場合に，トランスナショナルなアイデンティティを「選択」することが可能になっていた。

　国家の視点から見れば，アメリカで議論がなされているように，ナショナル・コミュニティへの帰属意識が比較的弱い市民が増えることは望ましくないのかもしれない。しかし，本章のインタビューでも語られたように，ディアスポラ的なバックグラウンドをもつ若者ほど，ナショナルな共同体から周縁化・排除されやすい。そのとき，親から与えられた複数の言語能力やネットワークが「資源」となり強みとなるのである。そういった意味で，個人の視点から見れば，トランスナショナルなアイデンティティを「選択」できることは，民族的マジョリティによって構築されてきた抑圧的なナショナル・アイデンティティから解放されることでもあるのだ。

　本章ではごく少数の事例を取り上げたが，グローバル化のなか，ディアスポラ的なバックグラウンドをもち，越境空間に生きる若者は今後増えていくと予想される。このような若者のアイデンティティがどのように構築され，またどのように社会を変えていくのか，当事者の立場から，あるいは当事者に寄り添って，考えていくことがいっそう重要となっていくだろう。

注
1) 本章は「「新二世」のトランスナショナル・アイデンティティとメディアの役割」『アジア太平洋研究』37号（2012年）を基に大幅に書き直した。
2) 独語「heimat」（ハイマート）に由来する「home」の概念。

3）1.5世（1.5 generation）とは，一般的に12歳頃までにホスト国に移住し，ホスト国で育った人びとを指す。
4）アメリカの場合，多数の日本人がハワイや西海岸に渡った。1世たちはアメリカが自分の国だと信じつつも，1952年に移民帰化法が制定されるまで「帰化不能外国人」とされ，「日本人」として生きるほか選択肢がなかった（Takaki 1989：212；ベフ　2002：234）。イギリスに関する先行研究は少ないが，イギリス人の配偶者を得た移民も，「日本人」としての強いアイデンティティを持ち続けていたという事例が報告されている（Itoh 2001：108）。
5）以下で指摘する要因にくわえ，ジェンダーも影響を及ぼしている可能性がある。なぜなら，トランスナショナルなアイデンティティを抱いていた者はみな女性だからである。女性は，男性を基準とする国民というカテゴリーから排除されやすいために，そのような意識を抱きやすいのかもしれない。

【参考文献】

ベフハルミ編，2002，『日系アメリカ人の歩みと現在』人文書院．
Fugita, Stephen and David J. O'Brien, 1991, *Japanese American Ethnicity*. Seattle: University of Washington Press.
藤田結子，2008，『文化移民——越境する日本の若者とメディア』新曜社．
外務省，2009，『海外在留邦人数調査統計』．
Gupta, Akhil and James Ferguson, 1997, "Beyond 'Culture': Space, Identity, and the Politics of Difference," A. Gupta and J. Ferguson ed., *Culture, Power, Place*. Durham: Duke University Press.
Hall, Stuart, 1996, "Introduction: 'Who needs 'Identity'? Stuart Hall and Paul du Gay eds., *Questions of Cultural Identity*. London, Sage: 1-17.
Itoh, Keiko, 2001, *The Japanese Community in Pre-War Britain*. London: Routledge Curzon.
Kasinitz, Philip, 2008, *Inheriting the City*. New York; Cambridge, Mass.: Russell Sage Foundation; Harvard University Press.
Kurotani, Sawa, 2005, *Home Away from Home*. Durham: Duke University Press.
Levitt, Peggy and Mary C. Waters, 2002, *The Changing Face of Home*, New York: Russell Sage Foundation.
町村敬志，1999，『越境者たちのロスアンジェルス』平凡社．
南川文里，2007，「二つの『ジャパニーズ』」『日系人の経験と国際移動』人文書院 27-49．
額賀美紗子，2013，『越境する日本人家族と教育』勁草書房．
Portes, Alejandro and Rubén G. Rumbaut, 2001, *Legacies*. Berkeley: University of California Press; Russell Sage Foundation.

Sakai, Junko, 2000, *Japanese Bankers in the City of London*. London: Routledge.
桜井厚，2002,『インタビューの社会学』せりか書房.
Takaki, Ronald, 1989, *Strangers from a Different Shore*. Boston: Little, Brown and Company.
Waters, Mary C., 1999, *Black Identities*. New York: Russell Sage Foundation.

【さらに学びたい人のための文献紹介】
藤田結子，2008,『文化移民――越境する日本の若者とメディア』新曜社.
　　アーティストとして「成功」しようと東京からニューヨーク，ロンドンへと移住する若者たちを主題としたエスノグラフィー．家族との関係について考察を加えている．
Levitt, Peggy and Mary C. Waters, 2002, *The Changing Face of Home : The Transitional Lives of the Second Generation*. New York: Russell Sage Foundation.
　　現代アメリカの移民の子どもたちがどのようにトランスナショナルな習慣を実践しているのかを包括的に考察した最初の研究書．この分野の第一線の研究者陣が寄稿している．
額賀美紗子，2013,『越境する日本人家族と教育――「グローバル型能力」育成の葛藤』勁草書房.
　　海外日本人コミュニティでの参与観察をもとに，グローバリゼーションが家族の意識や子どもたちの能力形成に及ぼす影響を考察している．
Waters, Mary C., 1999, *Black Identities : West Indian Immigrant Dreams and American Realities*. New York: Russell Sage Foundation.
　　西インド諸島出身移民のアイデンティティがどのように変化するのかを分析．定説に反して，アメリカ化に抵抗した子どもたちが最も経済的に成功することを明らかにした画期的な研究書．

終章　家族の越え方

渡辺　秀樹

　「越境する家族社会学」と題した本書は，10余人の執筆によるさまざまな論考によって編まれており，4部構成となっている。その概要は「まえがき」に示した通りである。第1部から順序よく読むというのでも，興味／関心のあるところから読み始めるのでもよい。

　方法的な区分でいえば，計量的な分析に興味をもつ人は，第1部から読み始めるのがよいだろう。また，構築主義的なアプローチに関心がある人は，第3部から入っていくのもよい。第2部は，計量もあれば，理論もあり，また心理学的な方法の章もある。さまざまなアプローチで家族と子ども，あるいは個人に接近している。第4部は国際移動と家族との関連に焦点をおいた理論枠組みの整理と事例研究やインタビュー調査の結果が用いられている。

　ここで是非とも強調したいのは，本書は，計量的関心のある人に，それとは異なるアプローチによる第2部，第3部，第4部を読んでほしい，そして構築主義的方法に関心のある人には，第3部以外も読んでほしい，ということである。それが〈越境する〉ことのひとつの重要な経験となるはずである。

1．家族と家族社会学がもつ越境的な特徴

　「まえがき」にあるように，「本書は，家族という対象と家族社会学という学問が有する，隣接領域との積極的な対話という『越境的』な特徴を前面に押し出すことを目指して企画された」。

　21世紀の現時点でいえば，〈越境すること〉，〈越えること〉は特別な出来ごとでも，ましてや事件でもない。まさに家族をとらえるために，家族社会学にとって，あるいは家族と関わる諸領域の諸々の研究分野にとって，〈越境〉す

ることは，現在的な必須課題となっている。越境なくしては，現在の家族に関わるさまざまな出来ごとや諸現象への接近は不十分なものにとどまるだろう。本書は，読者それぞれにとっての〈越境〉につながることを目指して編まれている。

　ただし，家族社会学の歴史を見ると，この「越境的」な特徴を常に変わらずもっていたというわけではない。家族社会学のこれまでを振り返ると，この特徴を色濃くもっていた時期とそうではない時期とがあったと考えられる（渡辺秀樹，2013：2014 を参照）。この越境的な特徴をもつに至る学史的な経緯について終章で述べておきたい。また，家族社会学を（家族社会学が）どのように越境しているのか，あるいは越境しようとしているのかは，多様である。各章は，それぞれの越境を示している。それを読み取っていただくために，編者として，多少の解説を加えておくべきであろう。

　家族社会学において，1970 年代までに優勢となった〈集団論的パラダイム＝あるいは核家族パラダイム〉は，家族の安定化命題（戦後家族モデル）を前提に内部構造に関心を集中するという特徴を示した。家族を固定化させ，家族そのものを相対化するという視点はあまりみられなかった。もちろん，家族とその外部システム（たとえば，経済，政治，教育，地域など）との関係を枠組に取り入れようとする試みもあったが，それがより一層活性化するためには次のパラダイム展開とも呼ばれる時代を待たなければならなかった。すなわち，そうした家族社会学のパラダイム転換は，次にみるような 60 年代後半からの変化や，隣接諸科学の影響によるところが大であった（「展開」と「転換」という語を使っている。前者はパラダイムの共存を強調し，後者はパラダイムの交替を強調している）。

　1960 年代後半そして 70 年代から，歴史人口学や精神史，さらにはフェミニズムに基盤をおくジェンダー・セクシュアリティ研究が興隆し，家族そして家族社会学は，そうした動きに影響を受けて，歴史的にもジェンダー・セクシュアリティ的にも相対化の大きな波に立ち会うことになる。また，エスニック・グループや地域ごとに存在する家族の文化的かつ階層的・権力的な差異やそこ

に顕在化する葛藤や紛争が注目されることとなった。性別分業型核家族という先進産業社会のミドルクラス的な前提自体が問われることになったのである。

たとえば，最も有名なフェミニズムのスローガンである〈個人的なことは政治的である；the personal is the political〉は，〈私；private〉と〈公；public〉を別々に論ずるという旧来型の図式を批判し，日常生活における両者の複合的かつ錯綜的関係をこそ問題にする必要があると主張した。家事分担や育児関係だけでなく，結婚や夫婦関係，妊娠／出産，思春期の食事行動上の問題（eating disorder），ドメスティック・ヴァイオレンス，児童虐待など，あるいは総じて個々の日常や人生が，社会の規範や制度，そして権力関係や（文化やエスニックな次元を含む）階層などとの錯綜する関係や構造のなかで生起していること，そこにこそ注目すべきであることを提起したのである（*Routledge International Encyclopedia of Women*, 2000, vol.4, 1858-59 を参照）。

この命題は，社会学にとって，21世紀の現時点からみれば，あるいはデュルケム（Durkheim, É.）などに代表される社会学の草創期以来，いわば基本的な命題であるが（あったはずであるが），1970年頃までに至る戦後社会学の専門分化（家族社会学，労働社会学，教育社会学，政治社会学などの連字符社会学の分立）とも相まって，家族を孤立させて見ているという傾向は，労働は労働のなかで，政治は政治のなかで見るというように，どの分野においても濃淡はあれ，そういう傾向はあったということができるだろう。

その意味で，家族のなかのできごとは家族のなかで完結してはいない，家族があたかも真空のなかで存在するかのように扱うことはできない，そこに留まる議論の不十分性の確認は，当時のつまり60～70年代の家族社会学においては，非常に重要（critical）な問題提起であった。家族は，変化する現実の社会のなかに存在しており，それと切り離しては理解できないという，当然のことの確認ではあった。すなわち，「家族を通して社会が見える・社会を通して家族が見える」ということである。

こうした前史と当時の状況を踏まえて，それら議論を土台とするパラダイム

が, 1980年代になって登場する。落合恵美子, 山田昌弘, 牟田和恵らの近代家族論である[2]。近代家族とはなんであるか（あったか）を歴史的に明らかにすることを通じて, それを相対化していく。近代家族, すなわち性別分業型核家族を相対化し, さらにはその揺らぎや衰退を論ずる。そしてとくに21世紀に入ってからは, 近代家族の相対化や批判だけでなく, それを越えた家族の多様性あるいはオルタナティヴについての論議が活発になる。近代家族に代わるさまざまな関係, 親密な関係やケアの関係が提起される。

たとえば, 第Ⅳ部に見るように, 現在, グローバリゼーションやICTの発展浸透に関わって, 国際結婚やトランスナショナルファミリーの議論が活発となっている。そこに新たに広がるサポートネットワークの萌芽を見出すこともできる。国際移動と階層との関係という領域の重要性も増している。そうした変化や多様化に応じて, われわれのアイデンティティ形成についての視野を拡大させ豊かにする可能性を示唆する。あるいは, 新たな国際紛争につながるという可能性も否定できない。

トランスナショナルファミリーの現出と増加は, 家族社会学を国際社会学, 階層論, ネットワーク論, アイデンティティ論などの研究分野とのあらたな交差に向かわせる。さらには, それら研究領域があらたに家族社会学に向かってやってくる。それぞれの課題を解くためにお互いに交差せざるを得ない現実がある。現実が, それぞれを交差（越境）に導く。相互の乗り入れ（越境）が, 個々の研究領域に新たな刺激をもたらし, それぞれの分野の活性化と発展をもたらすことが期待されている。

そして, 第4部に限らず, 本書各章を読むと, 近代家族論は21世紀の現在, 近代家族批判やその相対化という（いわばネガティヴな, あるいはニュートラルな）作業から, 次の段階に来ているということもいえる。つまり, さまざまな越境の試みのなかから, ポジティヴにあらたな親密な関係やケアの関係を検討し, 模索し, 提案し, 実践するということを主要な課題とする段階である。

2．家族社会学からの越境と家族社会学への越境

　たとえば，前節で触れたトランスナショナルファミリーという新しい結びつきを〈家族〉と呼ぶか否かは定義の問題でもある。同様に，「越境する家族社会学」という場合，越境する当の「家族社会学」の定義の問題にもなる。「家族を越える」，「家族社会学を越える」といっても，越えているかどうかは，それらをどう定義するかにもよる。家族社会学や職業社会学，福祉社会学というような連字符社会学の区分けにこだわること自体が生産的ではないという言い方もありうるだろうが，しかし，連字符社会学ごとに学会が存在しているという事実，そしてそこに所属する研究者を「家族社会学者」などと識別することを無視するわけにはいかない。

　そういう区分から見ると，家族社会学者と呼ばれることにしっくりこない本書の執筆者も多い。教育社会学から，階層論から，ジェンダー・セクシュアリティ論から，理論から，あるいは心理学から，家族社会学との交差へと向かっているのである。そういう領域の研究者と呼ぶに相応しい執筆者たちである。

　しかし，各章を読んでいただければわかるように，執筆者たちは意識せずとも〈越境して〉いる。それは，ただひとつの研究領域に閉じこもることを許さない現実があるということである。トランスナショナルファミリーとは別の例でいえば，現代の若者の自立という問題は，家族と労働と教育と地域と政策などの諸領域を基本として，それらのさまざまな組み合わせによる体系的な議論が求められている。第1部の少子化や性別役割分業やワーク・ライフ・バランスを議論する場合も同様である。政策論や労働経済学，職業社会学，階層論，ジェンダー論，ライフコース論，（社会心理学的）ストレス論など，さまざまな領域の組み合わせによる考察が試みられている。境界の先にこそ（領域が重なり合うところにこそ），問題を解く重要な鍵がある。

　本書は，家族社会学からいえば，政策論へ，労働社会学（労働経済学）へ，教育社会学へ，階層論へ，ジェンダー・セクシュアリティ論へ，国際社会学へ，

理論へ,あるいは心理学へと越境するための豊富なヒント集でもある。家族社会学以外からいえば,家族社会学へと越境する豊富なヒント集である。双方からの越境のどのような具体例や可能性があるかを読み取っていただければ幸いである。そして家族社会学の〈そのさき〉,個人と社会のありようの〈そのさき〉（小倉論文参照）の展開へとつながることができればとひたすら願うものである。

3．家族を越えるために

本書には,家族社会学という視野／方法を越えるとともに,それにとどまらず,家族という生きる現実を越えるという模索と提案も同様に含まれている。振り返れば,私の学生時代である60年代後半から,欧米,とくにアメリカ社会を中心として,さまざまなオルタナティヴ・ライフスタイルが提起され,実践も試みられた。たとえば,アメリカ社会では,離婚と再婚が増大し,家族の定義に持続性を含めないことを提起する議論が登場する[3]。単婚（monogamy）ではあるが,時期によって配偶者が変わるシリアル・モノガミィ（serial monogamy）という下位概念が必要になる。そしてまた,再婚家族の経験を表すために,ステップ・ファミリー（義理の関係を含む家族）,やブレンディッド・ファミリー（blended family：現配偶者との間の子どものほかに,前の配偶者との間の子どもを含む家族）などの概念も登場した。

さらには,コミューンなどの集団生活のかたちも注目された。後に,ハーヴァードビジネススクール（HBS）の著名な研究者となる,ロザベス・モス・カンターも,コミューンをテーマとする論文を書いている。また,コミューンのほかにも家族の実験ともいわれる多様なライフスタイルが報告されたが,それらの多くは,持続性をもって社会に位置づくということにはならなかった。

その要因はいろいろあるだろう。70年代,カンターの企業における女性研究で提起された〈トークン仮説〉でいえば,社会に位置づくだけの実践例の数を得なかったということでもあるだろう。あまりにも実践例が少ないと特別視され,疎外され,さらには一般のライフスタイルへの同化さえ促される[4]。当時

のヒッピームーヴメントなどの文化的・ライフスタイル的運動の一部を除くと，コミューンは，一時的な実験と呼ばれるに相応しく，長続きしなかったと総括せざるを得ないだろう。

　現時点で，再びそのような轍を踏まないように，確かな〈そのさき〉を構想しそれを確かな現実としていくことが求められている。それは，小倉論文でも論じられるように，「実験の持続」という意味合いをもつ。多様なライフスタイルが社会に登場し制度化され安定を得ていく（新たな制度化をはかり，制度に依存し安定する）のではなく，多様なライフスタイルがチャーリン（Cherlin, A., 1978-2004）のいう不完全な制度（incomplete institution）として共存していく，という状況と表現できるであろう（長野論文も参照）。

　チャーリンは，70年代に増加した離婚・再婚による義理の親子関係のぎこちなさについて，人々がその関係の取り結び方に慣れ，それが文化として成熟していけば，再婚家族も初婚家族と同様に制度として社会に位置づくであろうと考えた（Charlin. 1978）。この不完全な制度という考え方は学界で注目を浴び，筆者もおおいに参照した。しかし，その後のアメリカ社会を中心とする家族の状況は，再婚家族が安定するというより，再婚家族だけでなく初婚家族もともに不安定化しているという様相を示している。チャーリンはそのことを踏まえて，多様なライフスタイルが不完全な制度として共存しているという，前の論文とは異なる見方を示した（Charlin, 2004）。いわば，自己批判である。

　小倉論文にあるように，常に実験としてプロセスとして経験を積み上げていくことのなかに，個人の生き方や社会のありようが現実として現れてくると考えるのが妥当なのであろう。社会に位置づくとは，そのようなことだ。制度に安住することではない。そしてカンターが示唆するのは，既存の規範や制度を越える実践を孤立させ，それを〈トークン〉としてのヴァルネラブルな有徴項（特別視や疎外すること，同化の圧力にさらすこと）に追いやってしまうのではなく，ともに越える厚みのある連帯や支持が求められているといえるのではないだろうか。[5]

そのためのさまざまな越境であろう。さまざまな越え方がありうる。

注
1）このパラダイム展開の中心は，集団論的パラダイムから関係論的・ネットワーク論的パラダイムへの展開である。個人の家族的経験と家族的関係の時間的・空間的変容を問うことが主要な関心となっていく。たとえば，ライフサイクル的アプローチから，ライフコース的アプローチへの重心の移動は，その典型である。家族は一枚岩的ではなくなり，家族を作る個人によって異なる様相を示すということが前提となっていく。
2）注1とも関連するが，近代家族論パラダイムがすべてに取って代わったという意味ではない。集団論的パラダイムは一定の役割を果たし続け，近代家族論以前からの歴史を有するネットワーク論は，近代家族論と呼応するかたちで一層注目されるようになっていったのである。
3）「不確かな持続としての新たな結婚のかたち」（Weiss, R. S., 1979）という提案。ただし，持続性という点からいえば，離別は増えたが死別は減ったので，意識の次元ではともかく実態からいえば，夫婦解体（＝離別＋死別＋遺棄ほか）の割合にそれほどの大きな変化があったわけではない。日本などは離婚の増加よりも寿命の伸びの貢献が大きく，夫婦関係の持続はより増している，といえる。
4）カンターの場合，企業における女性の登用や活躍を現実化するために，その女性を稀な象徴的存在としないために，まずは数が重要であるという議論である（Kanter, R. M., 1977-1995）。
5）小倉論文以外の第3部において，松木論文は，日常的な家族の定義のされ方，構築のされ方，日々のその越え方のプロセスを論じ，大貫論文は，規範の越え難さ，規範の執拗さとその作動のしくみ／からくりを論じている。長野論文は，制度への自由と制度からの自由（あるいは家族への自由と家族からの自由）という，両方向の越え方を議論の視野に収めているといっていいだろう。

【参考文献】
Cherlin, Andrew, 1978, 'Remarriage as an Incomplete Institution' *American Journal of Sociology*, 84（3）: 634-650.
——, 2004, 'The Deinstitutionalization of American Marriage' *Journal of Marriage and Family*, 66（4）: 848-861.
Kanter, Rosabeth M., 1977, *Men and Women of the Corporation*. Harpar（高井葉子訳，1995，『企業のなかの男と女』生産性出版）
渡辺秀樹，2013，「多様性の時代と家族社会学」『家族社会学研究』日本家族社会学会，25-1, 7-16

渡辺秀樹, 2014, 『モデル構成から家族社会学へ』三田哲学会叢書, 慶應義塾大学出版会

Weiss, R. S., 1979, "A New Marital Form; The Marriage of Uncertain Duration", in Gans, H. J., Grazer, N., Gusfield, J. R., & C. Jencks eds., *On The Making of Americans: Essays in Honor of David Riesman*, Univ. of Pensylvania Press.

あ と が き

　本書の編者の1人，渡辺は，2014年3月末で慶應義塾大学を退く。本書の執筆者は，慶應義塾大学文学部の渡辺研究会（学部ゼミ）や社会学研究科大学院の渡辺ゼミの参加者である。「越境する家族社会学」に相応しく，多様な論文が集っている。渡辺の研究領域は家族社会学と教育社会学の交差する周辺であって，けっして広くはない。それぞれの執筆者が独自に研究のネットワークを取り結び，そして切り開いた研究領域である。そのネットワークの一端に渡辺の学部と大学院のゼミがあったということである。学部ゼミから他大学の大学院に進学した人，他大学を出て大学院のゼミにやって来た人，海外に留学して学位を取得した人，海外から留学して慶應で学位を取得した人などさまざまである。

　慶應義塾在籍の24年の間には，海外の友人から「渡辺は，アドミニストレーション・トラックに移ったのか」と勘違いされるほど，学会大会などから遠ざかる時期が無かったわけではない。しかし，そういう時にも，学部ゼミと大学院ゼミだけは続けた。研究の飢えを癒す場所であり，「ここが居場所」と思えるひとときを与えてくれた。品川駅からの東海道線の電車のグリーン席を利用して修士論文の相談をし，辻堂駅に着くと別れて，私はバスで湘南藤沢キャンパスへ向かうということに付き合ってくれた執筆者もいる。執筆者たちとは，10年から20年の付き合いである。「渡辺ゼミは，能力はいろいろかもしれないが，人柄は皆素晴しい」と失礼な冗談を言っていたが，いま，新進から中堅の研究者として活躍するのを見ることができるのはたいへん嬉しい。それぞれの領域における堅実で意欲的な論考を寄せてくれている。性格は皆よい。ますますの活躍を確信している。

　私の大学院ゼミには，私を指導教授としない院生も多く参加してくれた。執筆者では三浦直子さんと小倉康嗣さんがそうである。おふたりは積極的に発言をして院ゼミを盛り上げ，他の院生をおおいに刺激してくれた。彼らとの付き合いは20年近くということになるが，紆余曲折やたいへんな苦労を重ねなが

ら中堅の研究者として学界で見事な活躍ぶりを見せてくれている。本書にも素晴らしい原稿を寄せていただいた。終章では,「どこから読み始めてもよい」と述べたが,たとえば,大学院生で家族社会学を研究領域としようと考える人は,まず三浦論文を読むのもよいだろう。ブルデューを通して家族研究と社会学理論との往還の醍醐味を教えてくれる。家族社会学の大学院で読むのに最適ではないかと思っている。また,〈越える〉ことの意味をより深く考えるために,小倉論文を是非じっくりと読んでほしい。社会学のどの領域であれ,まずは読んでほしい論考である。おふたりとも,自己の研究を明るく楽しく語る。研究者の基本である。

　共編者となってくれた竹ノ下弘久君は学部ゼミ3期生である。大学院生の頃から,いろいろと手伝ってもらった。最近では国際学会での活躍が目覚ましい研究者である。執筆者への連絡,原稿集めやその校正など,本書作成に尽力してくれた。感謝したい。

　学文社の田中千津子社長とのお付き合いも長い。『社会問題の社会学』(学文社,1990)での執筆(「家族変動のなかの家族問題」,13-32)以来である。自分なりに納得のいく論文を伸びやかに書かせてもらった。その後,ご期待にお応えすることがなかなかできなかったが,いつも変わらぬご配慮をいただいてきた。本書の刊行を相談したところ快くお引き受けいただき,諸々のアドバイスをいただいた。本書は,田中氏のご理解ではじめて実現したものである。深く感謝したい。

　私の指導教授故松原治郎先生のご尊父は著名な俳人であるが,私が26歳の大学院生のとき先生に詠んでいただいた句を,本書執筆者に続く若き研究者たちに伝えて擱筆する。

〈光る道,学問の道,露万朶〉

2014年1月10日

渡辺　秀樹

索 引

あ 行

愛着……………………………………116
一次的社会化……………87-90, 92-94
エイジング……190, 191, 195, 196, 198, 200
M字型カーブ…………………………37

か 行

カウンセリング………………………140
慣習行動………………72, 74, 79, 82
近代家族制…………192, 193, 247, 248
グローバル化…214, 218, 221, 225, 241
公共性……………………………201, 202
構築主義…………………………124, 125
構築主義的な家族研究……124, 126-129, 132, 133
個人的なことは政治的である……247

さ 行

ジェンダー・バイアス………155, 164
児童虐待………………………………111
社会化…………………………111, 116
社会化システム……………………93, 94
社会関係資本……………………173, 184
社会的学習理論………………………116
主観的家族論…………………………127
少子化…………………………2, 3, 4
人的資本………………………………43
心理療法…………………………139, 143
性同一性障害者…………………172, 174

た 行

性別役割分業………12, 13, 17, 20-22, 24-27, 30, 32, 33
セクシュアル・ハラスメント……155
全国家族調査……………………13, 25
相対的リスク回避説………………61, 62

対話的構築主義………………………232
脱工業化…………………………218, 221
脱商品化………………………………40
ディアスポラ…………………………241
統計差別………………………………42
同性愛者…………………………172, 184
ドメスティック・バイオレンス…156, 160, 162
トランスナショナリズム論…220, 229

な 行

ナラティブ………………………144, 146
二次的社会化……………87-90, 92-94
二重労働市場論………………………41
日本人らしさ…………………………231

は 行

ハビトゥス…72-74, 82, 178, 181, 183
非正規雇用……………8, 9, 12-17, 215, 221
不完全な制度…………………………251
福祉国家………………………………40
文化資本…………………………73, 170
文化的再生産……………………73, 74, 82

分節化された同化理論………215, 220
ペアレントクラシー…………… 58, 67
母性愛イデオロギー………… 166, 167

　　　　　　ま　行
メリトクラシー………………………57

　　　　　　ら　行
ライフ・ポリティクス……… 198, 202

　　　　　　わ　行
ワーク・ライフ・バランス…… 15, 16, 51

編・執筆者紹介

〔編　者〕
渡辺秀樹（わたなべ　ひでき）〔第6章，終章〕
東京大学大学院教育学研究科博士課程単位取得退学，修士（教育学）
　現　在　　慶應義塾大学文学部教授（2014年3月まで）
　主　著　　現代家族の構造と変容；全国家族調査［NFRJ98］による計量分析（共編著，東京大学出版会，2004年）

竹ノ下弘久（たけのした　ひろひさ）〔第13章〕
慶應義塾大学大学院社会学研究科博士課程単位取得退学，修士（社会学）
　現　在　　上智大学総合人間科学部准教授
　主　著　　仕事と不平等の社会学（弘文堂，2013年）

〔執筆者〕
松田茂樹（まつだ　しげき）〔第1章〕
慶應義塾大学大学院社会学研究科博士課程単位取得退学，博士（社会学）
　現　在　　中京大学現代社会学部教授
　主　著　　少子化論（2013年，勁草書房）

裵　智恵（べ　じへ）〔第2章〕
慶應義塾大学大学院社会学研究科博士課程修了，博士（社会学）
　現　在　　桜美林大学リベラルアーツ学群専任講師
　主　著　　現代の階層社会3　流動化の中の社会意識（共著，東京大学出版会，2011年）

西村純子（にしむら　じゅんこ）〔第3章〕
慶應義塾大学大学院社会学研究科博士課程修了，博士（社会学）
　現　在　　明星大学人文学部准教授
　主　著　　ポスト育児期の女性と働き方──ワーク・ファミリー・バランスとストレス（慶應義塾大学出版会，2009年）

中澤　渉（なかざわ　わたる）〔第4章〕
東京大学大学院教育学研究科博士課程修了，博士（教育学）
　現　在　　大阪大学大学院人間科学研究科准教授
　主　著　　入試改革の社会学（東洋館出版社，2007年）

三浦直子（みうら　なおこ）〔第5章〕
慶應義塾大学大学院社会学研究科博士課程単位取得退学，修士（社会学）

現　在　神奈川工科大学基礎・教養教育センター准教授
主　著　〈社会のセキュリティ〉は何を守るのか——消失する社会／個人（共著，学文社，2011年）

小保方晶子（おほかた　あきこ）〔第7章〕
お茶の水女子大学人間文化研究科博士後期課程修了，博士（人間科学）
現　在　白梅学園大学准教授
主論文　中学生の非行傾向行為の先行要因——1学期と2学期の縦断調査から（『心理学研究』77号，2006年）

松木洋人（まつき　ひろと）〔第8章〕
慶應義塾大学大学院社会学研究科後期博士課程単位取得退学，博士（社会学）
現　在　東京福祉大学短期大学部こども学科専任講師
主　著　子育て支援の社会学——社会化のジレンマと家族の変容（新泉社，2013年）

瀬地山 葉矢（せちやま　はや）〔第9章〕
名古屋大学大学院教育学研究科博士後期課程単位取得退学，修士（教育学）
現　在　日本福祉大学子ども発達学部准教授
主　著　子どもの臨床心理アセスメント—子ども・家族・学校支援のために（共著，金剛出版，2010年）

大貫挙学（おおぬき　たかみち）〔第10章〕
慶應義塾大学大学院社会学研究科後期博士課程単位取得退学，博士（社会学）
現　在　東洋大学社会学部非常勤講師
主論文　性的主体化と制度の物質性——マルクス主義フェミニズム理論の脱構築（『家族研究年報』第38号，2013年）

長野慎一（ながの　しんいち）〔第11章〕
慶應義塾大学大学院社会学研究科博士課程単位取得退学，修士（社会学）
現　在　東京理科大学経営学部ほか非常勤講師
主論文　唯物論者としてのバトラー（『年報筑波社会学』第II期，第3・4合併号，2011）

小倉康嗣（おぐら　やすつぐ）〔第12章〕
慶應義塾大学大学院社会学研究科博士課程単位取得退学，博士（社会学）
現　在　立教大学社会学部准教授
主　著　高齢化社会と日本人の生き方——岐路に立つ現代中年のライフストーリー（慶應義塾大学出版会，2006年）

藤田結子(ふじた ゆいこ)〔第 14 章〕
　University of London, Ph.D (Media and Communications)
　現　在　　明治大学商学部准教授
　主　著　　*Cultural Migrants from Japan : Youth, Media and Migration in New York and London* (Lexington Books, 2009)

越境する家族社会学

2014年2月28日　第1版第1刷発行

編著者　渡　辺　秀　樹
　　　　竹ノ下　弘　久

発行者　田　中　千津子

発行所　株式会社　学　文　社

郵便番号153-0064　東京都目黒区下目黒3-6-1
電話（03）3715-1501（代表）　振替00130-9-98842
http://www.gakubunsha.com

乱丁・落丁本は，本社にてお取替え致します。印刷／株式会社亨有堂印刷所
定価は，カバー，売上げカードに表示してあります。〈検印省略〉

ISBN978-4-7620-2432-0

©2014 WATANABE Hideki & TAKENOSHITA Hirohisa Printed in Japan

転載不許可　著作権法上での例外を除き，無断で複写複製（コピー）することは禁じられています。